大学生心理健康素养提升工程系列丛书

U0747997

解忧

Jieyou
shudong

树洞

——大学生成长发展220问

DAXUESHENG CHENGZHANG FAZHAN 220 WEN

丁闽江 ⊙ 著

中南大学出版社
www.csupress.com.cn
·长沙·

序

日进一寸，跬步千里

"进了大学一切都好了"，不知道今时今日还有多少青年是听着这类激励话语一路奋斗到大学的。我当年就是满耳满心地装满这句话进的大学，然后很快发现这话实在是个美梦"大泡泡"，大学生常常会遭遇各种挑战，宛如木心所言："生命是时时刻刻不知如何是好。"

在这样充满摸索、困惑或迷茫的大学时光里，如果能有个良师益友经常听听自己的问题，并第一时间给予回应，甚至提前预告可能需要注意的问题，那真是大学生特别渴望的美事。与此同时，再多的指导也都是别人的经验总结，哪怕这个"别人"是博学多才的高校心理咨询教师。毕竟，别人的成功经验或失败教训只能是别人的，无论阅读多少书、听过多少课，都无法代替我们小马过河的亲历过程。在这样的矛盾需求中，大学生们既需要寻找合适的良师益友，但又不能尽信之。我猜，这就是丁闽江老师出版此书的主要目的所在。

丁老师是我非常钦佩和尊重的老师，他多少年如一日地欢迎同学们给他个人的专属解忧信箱诉苦求助，然后逐一回信，并把所有问题珍藏汇总，了解同学们的"真"问题，给予真诚而科学的回应，对同学们的重视和关心在全书220个问题中一次次地表露出来。全书有以下几个特点：

第一，提问极具现实代表性，仅仅是阅读这些问题，可能就能帮助遇到类似问题的同学们放松下来：原来别人也有类似的困难，原来我不是孤独的受苦人！书中没有回避一些同学们极为关心但平时不太容易谈论的敏感问题，包括青年对于亲密关系和性的困惑，比如"男朋友总是强迫我发生性关系，怎么办？"之类的问题。看到这些提问，同学们会不会更加打开心扉？除了看书之外，在需要的时候也可以试试去找更多的老师同学谈谈心，找找启发或帮助。

1

第二，同一篇章的问题之间仿佛是在进行连续性的师生对话，学生在一环套一环地跟进实际生活中的一个个挑战，比如：大学到底要不要担任学生干部？这个问题之后紧跟着的是更多深入的问题：竞选学生干部总是紧张，怎么办？自己的工作没有得到认可，感觉很挫败，怎么办？被学生工作搞得身心俱疲，我该怎么办？全书对每个领域的问题都有涵盖，可见丁老师的为师用心和专业积累。

第三，回答扼要凝练、全面细致，逻辑层层递推，干货满满，同时也给同学们留出足够的发挥空间。总体原则和方向有了，具体怎么做可谓千变万化，同学们可以在具体行动后再回来看书，对照原则再跟进、调整或深化行动。本书值得反复阅读，仔细琢磨。很多回答的语言看似容易，切实做到还是需要不断实践体验、不断反思学习、不断求己求人的。本书为同学们共同书写和讨论问题提供了极为广阔的空间。

人的成长是终身大事，路漫漫其修远兮，有时难免会感觉有些丧气或气馁，我希望能借着此序的标题来与大家共勉。胡适先生说过：怕什么真理无穷，进一寸有一寸的欢喜。

推荐本书作为大学生应对心理困惑的小百科全书来收藏，可细细阅读、反复体会、深入讨论，老师和家长们也可以用它来了解大学生、组织对话讨论等。虽然本书并不能解开所有困惑，但手中握有一本用心、靠谱的小百科全书，总是极好的。

同济大学心理健康教育与咨询中心教授，博士
上海市学校心理健康教育专家委员会委员
中国心理卫生协会心理咨询与治疗专委会委员暨家庭治疗学组副主任委员
上海高校心理咨询协会副理事长
中国心理学会注册系统注册督导师
中国心理卫生协会注册督导师
2023 年 1 月

前 言

习近平总书记在党的二十大报告中指出，"重视心理健康和精神卫生"；在全国高校思想政治工作会议上强调，"要坚持不懈促进高校和谐稳定，培育理性平和的健康心态，加强人文关怀和心理疏导"；他还强调做好高校思想政治工作，"要因事而化、因时而进、因势而新"，"要运用新媒体新技术使工作活起来，推动思想政治工作传统优势同信息技术高度融合，增强时代感和吸引力"。

进入新时代，互联网的高速发展改变了传统的信息传播方式，网络已经成为思想政治教育的重要载体。当代大学生是与新时代共同成长进步的一代，肩负时代赋予的历史使命与责任，担当民族复兴大任，他们大多从小就开始接触互联网，是互联网时代的"原住民"。我们的思想政治教育工作也应该适应这样的转变，发挥互联网优势，加强人文关怀，与学生同心共情，帮助学生解决实际问题。

2019年9月，我通过学校掌上心理系统开通了个人专属"解忧信箱"，并向学生承诺这个"解忧信箱"的内容只有我一个人可以看到，也只有我一个人回复。三年多来，我收到了1200多封来信，我也已经习惯了每天早上早早来到办公室给同学们回信的日常。

学生们的来信涉及大学生活的方方面面，关于心理适应、成长发展、宿舍关系、恋爱关系、学习学业、考研就业、心理困惑等。让我感到欣慰的是，学生们乐于与我交流，有的学生把解忧信箱当情绪"树洞"，有的学生希望我给予一个隔空拥抱，有的学生希望我能陪他跑步，有的学生希望我能监督他们学习，有的学生希望我给他们一句生日祝福，有的学生希望我和他们一起分享成功的喜悦，有的学生希望我帮助判断下这个对象是否可靠，有的学生家里遇到困难了希望我能帮助他们渡过难关，甚至有些学生希望我能教他们学自行车。三年多来，我有很多触动，也感受到了同学们对我的期待，对解忧信箱的期待。说心里话，我很乐意看到同学们给我写信，不管信件内容是什么，学生们能主动求助本身就是一件非常赞的事情，如果我还能给予一点点的温暖，我相信他们一定可以重新找回自己，获得前行的力量。于是，我就想能不能把同学们普遍关心的问题进行提炼和梳理，通过书的形式呈现出来，让更多学生受益。

《解忧树洞——大学生成长发展 220 问》这本书讲述了大学生从入学到毕业可能会遇见的各种困惑及解决方案。本书包含心理适应、生活规划、安全保障、人际关系调节、成长困惑化解、考研就业帮扶、心理素质提升、心理疾病康复等内容。本书全部采用问答方式呈现，文字通俗易懂，很接"地气"，对大学生自我成长、辅导员指导学生、心理工作者帮扶学生、家长陪伴孩子成长都有很强的指导意义。

本书的顺利出版要感谢学校党政领导对心理育人工作的大力支持，感谢陈晓灿、徐叶榕、杨筱蓁等十余名朋辈学生的帮助，感谢高校思想政治工作中青年骨干队伍建设项目提供经费支持！

丁闽江

2022 年 12 月

目 录

第二篇章　和谐人际,互助成长

第四篇章　未来发展，人生启航

第五篇章　认识自我，守护心灵

第六篇章 守住安全，玫瑰有刺

第一篇章

走进大学，适应大学

步入大学，你是否正面临这些困惑：困囿于身份的转变，不谙环境的变化，无法顺应大学自主化的学习氛围，无法权衡人际关系与社交距离，无法自主地控制情绪，身心平衡因此被打破。当咸鱼、摆烂成为常态，失去目标与导向的年轻人流眄于信息社会的繁华景象，逐渐忘记了选择专业的初心。离开父母，大学生独立地走进校园，生活仍在等待着自己续写。家庭的矛盾，网络的喧嚣，停摆的人生，宿舍的磨合，生活无端席卷起烦恼的尘埃，将大脑挤压成薄薄一片纸。当我们对着空白的页面不知所措之时，应怎样添上浓墨重彩的一笔，怎样不留遗憾地过好自己的大学生活，怎样有所期待、有所作为？或许这些困惑，你都可以在一字一句的问答中找到答案。

第一节 关于大学适应

挥别高考，步入大学，你看似终于可以抛却繁重的学习压力，挣脱身边唠叨的父母，踏入理想化的自我王国。事实真的如此吗？现实好像很"打脸"，你的大学生活很可能是攥着一股拼劲却不知何处使的迷茫，是脱离束缚为之空豁的孤独，是面对新环境、新人际关系的焦头烂额……或许，只有把握好适应的维度，才能将这段新旅途演绎得精彩纷呈。

问题 1 理想与现实有差距，心理落差很大，怎么办？

这个问题是许多刚上大学的学生都会有的一种心理困惑。想象的丰满与现实的骨感形成的落差，给同学们带来了失衡的感觉。不要把它看作问题，它只是一种普遍现象。应该如何消除这种落差呢？看看以下一些方法是否可行。

（1）给自己一段冷静思考的时间。是的，你想象中的大学和现实中的大学会有差距，但这是许多大学生们都要面对和适应的。人生中面临的许多问题有时候很难通过别人来解决，俗话说解铃还须系铃人，自己往往才是最佳的导师，所以老师建议你找一个时间，彻底放空自己，想想过去、现在与未来，问一问自己心底最真实的想法，好好思考一下：自己为什么上大学？希望从大学生活中获得什么？未来的方向又是什么？

（2）认清大学的生活状态。世界的模样取决于我们凝视它的目光，很多人上大学后心态崩了就是因为高中老师说上大学很轻松，但实际上上了大学的人才知道，大学并不比高中轻松多少，甚至比高中更忙，不仅要面对繁重的学业，还要面临很多琐碎的事情，甚至有时会感觉事情一直做不完。但其实你换个思路，想想高三的时候，每天强忍着睡意天不亮就起床，刷题刷到很晚才睡，那不是也过来了吗？大学的生活相对于高三来说真的算轻松了，所以适时地转变想法，乐观面对生活，我们就会轻松很多。

（3）选择适应比抱怨更有意义。有些同学发现理想与现实有差距后选择抱

3

怨，做任何事情都带着情绪，这样只会让自己过得更难受，更加无法投入到学习、生活中。这个时候我建议同学们选择适应。理解这种差距是正常现象，接纳当下的所有，开始寻找自己的目标和方向，通过自己的努力打破心理落差。

（4）为自己订立目标，规划好未来的大学生活。找到自己的方向后开启自律的大学生活。订立目标、规划生活是稳步向前迈进的一个重要前提，把自己每天的学习、生活安排好，向着目标一步一步前进，你的大学生活就充实了，你的心理落差就会慢慢缩小。

（5）提升自己的适应能力。大学的环境对许多人来说都是一个全新的、异于往常的环境，但相较于社会的环境，大学的环境要更加和谐、安全，也是你们培养、锻炼适应能力的好机会。你可以尝试去适应现在的状态，一步步地去认清理想与现实之间必然存在的鸿沟，从而增强自身的适应能力。

（6）懂得悦纳自己，发挥自己的优势。其实你能考入大学，也就意味着你在人生这一阶段里的努力得到了认可，相较于许多同龄人来说，你已经十分优秀了，所以不必过度焦虑。来到大学，你要发掘自己的潜能和优势，在某一个领域做出自己的特色和成绩，只有这样你才能在群体中脱颖而出。当你在某个方面有所专长、做出成绩时，你就会被认可，这种认可是你获得成就和价值的体现，它有助于你平衡心理落差。

问题 2　如何适应未知的大学生活？

很多学生刚上大学时都会出现适应不良的情况，这是非常正常的现象。环境的改变，每个人都需要一定的时间去适应，这是正常心理的正常表现。有些同学适应能力比较强，无不良反应，有些同学适应能力比较差，可能就会出现一些适应不良的表现。建议同学们做好以下几点，应该有所帮助。

（1）主动添加学长、学姐的联系方式。其实最简单的方式就是通过班级群找到你所在班级助导的 QQ 或是微信，一般每个班级都会有一两个助导，助导都是相同专业较为优秀的学长、学姐，他们对学校熟悉，对专业已经有了一定的认识，从学校教学楼的方位到具体专业学科的学习方法，你都可以事无巨细地向学长、学姐请教，他们都会很热心地帮你答疑解惑的。

（2）主动结交朋友，抱团取暖。你要知道，这个时候很多同学都是非常需要同伴的陪伴和支持的，破冰可能就是一句话，你可以随意地向周围的同学、舍友询问班级群里通知的具体事项，也可以从家乡风土人情切入。别担心，一段新友谊的开始没有你想象的那么困难，而它给你带来的内心的安慰和陪伴远大于你鼓起勇气的片刻挣扎。在一个新环境中有了新朋友，你的心就会更有安全感。

（3）调整心态，积极面对。新环境固然会带来许多不适，但是新环境也会促使你成长与进步。倘若一直待在舒适区，我们能够取得的改变是微小的，一个急剧变化的环境将会为一个全新的自己的出现打开大门。为了更好地适应环境，你将会被动地掌握一些技能，你发现原来自己在某一些领域也能够如鱼得水，而这就是人的潜能，所以去积极主动地投入新环境吧，你将会发现一个不一样的自己，把新环境所带来的不适都当成是蜕变所需的材料，你一定可以的！

（4）认识自己，做好规划。其实老师觉得陌生环境固然加大了对大学生活适应的难度，但是适应难从根本上讲是由于自我认知的迷茫。如果说高中是以考上大学为目标，那么读大学之后我们就应该注重自己的职业规划和能力提升，从认识自我到职业定向，方方面面都是我们可进行自我探索的角度，而这个也是每一个大学生都要思考的一个重要课题。

（5）不要被手机玩弄。我知道适应未知的大学生活并不是一件那么容易的事情，不过老师希望你一定不要放弃，不要在最开始的时候选择逃避。由于大学缺少老师、家长的管控，一旦我们抵不住手机的诱惑，我们就很容易一发不可收拾地沉浸在虚拟的网络世界，逃避现实世界，荒废学业，损害身心健康，破坏人际关系，开始进入一个恶性循环，千万不要让自己的大学毁于大学之初。放下手机，走出去，行动起来，才是适应大学生活的关键。

（6）思想上要独立。不要再过于依赖父母或他人的帮助，清楚明白地告诉自己要学会独立，自己的事自己干。这是一个人生存在世的基本能力要求，而且这些事你是为自己做的。

问题3　对自己的专业不感兴趣，甚至心理排斥，怎么办？

由于各种原因，确实有不少大学生对所学专业不感兴趣，甚至出现心理排斥的现象，导致挂科的也有不少。面对这种情况该怎么办呢？

（1）先清楚对专业不感兴趣的原因。你所面临的问题其实在大学生中比较常见，一部分大学生对自己学习的专业缺乏兴趣，导致出现学习成绩不理想、学习状态欠佳等问题。老师首先希望你能够仔细分析一下自己的情况：是因为自己的专业是被调剂的，心理不平衡，有排斥？还是因为无法较好地掌握知识而对这个专业没有兴趣？或是对这个专业不了解，与自己的职业规划不一致？从自己身上找找原因，才能够更好地去发现问题，从而做出决定。

（2）尽早知道自己的职业目标。大一开始你就要慢慢去探索自己的职业兴趣，要尽早知道自己所学专业的职业方向，思考自己适不适合这样的职业、你将来的职业定位是什么这些问题。

（3）学会接纳。你对专业不感兴趣很多时候是因为自身不能接纳，每个专业都有其优势，也许等你深入了解之后，你就会产生兴趣。所以，你可以先接纳当下的情况，努力去适应看看。

（4）尝试提升兴趣。有一部分大学生对自己所学专业提不起兴趣其实并不是因为在学习这个专业之前少有了解，或者是出于某种原因而被迫选择了这个专业，而是明明一开始对这个专业是有一定兴趣的，只是在学习的过程中碰到了一些难题和困惑，产生了畏难情绪，久而久之也就越来越没有兴趣了。所以这个时候，提起兴趣就显得很关键。

（5）慎重考虑转专业。基本上所有大学都为同学们设置了转专业的相关政策，如果在尝试提高对这个专业的兴趣之后还是没能够达到理想的效果，转专业也不失为一个方法。学校之所以允许同学们转专业，实际上就是希望最大限度地去激发同学们的学习热情和潜能，帮助同学们找到更加适合自己的定位和方向，所以你可以去咨询辅导员或者教学管理老师，了解转专业的相关情况，尝试转专业。但要在这里提醒同学们的是，转专业应当慎重选择，因为每个专业既有它有趣的地方，也有它枯燥、无聊的地方，更重要的还是应保持对未知和学习的热情。

（6）详细了解学校转专业的政策。想要转专业的同学记得查看学校转专业的规则，并随时关注转专业的相关通知，一般会在大一下学期的五六月份通知。想要转专业的同学，一定要保证大一的学习成绩比较优秀，要考虑清楚，慎重做出选择。

（7）了解自己与专业的匹配度。借助一些相关的工具进行自我测试，比如霍兰德测评、MBIT 性格测试等，这些测试对于发现和挖掘你自身的潜力是有一定帮助的，也有一定的科学依据，可以为你提供一些参考依据，帮助你找到更适合自己的专业。

（8）自学其他专业。最后要端正态度，人生没有什么一帆风顺的事，你走的每一步都算数，既然很认真学还是学不好，不如自学一门自己喜欢的专业，现在在线教育资源这么多，只要坚持，会有好的收获。

问题4 想回去复读，又有很多担心，难以抉择，怎么办？

在新生报到后的一个月内，经常会碰到这样的问题：同学们可能对学校不满意、对专业不满意，也可能是由于自己的梦想没有实现而心有不甘，想回去复读，但是又担心，很难抉择。该怎么办呢？

（1）权衡利弊。你可以拿出一张纸，将复读的优劣和不复读的优劣都一一列出来，对着这张纸仔细问问你的内心：复读真的值得吗？不复读真的会让自己十分后悔吗？不复读的话，还有其他什么路可以走？每个人的情况都是不一样的，所以在作出这种重要决定之前，老师希望你能仔细地权衡利弊。

（2）询问借鉴。你可以向身边的亲朋好友了解一下其他人复读或者有过这种想法但最后没有复读的例子，也可以在网络上去看看别人的故事，找出一些与你自身相对接近的例子，从他人所经历过的事情之中寻找对自己有用的经验，这样也能够更好地帮助你作出决定。

（3）加强沟通。特别是多和父母沟通，虽然你现在可能已经成年了，但不可否认的是，你还有许多事情需要依靠父母的帮助，有许多决定需要听取家长的意见，你可以就这个事情与你的家长进行沟通，把你的想法和顾虑都与他们进行交流，家长的支持往往是十分重要的。

（4）弃旧迎新。复读的不确定性很多，相信你也应该有这样的思想准备。人生其实很多时候都会碰到不如意的事情，而且并不是什么事情都能够有再来一次的机会，所以适应当下相比于懊恼过去要更加重要也更加需要勇气。如果你没有做好充足的准备就去复读，在面对那样高强度的学习和锤炼时，你可能会再一次后悔。所以如果你还没有下定决心，老师希望你能够与高考失利的自己和解，完成好当下的学业，老师相信每一个努力用心的人，都不会被生活辜负。

（5）学会接纳。可以尝试接受身边的人或物以及周围的环境。或许有时候我们思考问题的主观情感太多，使得我们很不情愿地接受身边的一切事物，让我们感觉生活在这里很不舒服，所以会有复读的想法。保持乐观积极的态度，试着接纳当下，过一段时间后，再去考虑复读还是不复读的事情，到那时候或许我们会更加冷静一些。

（6）励志竭精。如果你最终做好了选择，那么老师希望你记住"既然选择了远方，便只顾风雨兼程"。如果选择了复读，那么就不要再去思考复读的结果以及困难，坚定自己要复读的心，无所顾忌地再拼搏一次，相信你会得到一个满意的答案。如果选择了不复读，也不要在今后不如意的时候又懊悔自己的选择，世上没有后悔药，你所做的选择都是最好的，鼓起勇气去面对生活和学业的挑战，相信皇天定不负有心人。

问题 5 如何适应一个人独立学习、生活的状态?

大学生活更为多元且独立，而且大学期间时间的安排取决于同学们自身，每个同学对于大学学习、生活的安排都不一样。有些同学喜欢一个人学习生活，这也渐渐成为大学生的主流趋势，学会适应一个人独立学习、生活的状态确实很重要。

（1）享受孤独。我知道这对于现在的你来说可能有点难，但是我希望你能知道，享受孤独是大多数强者所具有的特质。大学时间更为自由，同学们的追求也更为多元，这就导致了每个人的独立特质更为突出，这是大环境所导致的被动孤独。等到更高年级的时候，你会发现，周围的同学有的选择考研，有的已经开始投简历做求职的准备了，大家的去处也各不相同，但是这并不能妨碍我们主动地选择享受孤独。虽然我们的生活被花花绿绿的资讯所包围，短视频的快感让我们的多巴胺迅速分泌，但是当夜深人静的时候，我们可能会感到迷茫和令人窒息的空虚。当一个人独处的时候，你能够静下心来，更好地倾听内心的声音，知道自己想要什么，明白自己能做什么，至少它所带来的对生活的掌握感足以令自己在浮躁的生活中安心，而知道自己的目标和方向也是上大学的一个重要目的。

（2）全情投入。因为孤独，你可以更加全情投入学习，做好复习和预习。大学学习生活注重自主性，自学能力也是非常重要的。你可以借助图书馆这一平台，多花些时间泡在图书馆，在提高自身能力水平的同时，也能够减少独孤感带来的不安与彷徨。同时你也可以多与老师同学进行学术上的交流和探索，这样不仅有助于你掌握专业知识，而且能使你在交流探索的过程中学会与人有效沟通，从而扩大自己的朋友圈，在新的环境中交到好朋友，走出孤独的"困境"。

（3）保持适当社交。现在的通信技术十分发达，语音通话、视频通话等都能够帮助你更好地与之前的朋友进行联系和交流，也能够帮助你维护好这些来之不易且弥足珍贵的感情。与朋友们分享情绪，也能够让你在感到孤单的时候消除孤独感，是一举多得的方法。

（4）坚持每天运动。比如可以每天早上起床后或者在晚上绕校园跑两三圈。运动后，我们的心肺功能得到锻炼；我们大脑分泌的内啡肽可以帮助我们减压并且保持心情愉悦；我们的肾上腺会分泌肾上腺素来让我们精神更加亢奋。

（5）做好自己。不要因为自己经常一个人而感到被孤立、被抛弃。只要独处的你是轻松快乐的，那就按照自己的节奏来，做好自己比什么都重要。

问题6　如何平衡学习与学生工作、社团活动的关系？

刚进入大学，很多同学对新奇事物都抱有较大的好奇心，对许多活动和工作都有参与的想法，但又担心学习与学生工作、社团活动等存在冲突而无法兼顾。如何平衡好它们之间的关系是很多大学生要共同面对的问题。

（1）积极争取。大学学习与能力培养同样重要，在努力学习知识之余，我们要想方设法地提升自身的综合能力。而担任学生干部和参加社团活动是开拓我们的人脉资源，培养我们的组织管理能力、人际交往能力、表达能力的重要途径，所以老师建议你积极参与，在自己的能力范围内去担任学生干部、参与社团活动，服务同学，而不要因为过分地担心时间精力的不足而放弃参与活动或学生工作。

（2）有限度选择。老师十分支持同学们竞选学生干部、参加社团活动，学生工作、社团活动是一个展现自我和锻炼自我的好机会，也是大学生活的一个重要组成部分。但是一定要知道，人的精力是有限的，所以老师建议你选择学生干部及社团活动时要结合个人所长及兴趣，秉承对你的学习成长有帮助的原则，有针对性地投入和参与，这样不仅不会影响学习，还能让你更好成长。

（3）用心去做。无论是学习，还是担任学生干部或者参加社团活动，都需要我们用心去做好，认真去对待。虽然说大学的课业并不轻松，但相较起紧张的高中生活，老师认为，大学学习还是相对轻松的，有很多时间能够让你自主安排，只要你用心地去平衡好学习、生活、娱乐、工作的时间，不要浪费过多的时间在玩手机、追剧等消遣上，老师认为你还是能够平衡好这学习和学生工作、社团活动之间的关系的。

（4）合理安排时间。如果你担任了学生干部或者参与了社团活动，一定记得合理安排时间，学会管理时间。规划好学生工作及社团活动时间，尽量不要与学习时间有冲突，这样就能保证学习的效率，你也不会因为没有利用好学习时间而懊恼。

(5)保持高效率的学习和工作。学生工作、社团活动需要花费很多时间，如果你能通过学习及实践获得更高效的学习、工作方法，就能达到节约时间的目的，以此来平衡学习与学生工作、社团活动的关系。

(6)以学习为重。如果在你已经减少了不必要的娱乐活动，也不存在浪费时间的情况下，你仍旧觉得两者很难得到平衡，那么老师建议你，一定要以学业为重，因为大学首先是一个学习的场所，掌握专业知识是我们大学生活的首要任务，所以如果两者确实存在冲突的话，应将学习放在首位，不要过于热衷担任学生干部和参加社团活动，把学业完成好才是硬道理。

问题 7　如何适应大学自由的学习环境？

大学的学习环境较为宽松自由，不像高中那样时刻有人监督，因此，很多同学会有些不适应，不知道该如何安排好时间，甚至不知道自己要干什么。该如何适应自由的学习环境呢？这些方法可能对你有些帮助。

(1)制订学习计划。很多时候我们玩手机可能是因为我们学习时毫无头绪，大片空白时间会产生时间充裕的假象以及无所适从的无助感。而计划可以很好地规避这样的问题，因为它详细直观、可执行性强。制订计划一定要细化，越细越好，这样可以帮助我们顺利执行每一个任务而不至于觉得压力大。如何制订计划？老师推荐你可以根据 smart 原则去考虑。什么是 smart 原则？可以通过网络了解。

(2)让学习生活更有趣。你可以选择一些自己感兴趣的领域去学习，也可以去别的班级或者别的学校蹭课，抑或是在老师的指导下开始某个领域的深度探索。这样的学习会让你觉得学习是一件非常愉快的事情，大大提高学习效率，时间也会被充分地利用起来。

(3)借助外在环境督促自己。这就不得不提去图书馆学习了，在图书馆，大家奋笔疾书的氛围能够在无形之中鞭策督促自己。同样，自习室也是如此，你会发现，在有越多人一起学习的场所，你越容易完成当天的学习安排。倘若你觉得在图书馆还是会忍不住玩手机，那老师觉得你可以试着和舍友一起组成一个自律小组，两个人约定一起学习，一起制订一些惩罚措施，不过要记住惩罚不能不痛不痒哦，不然下一次可能依旧会在学习的时候开小差。

（4）正确对待自律。老师发现很多人其实对自律都有所误解，老师想和你阐明一个概念：自律其实是一种相对自律，就是说由于受到各种各样的因素的影响，我们其实很难做到100%将自己的计划完美执行，我们所需要追求的是自律的时间大于非自律的时间，如果能做到这点，你已经赢了80%的人。所以呀，不要对自己的一些非自律行为过分地苛责懊悔，没关系，你不必完美，发觉自己偏离计划轨道了，重新调整方向，继续前进就可以啦。

（5）从思想上改变自己的依赖性。高中和大学学习和生活主要的区别就是，高中有人管，大学没人管。当你进入大学校园后，不管是生活上，还是学习上都没有人来对你进行严格管束。但是没有管束不代表你就可以不学习，你同样需要学习，我们需要从思想上改变自己的依赖性，学会主动学习，逐渐习惯大学的生活和学习方式。

（6）经常锻炼身体。比如早上去操场跑跑步，因为锻炼可以使得我们的心情更加愉悦。良好的心情可以帮助我们更快地适应大学生活。

问题8　如何适应大学的人际关系？

从高中到大学，人际环境发生了巨大改变，面对全新的环境，很多同学会产生心理困惑，甚至不知道如何交往，这是一种正常现象，需要大家去重新适应。在大学，你会发现身边同学的性格、生活习惯、家庭背景都不一样，如何求同存异，需要一些智慧。以下几个建议或许对你有些帮助。

（1）真诚、宽容待人。一颗真诚、宽容的心，常常是最能打动别人的，在与他人交往中，不要总是指责或者批评他人，而要更多地去赞扬、肯定他人的优点。学会接纳每个人的不足，用真诚的态度去与他人交往，不要过多地去猜测、揣摩别人的心思，保持适当的社交距离，让他人觉得与你交往是舒服、自然的，老师相信这样的你无论面对什么性格、什么家庭背景的同学，都能够与他们建立较好的关系。

（2）学会倾听，少些评论。学会在与他人交谈时倾听他人。倾听是尊重他人的一个重要表现，也是能够与他人建立良好人际关系的重要前提。通过倾听他人，你可以发现每个人身上的不同之处，更好地去了解他人，同样，他人也会从你仔细倾听的行为中感受到你对他的尊重，而这种无形中的尊重，其实很大程度上能够满足他人的自尊心，也能够让他人更愿意与你有更多的交流和交往。

（3）尊重他人的隐私。现在你周围的人不再是小朋友了，而是各自有了自

11

己心思的大人，所以尊重他人的隐私就是良好交往的一个重要前提，对于他人的隐私不要多打听，对于他人希望你保守的秘密，不要随意传播。尊重他人的隐私，相信你也会赢得他们的尊重。

（4）学会辨别，坚持原则。在大学中，你会遇到形形色色的人，在这些人中，有的人值得你与他交往，而有的人则不值得。在与他人交往时一定要有原则，在与他人建立关系前，应当对其有一些基本的了解，对于一些品行不正的人，我们应该拒交，不能够来者不拒，应多同一些优秀的人交朋友，相信这样你也会从他们身上学到更多的东西。

（5）把握朋友圈的宽度。老师觉得一个健康、适当的朋友圈，应当是一个不会太过狭窄但也不会太过广泛的圈子，太过狭窄的圈子不利于人脉的拓展也不利于我们自身眼界的开阔和发展，而过于广泛的圈子则会消耗我们太多的精力，有时也会造成不必要的麻烦。所以老师希望你能够把握好自己朋友圈的宽度，不要太宽也不要太窄，适当便是最好的。

（6）及时处理人际矛盾。要学会换位思考，将心比心，这对建立良好的人际关系是很重要的。有矛盾要及时化解，有错误就及时道歉。不要因为一点小事而破坏了同学、舍友之间的和气，要以大局为重，有时候吃亏也是一种福气。

问题9 感觉上大学一直很不开心，怎么办？

很多大学生都会觉得自己过得不开心，这到底是为什么呢？有没有办法治愈自己的不开心？

（1）先自我分析下不开心的原因。是无法适应这里的学习生活方式？是不能处理好人际关系？是这个专业、这所学校不是你喜欢的，你一直接受不了？是上大学前对大学美好生活的过多憧憬导致前后心理落差，从而对现在的大学生活不满意？是因为远离父母非常想家？还是自己有心理问题一直没有解决？找到原因后才能对症下药。

（2）接纳比拒绝有益。从上面的原因来分析的话，很大一部分同学是因为无法接纳现状而不开心。老师知道当发现大学生活和自己想象的并不一致的时候确实难受。但是你有没有想过刻板印象是禁锢我们对大学重新认知的最大障碍，当我们纠结于大学理想和现实的差异的时候，我们能够得到的只是后悔和不满，而如果我们选择接纳它，我们能够收获的就不仅仅是我们眼中的大学，还有关于大学更多的可能和更好的自己。

（3）处理好宿舍关系。这是治愈你不开心的情感支持，舍友会是我们在大学生活中相处最久的人，差异并不能成为阻隔你和舍友友情的障碍，通过这些差异我们能够看到一个不一样的世界，这样五彩斑斓的友情也很令人向往，难道不是吗？不过我们一定不要强求别人接受自己的观点，观点的背后是站在不同的背景下的立足点，我想如果你能做到尊重差异，真诚待人，你和舍友的感情一定不会差。

（4）坚持一项运动。老师建议你每天傍晚到操场跑跑步、去球场打打球，在大汗淋漓的运动后，你会觉得整个人都轻松畅快了许多，不仅收获了身体的健康，运动时分泌的多巴胺也会帮助你减轻许多学业上的压力、获得更多愉快体验。

（5）找找自己的学习和生活目标。这是你缓解不开心情绪很重要的一种方式，看看自己到底需要什么、能做什么，给自己做个规划，然后按照规划去实施，每天都在进步的日子一定会让你开心。

（6）找到适合自己的学习方法。大学的学习和初高中并不一样，大学对自主学习要求很高，因此我们要提高自己的自学能力，你可以和学长学姐请教专业课的学习方法，和同学舍友聊聊提高记笔记效率的技巧，也可以利用网络平台感受其他大学老师对相同学科不同的授课思路，找到适合自己的学习方法将会对自己的学习起到事半功倍的效果。

（7）丰富业余生活，让自己充实起来。可以学习各种技能，参加各种技能考试，获得职业资格证书；也可以多多参加一些集体的活动。很多同学的一些兴趣爱好都是在大学时培养起来的，比如说打球、唱歌、参加社团活动等，人是社会动物，需要有社会存在感和价值感。

问题 10　太想家了，怎么办？

很多同学上大学前没有住校经历，之前的生活都是父母安排的，缺少必要的生活经验。上大学后要面临很多以前从未接触过的生活琐事，这些事情都要自己解决。另外，很多同学比较依赖父母，远离父母后缺少一些温暖，因此会比较想念家人。家是我们温暖的港湾，想家也很正常，所以不用担心这个问题，但我们该怎么处理呢？

（1）找到情感链接。想家的时候就及时和家人沟通，表达你的感受。通过微信、电话等方式与家人及时沟通，把生活中的琐事和家人说说，分享你的大学生活, 这很有利于消解你的想家之情。当然, 如果条件允许, 节假日也可以回家, 然后再元气满满地回来。

(2)向舍友倾诉, 寻求帮助。宿舍其实就是你的第二个家, 而舍友就是你在学校的家人, 当你想家了, 可以和舍友们聊一聊, 相同的际遇会让你们互相抱团取暖, 舍友的陪伴会让你觉得不那么孤独, 不再感觉是一个人, 心里也会宽慰许多。而一些生活技能你也可以向舍友学习, 我相信舍友也会乐意帮助你。在舍友的帮助下, 你不仅能掌握必要的生活技能, 一来二去之间, 你和舍友的感情也在一起度过适应期中升温, 何乐而不为呢?

(3)记录情绪, 发现美好。你可以在每次想家的时候拿一支笔和一张纸, 把自己想家的心路历程写出来, 你会发现情绪得到宣泄后, 就没有那么难受了, 而记录使得自己的情绪可视化, 你明白自己痛苦的点, 这个也可以帮助我们精准地排解自己的消极情绪。太过于想家导致我们不愿意进入新生活, 这也让我们忽略了身边美好的事物, 而主观觉得大学生活毫无乐趣, 所以, 努力去发现大学生活的美好吧, 慢慢地, 你会发现你在不知不觉中已经融入了大学生活。

(4)让自己忙起来。你有没有发现, 当我们无所事事时, 心理的活动就会特别丰富。同理, 当我们没有事情干的时候, 往往我们的想家情绪会愈加浓烈, 所以, 让自己忙起来吧, 拥抱美好的大学生活, 去参加丰富多彩的社团活动, 去体育馆感受运动的酣畅淋漓, 去图书馆体会阅读的美好……我相信, 大学的美好将会慢慢消散你想家的情绪。

(5)参加一些校内学生组织。社团、学生会等可以丰富自己的交友圈, 建立友情, 弥补客观上的亲情缺失。

(6)增强独立性, 摆脱依赖心理。其实离开家想家是很正常的, 同时你也要仔细地想一想, 你已经长大了, 是时候变得强大以保护自己的家人了, 独立性很重要, 摆脱依赖心理才算真正长大。

第二节　关于大学学习

　　大学，是高中的延伸，是求学之路的一个重要站点。大学宽松、自主化的学习环境在帮助学生实现自由化学习、自主性探索的同时，也为这段求学路套上了一个新的枷锁：对生活感到空虚、无力和慌张，逐渐对未来产生迷茫，不知道学习的意义是什么。没有目标、缺乏动力，专业学习便很难顺利地进行下去，更有甚者，有些学生陷入了"只需考及格、六十分万岁"的误区。认真考虑自己进入大学的目的，才是对自我负责、对课业负责的表现。如今种下一棵树还不晚，任何时候都可参天，又或许，就在明天。

问题1　大学成绩真的很重要吗?

　　是不是很多人都会提醒你："只有名列前茅的成绩才能得到老师的重视，才能在以后找工作、保研、考研等方面有更多的选择权。"这话好像不无道理。但是，你可能会发现，成绩和能力并不能画等号，未来社会或许更加注重个人能力。大学成绩真的很重要吗? 要怎么看待成绩?

　　(1)大学成绩的确很重要。作为一个学生，学习是根本任务，学习成绩可以在一定程度上反映你的学习能力、掌握知识的水平、对待学习的态度。此外，在大学学习过程中，评优评先、奖学金评定、党员发展、研究生保送、实习单位选择、就业推荐、找工作、考研等都与学习成绩挂钩。所以，学习成绩相当重要。

　　(2)综合测评成绩很重要。成绩的核心不仅体现在专业课成绩上，也体现在综合测评成绩上。大学综合测评成绩包括了德育、智育、体育、美育、劳育等分值，体现的是一个大学生的综合素质，涵盖了人际交往关系、课外技能发展等。因此，我要强调的是，大家要注重综合测评成绩的提升。

　　(3)除了成绩，个性品质的形成、能力的提升也很重要。大学要培养的是德智体美劳全方位发展的综合人才。学习成绩很重要，拥有正确的价值观、良好的个性品质、积极的生活态度、出众的能力更重要。因为成绩可能只是敲门砖，品质及能力才是支持你长远发展的垫脚石。因而你需要努力提升自己的综合素质。学会学习，广泛阅读，积极参与班干部及学生会干部竞选、积极参与各种比赛、积极参与志愿服务活动、积极参与科学研究、积极参与创新创业等第二课堂活动，提升自己的综合能力，让自己有优秀成绩的同时，也有良好的能力。

(4)正确看待大学成绩。成绩不是衡量一个人是否优秀的唯一标准，但是却会影响别人对你的印象。当你付出足够多努力的时候，成绩也许不会交出一个完美的答卷，但是也绝不会欺骗任何人。在此基础上，去发掘自己的潜在技能，突出闪光点，从同龄人中脱颖而出。成绩对于许多人来说，是一个敏感的话题。有些人对于成绩很在意，自己某次考得比较好一点，下一次却差一点，就感觉背负巨大的压力，从而逐渐形成自己输不起的心理。其实无须感到如此大的压力，你可以从一开始就大方承认上次考得好是运气原因，也没有人会过多地关注你，放松心态，结果反而可能让人意想不到。

大学匆匆几年，成绩、综合素质、个人能力都是你的垫脚石，犹如房子的地基一般，不稳也能盖起来，但绝对不会长久，经不住风霜雨雪的摧残。所以，要好好努力，它的意义在于，当好运来临的时候，你能够抓住机会，这是你的能力，而不仅是运气好。

问题 2   大学自由时间太多，应该如何自觉自律学习?

进入大学，很多同学会发现自己过得很迷茫，想上进又不懂如何上进，想自律又自律不起来。大学自由时间太多，不知道要怎么用起来，尤其是学习好像真的没什么动力，期末又过得很紧张，甚至还有不少同学因此挂科。那我们应该如何自觉自律学习呢?

(1)正确认识这种现象。刚刚进入大学的新生，普遍对大学生活不适应，这是一种正常现象。由于环境改变，缺少了监督，没有了明确目标，也没有了一起努力奋斗的伙伴等，大学生缺乏学习动力，也不知道如何利用这种相对自由的时间。

(2)给自己一段适应期。刚从紧凑的中学生活进入自由的大学生活，你可能忍不住放纵自己。进入大学后，你会发现生活很自由，就自然而然地觉得没有必要那么限制自己了。这是人的心理从紧张状态转换到自由状态的一种必经过程，心理需要这样的放松时间。不用担心自己的这种迷茫状态，只要你有上进心，愿意努力，一段时间后你必定会找到自己的方向。

（3）为自律学习寻找动力。可以想一想自己学习到底是为了什么，你的学习目标是什么，未来有什么打算。给自己做好规划，你就有自律的动力了。以前学习不论是为了什么，都有人督促着，即便没有目的也知道要学习。而大学期间就是自己独立成长的时间段，有的人学习是为了更好的自己，有的人是为了更好的生活，有的人是因为喜欢自己的专业，但是不论为了什么，人要有目标、有期待才有动力，有了动力才有主动行动的可能。

（4）规划好自己的自由时间，让自己明白每一个时间段都有事情需要去完成。一方面，制订计划是对自己行动的一种驱动，会提醒着自己自由时间并不等于放纵和玩耍。相当于自己给自己施加了一点压力，压力和动力的双重作用可以让自己更有效地行动起来。另一方面，制订然后完成计划也是让自己获得成就感的过程，成就感的积累能让自己对学习更有信心也更有兴趣。当做一件事有了兴趣，过程就不会那么枯燥，也更容易坚持下去，效率也会得到一定的提升。此外，要明白自律与自由是相对的。你制订的计划要能够得着、做得到，并且对自己有督促作用。你所制订的计划也要有自由时间，适当的自由是为了更好的自律，适度放松能够提高效率，也更能够让自己坚持下去。

（5）寻找学习搭档。如果自己无法做到自律，也可以选择寻找一个学习搭档互相监督。如果有了目标，制订了计划还是无法克服自己的懒惰思想，这个时候学习搭档是一个很好的选择。学习搭档可以互相监督，让自己更容易做到按计划支配自己的自由时间。

问题3　大学学习只掌握课本知识就行了吗？如何获取更多知识？

有这么一群大学生，他们每天很勤奋、很努力，上课也非常认真听讲，非常重视课堂上的专业课程学习，他们的专业课成绩也很好。可是，他们会发现自己好像并不优秀，知识面不广，能力也不够强，这是为什么呢？所以，就有同学问：大学学习只掌握课本知识就行了吗？如何获取更多知识？

（1）认清一个事实。大学的课程学习只是专业学习的一小部分，课程学习的仅仅是入门级的知识，要想学好专业，这点知识是远远不够的。想在这个专业里取得成果，就需要不断地汲取养分，博观约取才能厚积薄发。同时，除了专业课程学习外，你还需要广泛涉猎专业以外的知识，这样才能让自己更优秀。

（2）充分利用图书馆的纸质资源。充分利用图书馆的藏书是最简单直接地扩大知识面的途径。大学图书馆不仅有专业方面的书籍，还有很多素养类的书籍，没事的时候多去图书馆转转，在图书馆找个安静的地方，认真看看书。这是最有效、最惬意的一种获取知识的方式。

（3）充分利用图书馆的数字资源。图书馆有很多与专业相关的数字资源及各种免费的课程。学会使用图书馆的数字资源，学会挖掘图书馆数字资源这个大宝库，你想要的慕课、教学视频、论文等都可以轻松获取。

（4）主动与老师沟通，参与学校专业类社团活动。可以通过参与课题研究获取专业知识，培养学习能力。另外，还可以通过参与学校专业类社团活动来提升学习兴趣，进行课程实践，获取专业知识，促使自己学习。

（5）多与学长学姐交流。要大胆地、谦虚地向学长学姐请教，学长学姐有更多的经历和经验，曾经也有与你一样的疑惑，现在还有一些资源。

（6）主动通过网络学习相关知识。现在网络上有很多学习资源，找到一些自己喜欢的在线教育平台和知识服务类的新媒体平台，利用好课余时间，进行主动学习，提升自己的知识水平和专业能力。同时，可以将一些上课不懂的知识点及时记下来，下课后通过网络平台解惑，也不要拘泥于单一知识，多查询一些相关知识，不局限于问题本身。

（7）主动去听其他老师或者其他学校的课程。自己没有课的时候主动去听其他老师的课，或者去其他学校听课，这是非常不错的选择。虽然学习的知识都是零碎的，但当你汲取足够多的知识的时候，你会发现你有一个强大的知识体系，串联成网，为己所用。

（8）知识竞赛、证书、学习 App 等也是你获取课外知识的途径。当你下定决心去考取一些证书、参考一些竞赛时，这就是你学习课外知识的开始。此外，一些学习 App 也相当不错。当然，同一个学习 App，两个人可能会用出不同的效果，很多学习 App 还有很多隐藏功能，我们要学会去利用它、开发它。

问题4 大学学习兴趣不浓，总感觉学习没意思，怎么办？

不少大学生步入大学已经一年了，上课却始终无精打采，下课游戏成瘾，甚至上课睡觉、玩手机，好像除了老师布置的必须要完成的学习任务外，一点时间都不愿分给学习，学习兴趣一点都不浓，总感觉学习没意思，怎么办？

（1）分析学习兴趣不浓的原因。学习兴趣不浓主要有几个原因：对专业不感兴趣、对未来发展迷茫、不懂得如何过好大学生活、没有明确的学习目标、缺乏学习动力、不能严格要求自己、难以做到自律。当然，环境改变、缺少家长老师的监督、没有学习氛围也是重要原因。

（2）理解学习的重要性，明确学习目标。大学的学习是你以后就业的基本保障，学习成绩不好，你的未来发展就会受到诸多限制。想要意识到学习的重要性，可以自己先制订一个职业规划，在制订职业规划的时候，你会发现，不论以后自己想做什么，都需要足够的知识作为基点，而越高的职位、越远大的理想对应的知识体系要求就越高。所以，学习是一件很重要的事，充分意识到其重要性，找到目标，学习也就被赋予了重要的意义。

（3）让主动学习代替被动学习。先让自己主动起来，找到学习目标和兴趣，建立主动学习模式，这样你就更能够坚持。另外，主动与老师和优秀的学长学姐交流，这样既能够获得知识，触动心灵，活跃思维，还可以获得学习动力和学习方法，学习效率也会逐渐提高。

（4）自我激励式地学习，让自己在学习中获得满足感和成就感。自我激励式学习，就是在学习过程中达到一些目标后，适当地让自己休息一下、放松一下，或者给予自己一些小奖励，让自己感知自己的学习是在不断进步的，获得的东西是在不断增多的。这样也更容易获得成就感，成就感可以让人更投入地做这件事，兴趣自然而然地就产生了。

（5）感受竞争，让自己感受学习的紧张感。可以尝试参加大学的竞赛，你会发现优秀的人很多，并且有更多的人在努力让自己变得更优秀！身处在这样的洪流中，你会深刻感受到竞争是激烈的，会不自觉地产生紧张感，主动去学习，主动想要提高自己。

（6）适当给予自己一些压力。有压力才有动力。大胆地畅想以后的生活，如果你只满足于现状，有可能只有微薄的工资，以后维持"一人吃饱，全家不饿"的状态，但是，你是否想过，如果家人生病住在 ICU 里，一天高昂的治疗费用，该如何负担。

问题5　大学没了高中学习的冲劲，怎么办？

上大学后有一部分同学会觉得自己高中的时候虽然也不喜欢学习，学习也是被逼的，但是至少每天还是很有干劲，每天能够从早到晚地长时间坚持学习。可是上了大学，自己就好像丧失了坚持动力，明明知道学习是一件重要的事，但是就是没有冲劲，所以很想知道大学再也没了高中学习的冲劲怎么办？

(1)先来了解下为什么会这样。高中时期的学习目标非常明确，时间被安排得满满的，学习氛围也非常浓厚，关键是还有老师强有力的督促。在这种环境下，你想不上进都难，学习冲劲自然就有了。然而，上了大学之后，没有学习目标，自由时间也多了很多，没有人监督，没有学习氛围，自然冲劲也会减弱。这个时候如果自己不自律，就很容易"躺平"甚至"堕落"。

(2)制定明确的学习目标。不论做什么事情，目标都是很重要的指引牌，是很重要的路标。目标有短期和长期之分，短期目标可以是提升期末或者学年的成绩排名、拿奖学金等；稍微长期一点，可以想一想自己要不要考研，如果要考研，该如何尽早准备；再长期一些，可以想一想自己到底有什么样的职业追求，想成为什么样子的人。通过这些思索，找到自己想要什么，有清晰的目标之后，学习动力就自然产生了，冲劲也就会有了。

(3)把自己的课余时间充分地利用起来。大学的课余时间虽然是给学生自由支配的，但是自由支配的目的是让同学们能够充分地利用时间，当然也包含放松时间，但是放松要适度，太过放松只会让自己产生惰性。根据学习进度，每隔一段时间做好下一段时间的课余规划，这是一个能够帮助自己明确自己有什么事情要做，并让自己的课余时间变得充实高效的方式。

(4)结交学习伙伴，相互监督，提高学习自律性。学习伙伴既是交流讨论的对象，也是相互监督的搭档。如果自己不能自觉地完成学习规划，学习伙伴的监督提醒则可以辅助自己去完成自己的规划，并且伙伴积极的学习态度也会影响到自己的态度，从而找到学习的乐趣。

(5)主动分配好学习与休息的时间，做到劳逸结合。人的注意力集中时间是有限的，因此自己可以设定学习一段时间休息十分钟或者二十分钟，这样也能有效地提高注意力和学习效率，短时间的坚持比长时间更轻松，而短时间坚持的积累，效果也会变得显著，让自己也更容易地达到自律。短时间的学习让自己更容易完成，也就没有那么抗拒学习，学习的积极性也就提升了，也会更有冲劲学习。

(6)适当地翻一些高中的照片、笔记、日记、视频等。看看自己曾经的豪言壮语，反省下现在的自己，从而激起自己的斗志。

明白一句话：学习的状态只有你开始做了，才能有好的状态。

问题6　上课总是无法集中注意力，总想看手机，怎么办?

　　大学课堂总会发现很多同学在玩手机，这似乎成了一种常态。这与学生自己本身的自律有关。有一部分同学上课玩手机，总是无法集中注意力，严重影响了自己的学习效果，明知这样不好，甚至感到很自责，但是就是控制不住自己，怎么办呢?

　　(1)调整心态。手机作为我们当下形影不离的"朋友"，的确给我们的生活带来了一些影响。上课忍不住看手机也很常见，不用太过自责，也没必要强制自己控制。有个简单的道理大家应该都知道，越压迫越会反抗。不要太苦恼或者责备自己看手机，只要不是太过，大部分时间都能专心听讲，那就不用太担心，适当注意就好，慢慢地你会形成习惯的。相反，如果你强制自己控制，越是这样，你的注意力越是在手机上。

　　(2)心理暗示。很多高中会在高考前设置一个很醒目的高考倒计时，一方面是为了让学生们对高考紧张重视起来，另一方面是为了让学生们把注意力放到高考复习上。你也可以写一些醒目一点的提醒便签，贴在笔袋或者手机上，这样上课拿起手机或者注意力不在课堂时就可以看到提示，让自己的注意力回归课堂。还可以采用"橡皮圈"提示的方法，就是在手腕上戴一个橡皮圈，当思绪离开了课堂，就拉一下橡皮圈弹击一下自己，这样可以及时提醒自己把心思转移到课堂上。

　　(3)做好课前的心理建设，鼓励自己听课。课前可以告诉自己，一节课四十分钟，四十分钟很快就过去了，课上好好听课，课间十分钟可以更安心地玩手机。并且可以适当奖励下一天的课程都有好好听讲的自己，比如给自己买份喜欢的菜，或者给自己半小时去做自己喜欢的事情。

　　(4)与手机保持距离。如果你确实无法在上课的时候控制自己玩手机，你可以选择不带手机到教室，或者把手机关机放在教室后面。当然，这是不得已而为之的下策，因为有时候老师上课会需要手机进行签到、小测等。

　　(5)对课堂保持敬畏之心。对老师常怀感恩敬畏之心，懂得尊敬老师，自然而然会觉得上课玩手机是一个不好的行为，是一个不礼貌的行为，这样想玩手机的想法就会减弱。

　　(6)找一个同伴监督。当你监督别人学习的时候，自然就减少了在手机上的注意力。同时，这是一个相互反馈的过程，同桌也会尽职尽责地提醒你不要玩手机，好好听讲。

（7）保持良好的睡眠。人的精力是有限的，睡眠不足会使你上课老是分神，听不进去就想玩手机了，因而保持一个良好的睡眠很重要。此外莫要强求整节课的听课高效率。

（8）利用好课间休息时间。很多人或许有这样的感触，临近下课时，感觉精神状态良好，听课效率高，一旦休息后，下节课就没有这样的状态了。所以，课间休息时，多出去走走，以免过度兴奋，下节课难以进入状态。

问题7　很想把学习搞好，但是行动力不足，怎么办？

有一部分同学非常想把自己的学习搞好，也很重视自己的学习，但是，并没有很强的动力，经常被各种事情打扰，即便在某一天的某一段时间他们本来想好了要学习，可是安排好的时间一到，他们却不想学习，总为自己找借口，很是苦恼。有时候很想去自习，很想去蹭课，很想去锻炼自己，但是行动力不足，这要怎么办呢？

（1）明确自己动力来源。你想要搞好学习的动力到底是什么？不挂科？学习成绩好一点？奖学金？保研？还是掌握专业知识？如果你的动力来源太弱，就没有办法支撑你往前走。因此，你需要一个较强的学习动力。

（2）明确学习目标。把学习搞好，但是怎样才算好？这对于每个人来说，定义是不一样的。除了成绩还有毕业后的考研或者工作，这些都是学习的结果。同学们可以先明确每一学年自己要达到什么水平，然后毕业又要达到什么水平，想一想毕业是考研还是工作，如果考研又以哪所学校为目标，如果工作又以什么样的工作为目标。由近到远一步一步地去实现自己的目标，让自己的目标逐渐实现既是一种动力也是一种激励。

（3）为自己量身打造时间管理表。既然要实现目标，就需要有效的行动。虽然同学们有时候会有要行动的想法，但是可能没有可执行的方案，并不知道自己行动的具体方向、具体时间、具体行为。因此，同学们要根据自己的学习、生活情况，合理地规划时间，为自己的每一段时间定好目标，然后尽力按计划实施，让自己做到有效学习。你最好制订每天的详细时间安排表，并且按照时间安排表执行，才能更好地实现目标。

（4）提高自己的求知欲，寻找学习中的兴趣，让兴趣成为最好的动力。一个人最强大的动力就是兴趣了，但是对学习感兴趣并不容易。首先要多接触知识，在知识的海洋里，感知到自己的渺小，求知欲会增强，会发现其实学习挺有意思。其次多和老师同学沟通交流，感受别人对学习的态度和兴趣，自己也会有所触动。

（5）学会延迟满足。心理学中有一个著名的糖果实验：心理学家给孩子分发糖果，指出如果马上吃，那么只能吃一块；如果10分钟后吃，那么可以吃两块。结果一些孩子忍不住诱惑，马上就吃，而有的孩子则能为了长远利益忍受短暂的痛苦。跟踪调查发现，20年后，那些10分钟后再吃糖果的孩子成就更高。这就是所谓的延迟满足。

（6）主动并借助外力做到坚持。主动就是以自己的目标和想实现目标的心为动力，外力就是比如学习伙伴、手机定时提醒等外部强制力，通过这些让自己坚持按计划行事。

（7）寻找一个优秀的学习榜样或者不服输的对象。其将是你学习的动力，优秀的人总是在一起的，物以类聚，人以群分。

（8）制造紧迫感。当你遇到deadline（截止日期），就会发现原来自己的潜能是如此强大。因此，我们可以适当将一些deadline提前，制造紧迫感，本能地驱动自己去完成这些事。

问题8 没有人监督的学习很难进行下去，怎么办？

很多同学上大学后学习不够自觉，主要原因是缺少了必要的监督，高中时期的学习都是在父母、老师的监督下进行的，上大学后没有人再那么认真地关注自己的学习，也没有人监督了，全靠自觉。那么，没有人监督的学习真的很难进行下去吗？有没有一些方法呢？

（1）先分析原因。主要原因可能有：没有清晰的规划和适时适当的目标；没有明白大学学习的重要性；没有找到大学学习的方法；没有认识到自己是成年人了，学习是为了自己；没有意识到大学不好好学习的严重后果等。

（2）充分意识到大学学习的重要性，找到大学学习的目标，并规划好自己的目标，有目标才有方向和动力。认识到大学学习是自己的事情，大学学习成绩会影响之后的保研、考研、就业等，想要在大学过得好，学习成绩是重中之重，只有认识到学习的重要性才能有自觉学习的动力。

（3）强化自我意识和意志力量，尤其是要自律。要经得起诱惑，排除干扰，培养独立、自觉的良好品质。对自己设定的目标要有坚定的信念，并做到自律。

(4)学会管理时间。大学学习过程中,时间管理非常重要,一定要学会把一天中的学习和休息时间合理分配好,最好以小时计,设定自己一天的学习任务。另外,学习和娱乐应两不误,让休闲娱乐与学习有机衔接,这里要记得不要把学习任务安排得太满。要充分利用好碎片化时间,增加学习的自觉性,这样才会让自己做到无监督学习。

(5)学会自我监督。没人监督并不可怕,自己放弃自己才是真的可怕。就像前面说的,学习只是为了自己,所以别人根本没有义务监督你的学习,即便是你的父母,也没有义务监督一个成年人的学习。并且最好的监督就是自我监督,只有自己才和自己 24 小时都待在一起,最清楚自己做了什么。若是自我放弃了,还期望自己有美好的未来吗?

(6)可以寻找一些志同道合的伙伴一起学习。这是有效监督的一种方式,良好的学习氛围有利于学习,看到别人都在学习,自己也会自觉地跟进。如果可能的话,建议宿舍同学形成公约,达成共识,大家一起努力,这是最好的监督。

(7)找到适合自己学习的环境和时间。好的学习环境能够提高学习动力。比如:在图书馆学习,看到大家都在学习,感受到学习氛围,你就会自觉加入到学习的阵营中。或者寻找适合自己学习的时间,比如你学习效率最高的时间是晚上 10 点钟左右,那么你可以选择这个时候进行学习,但前提是不影响他人的休息和第二天的生活作息。

(8)利用互联网技术驱动学习。积极寻找新潮的学习方式,如直播学习、网上自习室、网上监督等,这样可以提升学习兴趣、学习效率。

问题 9　学习成绩总是与自己的付出不对等,怎么办?

咨询过程中总有人问我:"老师,为什么我那么努力,成绩总是不如别人?有些同学考前一两天突击下都考得比我好,为什么我每天花那么多时间还是考得不如别人?难道我真的很笨吗?"那么,学习成绩总是与自己的付出不对等怎么办呢?

(1)认真分析这个问题的原因。成绩与努力不成正比可能是因为学习方法不对,或者学习效率比较低,又或者是自己的心态不够好,影响了学习效率。

(2)对于这个问题,调整心态最重要。在大学学习成绩高低往往与付出的努力不一致，但是，这并不代表你没有学好，也不代表成绩比你好的同学掌握的知识一定比你多，或者比你优秀。大家都知道，大学考试前老师往往会画一些重点，投机取巧的同学就背重点，当然考试的时候很得心应手。而认真学习的同学往往在乎整个过程和全部知识点，显然这部分同学花的时间肯定比较多，细想会发现，这部分同学虽然成绩不一定最好，但是他们掌握的知识是比较全面的，这不正是大学学习的目的吗？因此，你应该继续努力，不要与别人过多地比较，这种比较没有实质意义。过多关注这个问题反而会影响你的情绪，甚至会让自己在学习的时候产生抵触情绪、厌烦感，反而不能很好地投入学习，导致你学习效率更低，形成恶性循环。

（3）要坚信自己的能力，不要怀疑自我。很多老师应该和学生这样说过：你们能考到这个学校，证明你们智商肯定没有什么问题，你们要做的就是付出你们的努力，好好地学习。这样的话听过不止一次，它表明了事实的本质。大家来到同一所大学，说明大家的起点一开始是差不多的。成绩没有提高不是能力的问题，而是自己的状态和方式方法的综合问题，而问题是可以通过自己的能力解决的，所以不要轻易地怀疑自我，你的能力没有问题，只是策略和方法需要改进。

（4）总结之前的学习方法，弥补自己的不足之处。回顾自己的学习方法，认真仔细地分析哪些导致自己效率很低，哪些导致自己做了无用功。然后调整自己的学习方式，规划好时间，定好自己的时段目标，不断地改进自己的不足，让自己的努力更有效。

（5）坚定地坚持努力学习。不论做什么事，都有很重要的一点：向着目标坚定不移地努力。没有什么事是一帆风顺并且一蹴而就的，只有坚持不懈才会到达胜利的彼岸。同样，坚定目标，努力学习，不管成绩好不好，最后你都会收获属于你的成果。

"学习如逆水行舟，不进则退"，周围人一直在奔跑，你不退步，说明就是进步了。适当降低一点期望值，接受自己的短板，抛弃"假努力"，时间会证明一切，你是最棒的。

问题10　不是自己喜欢的专业，没有动力，担心挂科，怎么办？

高校中有这么一群学生，高考失利了，无奈之下选择了自己不喜欢的专业。来到大学后，他们对专业不感兴趣，没有学习动力，想回去复读又没有勇气；因为对专业不感兴趣，缺乏学习动力，导致挂科；担心自己挂科太多，不能顺利毕业，或者被退学。因为对专业不喜欢，导致缺乏学习动力，没有学习动力，必然导致学习成绩欠佳。另外，因为对专业的不喜欢，可能会泛化到对自己的自责，甚至归咎于父母的选择。心理上的不愉快，又加剧了对学习的厌恶。这种情况应该怎么办呢？

(1)放平心态，不要太悲观。既来之则安之，虽然是自己不喜欢的专业，动力可能也没有那么充足，但是每个专业都有其优势，试着去发掘该专业与自己的兴趣爱好及未来职业的契合点，或者想想有没有可以补救的办法，总之，抱怨和放弃努力是最不可取的。

(2)可以试着转专业。如果自己还有转专业的资格，可以尽力去达到转专业的要求，转到自己喜欢的专业。大学都有转专业机制，如果自己真的很想去自己喜欢的那个专业，何不暂时与现在的专业和平共处，努力达到转专业的条件，如果不努力，连转专业的资格也没有。

(3)可以选择跨专业考研。如果无法转专业，则可以选择跨专业考研，通过考研来实现自己的专业理想。只是这样的考研过程比别人艰辛许多，但为了自己喜欢的专业，辛苦一点又有什么呢！总比抱怨和自暴自弃好。

(4)自学自己喜欢的专业。如果无法转专业，也可以选择自学自己喜欢的专业，通过自学获得相关技能，为自己今后从事自己喜欢的职业做好准备。虽然这样的选择会让自己的大学生活很辛苦，既要顾全自己大学的专业，又要学习喜欢的专业，但是，这样的大学生活很充实。

(5)尝试喜欢现在的专业。多多了解一下现在所学专业，你有可能会发现新天地，对它感兴趣。毕竟兴趣是最好的老师，如果能够喜欢上现在的专业，自然是很好的选择。有了学习兴趣，学习动力也就有了，努力学习也会减轻挂科顾虑。但不论喜不喜欢这个专业，首先一定不能厌烦或抵制它。

(6)努力学习，不要过分担心挂科。至于期末挂科的问题，只要付出努力，做到有效的学习，不要对自己所学专业抱有敌意或抵触情绪，根据自己的学习进度、学习效果和时间合理安排规划，相信你们可以顺利过关，所以并不需要担心挂科。不管是哪种选择，为了自己的未来，好好学习现在的专业，好好学习了，努力坚持了，就一定会有一条出路。

你有可能不喜欢现在的专业，但是不可否认的是，成绩是王道。无论是转专业、跨专业考研、还是自学专业，都需要成绩。事在人为，相信自己。

第三节 关于大学生活

你想过怎样的大学生活？是凌晨五点半走向被晨雾笼罩的图书馆，还是傍晚时分与恋人相拥在日落斜照的长廊下，或是半夜续灯畅游手机世界，将学业、荣誉一并抛之脑后？离开父母，你独立地走进大学，你的生活仍在继续，仍在等你自己续写。眷恋过家庭的温暖，流眄于朋友的拥簇，放任着网络的喧嚣，受困于停摆的人生，向往着爱情的滋润，倦怠于宿舍的磨合，生活无端席卷起烦恼的尘埃，将大脑挤压成薄薄一片纸，我们对着空白的页面不知所措。怎样添上浓墨重彩的一笔？怎样不留遗憾地过好自己的大学生活？怎样有所期待、有所作为？或许这些困惑，你都可以在一字一句的问答中找到答案。

问题1 大学生活总感觉很空虚，过得很累很自责，怎么办?

很多大学生进入大学之后，发现自己的大学生活和自己憧憬的完全不同，加之缺乏父母的监管和老师的督促，因自律性不足，每天随心所欲，容易失去生活的重心和学习的方向，因而容易感到空虚和迷茫。这是不少大学生存在的问题，该怎么办呢？

（1）明确目标。你需要给自己的大学生活确立一个清晰的目标。向辅导员或者是科任老师寻求帮助就是一个不错的选择，老师们都曾拥有过大学生活，无论是在学习上还是生活上都能够给同学们提供建议。除此之外，老师们对当下的就业方向和考研趋势都较为了解，能够在就业和考研择校方面给予你一些中肯的建议。这些建议可谓是珍贵的，因为这都是老师们在学习和工作过程中逐渐累积下的经验，对于未曾接触社会的大学生来说都具有极大的借鉴意义。树立了自己的目标之后，大学生活就不再空虚无趣，而是会充满期望和憧憬。

（2）寻求帮助。学会向优秀的学长学姐寻求帮助，你会发现他们的大学生活是充实且忙碌的，每天都会计划好学习和休息的时间，所以你需要学习他们是如何合理地分配时间，如何平衡学习与放松的关系，如何制订高效的每日计划的，这些都是你当前亟须学习的。同时，在与优秀前辈相处的过程中你也能够学习到他们身上的闪光点，比如自律和勤奋，这些优秀的品质都会在你的大学生活乃至整个人生中起到至关重要的作用，正所谓"近朱者赤"。

（3）付诸行动。没有实际行动，任何理想都是空谈。在确立好目标以及学会合理分配大学时间之后，你需要根据自己所制订的计划一步一个脚印地向前走。记住只要向前走，就是在进步，没有什么事情是一蹴而就的。当你认真完成了自己的每日计划，那么入睡前你肯定会为自己充实又高效的一天感到自豪和喜悦，空虚和自责自然也将不复存在。

（4）奖励坚持。"坚持很难，但坚持下来真的很棒！"想要收获自律且充实的大学生活，需要将坚持贯穿整个大学生涯，而不是一时兴起。除了积极培养坚强的意志力和高度的自律力之外，你还可以按照计划对自己进行自我奖励。在开始完成计划之前，根据计划的难易程度给自己设立一个合理的奖励，这样完成计划的动力会得以增强，效率会得以提高。坚持可以使日复一日的自律和勤奋苦学成为习惯，只要坚持下来，你的大学生涯绝不会像之前那么空虚和自责，恰恰相反，会变得充实和自律起来。如果同学们能做到以上这些，我相信在大学生活结束的那一天，你肯定会心怀感激地对自己说一句"谢谢"！

问题 2　上大学后想结交更多朋友，应该怎么做？

大学里的每一位同学都是一个个体，但又都生活于一个整体之中，对我们来说，任何一个人都不可能脱离群体生活，因此结交朋友就变得必不可少。但是内向的同学往往不会主动去结交陌生的同学，而内心却又很渴望认识新朋友，两者之间存在冲突就会给同学们带来困扰，那要怎么做呢？

（1）寻找渠道，把握机会。首先可以结交本班的同学，正所谓"近水楼台先得月"，但是这点却很容易被大家所忽略；其次，可以通过加入自己感兴趣的部门或社团来交友，部门的成员往往来自学校的各个专业或各个年级，这样我们的交友圈自然而然就得以拓宽了，而且结交来自不同领域的朋友还能够拓宽个人的知识面，不同观点的碰撞还能够使自己的思维得以升华；最后，还可以通过参与学校或部门举办的活动来交友，在参与活动的过程中，可以通过兴趣的相似点抑或是性格的契合面来认识更多的朋友，这也是拓宽交友圈不错的一种方式。除了以上列举的三种方式之外，在大学生活中还存在许多交友的渠道，平时生活中同学们只要细心留意和观察，老师相信你肯定可以把握住结交新朋友的好机会。

（2）主动分享，大方回应。通过交友的渠道，你可能会遇到和自己志趣相投的朋友，那此时就需要你把握住机会。内向并不是拒绝交友的借口，只要你踏出舒适圈，记住"山不过来我过去"，主动与对方沟通分享，你就会享受到交友的乐趣，而这本身也就是与自己和解的过程。如若对方较为主动，能主动与你聊天分享，那么此时就需要你大方回应，真诚相待。因为良好的关系需要双方共同来经营，大方回应也是礼貌待人的表现。

（3）增强实力，展现优势。人与人之间最好的关系来源于共性和吸引，阿谀奉承的友情并不会长久，因此增强自我实力才是硬道理。大学生活丰富多彩，我们可以在各个自己感兴趣的领域不断磨炼，使其成为你身上的闪光点，这些优势将会成为你交友过程中的加分项。同时，当你自身变得更加优秀时，所结交到的朋友都将变得和你一样优秀，老师相信你们彼此在相处的过程中也会共同进步、共同成长。

（4）卸下防御，开放自己。很多大学生在生活中总是喜欢戴着面具生活，生怕自己被更多人了解和看透。如果你总是戴着防御面具生活，别人很难走近你，自然大家也不愿意与你有过多的交集。因此，想要结交更多的朋友，获得友谊，我们需要适当揭开面具，敞开心扉，主动开放自己，让阳光洒进来，让更多人了解你。

问题3　大学想谈恋爱，又怕影响学习，该如何平衡呢？

对于大学生来说，对异性存在好感是再正常不过的事情，但是对于某些同学来说，他们认为谈恋爱和学习是完全没有办法交叉甚至完全相冲突的两件事情，所以在时间分配方面会存在困惑，同时他们也无法正确认识两者之间的关系，担心恋爱可能会影响学习，从而导致心理上有很大困扰。

（1）改变固有思维。很多同学认为恋爱和学习是完全相互冲突的两件事情，但事实上这两者之间是不完全冲突的。如果学会合理地看待两者之间的关系，反而能够相互促进。那么恋爱和学习之间的关系究竟是什么呢？首先，我们需要改变自己的固有思维，实际上，恋爱并不一定是学习道路上的绊脚石，学习也不一定不能与恋爱和谐相处。若恋爱双方有共同的目标并为之共同努力、共同督促，那么恋爱将会成为学习道路上的垫脚石，成为学习的不竭动力。

（2）平衡恋爱学习。任何事情都具有两面性，我们也不能忽视恋爱对学习的不良影响。若恋爱双方仅仅是为了恋爱而恋爱,从而放弃了对学习和未来的规划,甚至占用学习的时间去谈情说爱,那么结果将会在最后的成绩上体现得淋漓尽致。所以我们应尽可能避免恋爱的不良影响,在恋爱过程中坚持对学习和未来的规划,与对方进行全面沟通,合理分配恋爱放松时间与学习备考时间,让恋爱关系成为学习的动力。

(3)坚持共同规划。与恋爱对象及时沟通,共同规划学习和未来,是平衡学习与恋爱关系最初也是最重要的一步。首先,需要向恋爱对象表达你的看法,共同探讨对学习和未来的规划,制订学习和休息的时间表,然后按照规划和时间表实施。这样不仅不耽误学习,还能够维持一个良好的恋爱关系,正所谓长久的恋爱关系是以未来为前提的。

(4)坚持自律,抵抗诱惑。最后,自律对于平衡恋爱与学习之间的关系也不可或缺。完成规划和制订时间表之后,需要恋爱双方付诸行动。若双方都抵抗不了恋爱中的诱惑,那规划只不过是一张空头支票。所以就需要恋爱双方共同培养自律的品质,这样才能抵抗住外界的诱惑,坚定地按照规划和时间表实施,最终使恋爱和学习处于一个平衡的关系。

问题 4 大学生活费总是不够,不敢老是向家里要,怎么办?

大学生活方式和高中有很大差异,需要支出的地方更多,生活费自然就比较高。但是,出于各种原因,有些人不好意思向家里开口,所以经常对此感到十分的困惑,这时候该怎么做呢?

(1)与父母积极沟通。虽然你们大多数已经成年,但是作为大学生的你们还没有可观的经济收入可以维持正常的学习和生活支出,因此父母给予经济方面的支持也无可厚非,对于大多数父母来说,这也都能够理解。因此,你们需要与父母积极地进行沟通,然后根据实际的大学生活支出与父母协商应当给予多少生活费最为合适,这样父母才能明白你的想法,而且对于父母来说,他们也不忍心让自己的孩子忍冻挨饿,但是这并不能作为你们狮子大开口的理由,应该根据自己正常的支出与父母协商从而制订合理的给钱方案。

(2)通过合法的渠道获取补助或收入。每所大学都有相应的贫困生补助政策和奖学金奖励政策,符合条件的同学可以积极地申请,这不仅能够获得更多的学习经费,还能够减轻父母的压力。此外,学校里也设立了勤工助学岗位,同学们可以根据自身情况进行申请,在提升自我能力的同时,还能够获得一笔收入。当然，如果时间允许，校外兼职也是可以的，不仅可以获得一定的生活费，还能尽早接触社会，锻炼自己的社会适应能力，不过校外兼职一定要留心，谨防被骗。同时，需要注意，学习仍然是大学生活的重心，不可因小失大，我们应平衡好两者之间的关系。

（3）合理计划支出，减少不必要的开支。对于大学生来说，理财是一个必备的能力，而这里的理财可是指通过详细记录收支并总结优化的方式来合理规划个人的收支。也可以把一部分的资金在银行进行定投，非不得已，绝不取用。

（4）切勿涉足校园贷。即使生活再困难，也不可通过校园贷来弥补生活费的不足，校园贷是非常危险的事情，它可能会让你雪上加霜，导致身心受到严重伤害。

问题5　加入很多社团，感觉每天很多事，但是没学到什么，还要坚持吗？

初入大学，想要通过加入社团来提升自我能力，这是很多大学生的想法。但是，有些学生却因为加入太多社团，导致精力不足，影响了学习生活，出现这种情况要怎么办呢？

（1）精简社团，蓄力待发。首先应该精简加入的社团，在这些社团中筛选出相对不喜欢或胜任不了的社团并退出，之后再把学习之余的精力花费在这些精简的社团中即可。但这并不是说这些社团不是好社团，只是由于你没有过多的精力去完成超额的任务，正所谓"技艺在精不在多"，所以把剩余的精力保留下来，蓄力待发于更加重要的事情。另外，有个特别提醒，社团选择要遵循两个原则：一是兴趣原则，你对社团活动有兴趣，通过参与活动能够获得一种满足感、愉悦感；二是能力锻炼原则，你通过参加这个社团活动，能够锻炼自己的能力，弥补自己的不足。

（2）精准学习，专注当下。精简了社团之后，你就可以把更多的精力专注于做一件事，这就和之前加入很多社团的处理方式有很大的差异。在完成社团分发下来的任务时，不可蜻蜓点水、敷衍了事，应当认真地对待、专注地完成以及沉下心去思考，掌握整个学习过程中带给你的技能和知识，体会整个过程给你的启发和感悟，得到其中蕴藏的宝藏和财富。这样的处理方式不仅能够高效率地完成各项任务，还能够学到更多的知识和技能。

（3）平衡关系，合理分配。平衡好社团和学习之间的关系。社团不是大学生活的一切，如果社团活动已经使你感到疲惫并且没有办法兼顾学习的话，那么你应该停下来，思考如何合理地分配两者的时间。首先，我们需要意识到学习是大学生活的重心，所以参加社团活动的前提是要能够不影响学习。其次，制订时间表合理地分配社团和学习的时间，合理运用学习的空闲时间来完成社团的各项活动，这样既不会影响学习，还能够高效地完成社团分配下来的各项任务。

(4)坚持下去，提升自我。参加社团活动可能会占用学习之余的空闲时间，这也表示学习之余的休息时间将会被压缩，躺在床上玩手机、打游戏、睡觉的时间可能会大大缩减。但是换个角度思考，你如果能把这些时间用于社团活动，反而能够将你浪费的大把时间充分利用起来，用这样的方式去充实丰富大学生活才是最有意义的，坚持下去，老师相信你一定可以在这个过程中使自我能力得以提升。

问题 6　怎么提升自己的大学生活幸福度?

大学生活本是丰富多彩的，但是由于每个人的生活方式和选择不同，生活幸福度也不尽相同。有的同学可能会将自己的生活仅仅局限于学习，而失去了欣赏沿途美景的喜悦和幸福。有的同学整天无所事事，整个大学生活没有找到有意义的事情来做，到大学生活结束时只会无比懊悔。当然，也有一些同学把大学生活过得多姿多彩。那么要怎么提升大学生活幸福度呢?

(1)享受学习的乐趣。大多数同学都认为学习枯燥无味、味如嚼蜡，但是大家不如换个角度思考，学习也是自我能力的一种展示。同学们如果能够把学习当作一种乐趣，把学习当作自己朝夕相伴的好朋友，那么学习的过程将会是轻松有趣的，一旦进入这样的学习境界，请相信学习这位好朋友是不会亏待你的。同学们可以通过制订合理的学习计划来进行学习，这样既不会把学习变成一个沉重的任务，也不会毫无目的地、被动地去学习，而会学习到更深层次的知识，并收获此过程的乐趣和喜悦。

(2)珍惜友谊的宝贵。在大学生活中，我们接触最多的角色就是自己的同学，我们会在众多的同学中发现与自己兴趣相投、志同道合的好朋友，那么请珍惜这段友谊，用心对待彼此，享受友谊给你带来的欢喜和幸福，这也是提升大学生活幸福感必不可少的一个方面。除此之外，爱情也可以给你的大学生活锦上添花，如果遇到了，也请你学会珍惜这段来之不易的感情，享受爱情给你带来的甜蜜和安心，这也会是大学生活一道亮丽的风景线。

（3）尝试新领域，提升丰富自我。在大学生活中，社团部门数不胜数，活动比赛丰富多彩，在学习之余，我们可以运用课余时间去参加各种类型的活动。在此过程中可以培养个人兴趣爱好，发掘个人特质潜能，同时也会涉足非专业的新领域，拓宽知识面。通过尝试新领域，你将会发现一个不一样的自己，打破对自己原有的定位，不断探索自我的过程也将成为大学生活的一个闪光点，对于提升自己的大学生活幸福度也是一个不错的选择。

（4）积极运动，在提高身体素质中寻找快乐。身体是革命的本钱，相对于高中，大学拥有相对宽松的自由支配时间，同时大学校园给同学们提供了充足的运动场地，因此我们可以利用好这些设施，努力提高自身身体素质，良好的身体会让我们做任何事都更得心应手。

（5）让大学生活过得自觉自律。积极心理学说：当我们有了目标，并全身心投入到目标的实现中时，会产生一种特殊的心流。自觉自律的大学生活会产生这种"心流"，当你尽情投入到自己的学习生活中，每天都有收获的时候，你会很安心，很幸福。因此呢，记得哦，让自己自律起来，这样的幸福更有意义、更持久！

问题 7　总是不能很好地安排自己的作息时间，导致身体素质变差，怎么办？

有不少同学发现，上大学以来，自己的身体素质越来越差。大学生缺乏家长和老师的督促，加之有些同学的自制力不够强，容易忽视不良的生活方式以及不规律的作息时间给自身健康带来的不良影响。熬夜、玩游戏、长时间玩手机、不规律作息、不规律的饮食、缺乏运动等都在影响着同学们的健康。那么应该怎么做呢？下面的一些方法可能对你有用。

（1）坚持运动，让自己动起来。俗话说，解铃还须系铃人，晚上精神抖擞毫无睡意可能是白天的运动量过少，导致晚上本应疲惫的时间仍然精力充沛。所以说白天动起来就显得尤为重要，慢跑、快走、瑜伽和球类运动都是不错的选择，长期坚持下去你会发现运动不仅让你的作息规律，还会让你始终保持一个年轻健康的状态。但是这里的"动"不仅是指身体的运动，它也指大脑的活动，脑力劳动也会消耗大量体力。因此可以通过白天认真的学习思考让脑子"动"起来，这不仅有益于规律作息，也能够帮助同学们养成一个良好的学习习惯。

（2）远离电子产品，掌握助眠小妙招。电子产品可谓是大学生熬夜的一大罪魁祸首，即使再疲惫，同学们还是会硬撑着惺忪的睡眼聚焦于电子产品内充满诱惑的内容，最终越熬越清醒。但是拥有一个好的睡眠是正常作息的重要前提，所以睡前助眠的第一步就是要远离电子产品。同学们可以将电子产品放置于自己无法轻易拿到的位置，这样你才能够安心地入睡。此外，睡前冥想也是一个不错的选择，闭上双眼，抛开当下发生的事情或所处的环境，心无杂念，想象自己处于一个自然美好的环境之中，感受其中蕴藏的美好，进入佳境，渐渐入睡。睡前还可以通过泡脚、听舒缓的音乐以及阅读书籍等小妙招来帮助睡眠。

（3）规律作息、规律饮食。同学们一定要给自己的生活制订一个可施行的计划，比如早上几点起床，晚上几点睡觉，养成规律作息的习惯。饮食规律也很重要，这是保障身体营养最重要的方式，一日三餐按时就餐，荤素搭配，多吃水果，少吃外卖。这些能够帮助我们获得更好的生活节奏。

（4）释放压力，让自己放松下来。压力过大也是导致作息时间紊乱的重要因素，同学们可能会因为压力过大而整夜失眠，因此学会释放压力就变得尤为重要。首先，同学们可以通过向家人、朋友抑或是老师倾诉的方式来释放压力，大哭一场也未尝不可，眼泪可是对抗压力最有力的武器。其次，学会向专业人士请求帮助，比如大学生心理健康中心或者心理求助热线等，心理老师或者心理医生们将会尽可能地为大家提供力所能及的帮助，要知道学会求助也是一种智慧的表现。通过释放自己的负面情绪彻底清理内心的杂念之后，你会发现自己整个人会变得轻盈放松，这将有助于大家形成一个规律的作息时间，塑造一个健壮的体魄。

问题 8　总是控制不了自己乱吃东西、乱点外卖，怎么办？

饮食作息的不规律、自控能力的不足以及不健康的饮食习惯都有可能导致暴饮暴食，特别是随着当前外卖行业快速发展，很多同学认为点外卖是一个又省时又省力的选择，随时随地都可以吃到自己想吃的东西，但是大家不知道的是，外卖行业的卫生管理仍不完善，而且大家所喜爱吃的食物很多都属于高油、高热量的食品，不仅不利于养成规律的饮食习惯，而且卫生不规范等问题还容易导致某些疾病的发生。如何控制这种情况呢？

（1）运用认知行为疗法，转变对待饮食的态度。认知行为疗法是解决暴饮暴食问题的有效疗法，同学们可以查阅《中国居民膳食指南（2022）》，学习正确健康的饮食习惯、方法，转变对待饮食的态度，通过对比自己的日常饮食来辨别出个人饮食的不健康之处，然后再通过不断的自省自述以及自我暗示来改变不正常的饮食习惯，例如拒绝夜宵和外卖，以及减少吃油炸和烧烤等不健康食物的次数。调整好自己的心态是拒绝暴饮暴食的第一步，也是极为重要的一步。

（2）培养健康的饮食习惯，坚决向外卖说"NO"。大学食堂里的食物都是经过核查和检验的，不仅食物安全卫生，而且价格也比较合理，正所谓物美价廉，所以选择食堂就餐对于同学们来说才是最佳的选择。除此之外，学校食堂一般都是按正常的饮食时间开餐，这也能够帮助同学们规范饮食时间，帮助同学们摆脱不健康的饮食习惯。这样看来，食堂相比起外卖可谓是有百利而无一害。

（3）自觉远离食物诱惑，培养运动好习惯。很多同学进入超市就控制不住自己的双手，各种零食琳琅满目，充满了诱惑，但是过多摄入零食可能会影响正常饮食，因此我们平时可以尽量少逛街少逛超市，必要时可以在购物前列购物清单，将自己必须购买的用品写下来，进入超市就按购物清单进行挑选购买，有计划有目的地选购商品，能够减少不必要的支出。此外，运动也有益于同学们养成健康的饮食习惯。众所周知，食物所转化储存在人体内的热量一部分需要通过运动来消耗，因此在日常生活中我们要搭配运动来建立健康的生活习惯，避免超重等问题的产生。

（4）积极寻求帮助。如果你确实无法控制暴饮暴食，并且影响到了身体健康，那一定要重视了，这很可能是一种心理疾病。这时候你可以求助心理老师或者心理医生等，在专业人士的引导下逐步走出困境，这对于大学生来说是一个有智慧的选择。

问题9　不想运动，不想锻炼，就想静静待着，怎么办?

日常生活中很多大学生不喜欢运动，即使是体育课也是能偷懒则偷懒，任何时候都只想静静地待着，这样的人不在少数。大学生不想运动，可能是缺乏运动的动力和目标，没有制订完整的运动计划，或者不够自律。该怎么办呢?

（1）寻找运动的动力，树立明确的目标。首先，任何事情都存在因果关系，运动也不例外，所以同学们不要盲目地去运动，而是要明确运动的目的，是为了控制体重、塑造体态抑或是强身健体等。运动的动力也是不可或缺的因素，找到正确的动力源能让我们更好地坚持下去。其次，学会树立目标并用纸笔记录下来，因为目标是最直观、最清晰明了的内容，当坚持不了时，你会发现自己还有任务需要去完成，自然就有了继续运动的动力。

（2）了解运动的好处。运动可以促进身体健康，改善情绪，提升自我效能感，甚至还能缓解心理疾病症状，另外，运动会让自己变得更自信。可以说运动是大学生们生活中不可缺少的一部分。当你知道了运动的好处时，坚持就有了一定的理由。

（3）制订合理的计划，按照计划从头开始。没有什么事情是一蹴而就的，运动也需要循序渐进。因此在确定计划时需要从易到难呈阶梯状进行制订，比如说可以从每天快走二十分钟开始，逐渐转变为慢跑半小时，最后再慢跑一小时等。当然这只是其中的一个例子，其他类似的方案数不胜数，同学们可以根据自身的实际情况来制订。但是同学们需要注意的是，制订的计划不可过于仓促，如果初期的计划就难以完成，那么最后只会适得其反。

（4）实时记录运动过程，设立合理的奖励机制。在按照计划进行运动的过程中，可以通过运动类 App 进行打卡登记，实时记录个人的运动成果，然后按照运动的结果给自己一个小小的奖励。例如今天慢跑连续完成一小时，那么可以给自己奖励一根棒棒糖或者是一顿丰盛的午餐等，这样的鼓励方式也将会成为你运动之路的不竭动力。

（5）既然选择了运动，那么请坚持下去。常言道"生命在于运动"，当你坚持运动一段时间后，你不仅离你当初设立的目标更进一步，而且你会发现运动可以使你整个人更加积极乐观、更加意气风发，还能够带给你更多的笑容和更棒的体质。我相信发现了这些益处之后，你将会更加自信地坚持你的运动人生。

问题 10　不想参加活动，不想参加比赛，什么都不想做，怎么办？

确实有一部分同学上大学后对任何事物都提不起兴趣，不想参加社团，不想参加任何活动。这可能因为：一是不知道自己该做些什么，怎么开始；二是缺乏对大学的基本认识，不明白参加活动的意义；三是觉得自己不行，不认可自己，害怕失败和丢脸。这就可能会导致同学们的大学生活陷入迷茫。那么应该怎么办呢？

（1）充分认识参加活动及比赛的意义。大学生积极参加活动及比赛能够提升自身的综合素质，对自己的成长、发展是非常有帮助的，我们应该适时适当地参加从而更好地提升自我。同时，参与活动或者比赛还能促进学业发展，能够为自己的综合考评加分，也能为未来顺利就业打下一定的基础。

(2)广泛发掘个人兴趣，进行自我探索和调适。兴趣是需要发掘的，并不是我们天生就完全了解自己的兴趣所在，在人生的不同阶段，兴趣也会有所不同。当你发现自己对待生活消极懈怠、无所事事且消沉无谓时，就说明你缺乏了对生活的兴趣。对于这样的情况，广泛挖掘兴趣就成为当前迫切需要解决的事情。首先我们要学会分析自身的优势和劣势，通过不断放大个人的优势来寻找对于某件事情的兴趣，当你在做某件事情感到身心舒畅、轻松自由时，那么这可能就是你的兴趣所在。其次，多接触新鲜事物，在此过程中，经过筛选沉淀下的事物也可能成为你的新兴趣。探索个人兴趣本身也是一个自我调适和自我认识的过程，能够使你对自己有更加清楚深刻的认识。

(3)跳出舒适圈，积极参加感兴趣的活动项目。在广泛发掘个人兴趣之后，就可以在学校以及部门举办的各项活动中选择自己所感兴趣的项目并积极参与，在参加活动的过程中你也能够发现新的兴趣，最终形成一个良性循环。当然，这也是一个挑战自我的过程，你必须跳出自己的舒适圈，在参与活动或比赛的过程中一次又一次地突破自己，不断拓宽自己的眼界。

(4)在活动中收获乐趣，增强积极性和主动性。每项比赛或活动都蕴含有不同的深意和内涵，但是这些都需要你在参与的过程中去体会和感悟。当你用心去对待时，自然就能享受到其中蕴藏的乐趣和喜悦。而且你可以把它们当作朋友，在相处的过程中不断发现对方的闪光点，那么你就会变得更加积极和主动，曾经的消极懈怠自然也就消失不见了。但是如果你仅仅把活动或比赛当作一个任务抑或是负担，那么结果只会适得其反。

和谐人际，互助成长

情感，是生活必备的调和剂。日常生活中，我们总会经历各式各类的情感波动，来自亲情，来自友情，来自爱情……亲子间的互动缝合了心底裂口的裂痕，友谊序列的维持填补了生活空虚的角落，宿舍里的几长几短演绎着百态人生，爱情则像一块新鲜出炉的桂花糕，甜蜜滋润，却也有粘牙的风险。了解恋爱心理的特点，观察宿舍关系的发展，架设友情之间的桥梁，倾诉亲子之间的默契，我们周旋于人际交往之中，寻找属于自己的交谈之道，用一颗真挚的心立足这个社会。摊开情感这张白纸，我们依旧有话可说。

第一节　关于大学恋爱

校园爱情是大学生活中不可或缺的一幕。它纯真、美好，时常成为很多大学生馨香祷祝的谈资；它亦会在磨合中牵动负面情绪，带来烦恼与伤痛。它承载的是独属于书香气、青春气息的春心初动，像一个站点，始终停泊在那，无论美好还是痛苦，都必须经历一番，你想逃也逃不掉。爱情是独特的，需要很多特定的调和剂，或是情窦初开，或是初尝酸果，或是体验人情中的美好，享受掺了蜂蜜的甜，也体会添加咖啡的苦。不管是正在恋爱、即将恋爱，还是处于摇摆阶段，又或者是刚刚失恋，了解关于恋爱心理的特点，总能使你在体验人生的美好时，博得一份理性的舒展与愉悦。

问题1　身边同学都恋爱了，我也要赶紧找一个吗？

老师非常理解大学生想要恋爱的冲动，这是你们这个年龄段的孩子应该有的一种美好憧憬。如果发现身边同学都谈恋爱了，你也非常想谈一次恋爱，应该考虑好哪些问题呢？

(1)恋爱之前先问自己几个问题。真的想谈恋爱吗？是否已经做好恋爱的准备了？是否有爱与被爱的能力？是否能直面恋爱带来的挫折？是否能处理好恋爱关系？是否能处理好恋爱与学习的关系？恋爱是否与你的人生规划相适应？那个对象真的是你中意的吗？如果你的回答都很肯定，那就认真恋爱吧！如果还不确定，希望你再等一等。总之，不要轻易开始，不能为了谈恋爱而谈恋爱。

(2)你要明白恋爱不单单是一种状态，更是一种共同的责任。恋爱不是简单的交往，而是对爱的一种经营，它需要责任，更需要艺术。孤独、寂寞、面子、依赖不能成为你要谈恋爱的理由。因此，老师不建议你草率地开始一段恋爱，更不支持你盲目从众。老师更希望你在有更多的生理、心理、社会方面的准备之后再谈恋爱。只有自己学会经营爱，才能收获幸福的种子。

41

（3）做好恋爱后生活状态可能会改变的准备。恋爱之后你便不再是一个人了，这就意味着很多时候你不再是自由的。正如我们经常会羡慕成绩好的同学，却经常忽略他们付出的努力，恋爱也是这样，很多时候我们只看到别人热恋时的甜蜜，却忽略了他们吵架时的悲伤、两个人相互怀疑时的痛苦等，恋爱中的很多不确定因素可能会对你的生活产生很大影响。

（4）拒绝快餐恋爱。当恋爱被冠以"快餐"就意味着仓促，希望你能在这匆忙的世界中遇到自己的那份简单纯真的感动，不要在低廉的爱情中迷失了自我，在这种快餐恋爱席卷而来的时候，一定要保持清醒，保持对恋爱的美好向往，静静等待属于自己的美好爱情。

（5）学习恋爱相关知识。在你恋爱之前，老师建议你先去学习一些恋爱相关的知识，提升自己爱的能力。在爱情来临之前，建议你继续努力学习，提高自身修养，在那个人还没出现的时候让自己先变优秀，让爱有更多选择，让爱更有底气。

（6）认真对待。开始一段感情就应有认真的态度。恋爱不是消磨时间的游戏，更不能抱着玩一玩的态度去经营一段感情。既然已经决定去感受恋爱后的生活，就应该用认真的态度去对待自己的感情，经营自己的爱情，确保两人都是恋爱中的受益者。确保自己真心愿意去了解对方，接受对方，不要随意地接受一段恋爱，也不要玩弄对方的感情。

两个人恋爱是缘分，不能强求自己和他人，更不能随意。恋爱之前，一定要做好准备，遵从内心，明确恋爱后的生活是不是自己想要的。如果有足够的能力去接受恋爱给自己带来的改变的话，那就可以体验恋爱中的美好了。

问题 2　大学生到底能不能谈恋爱？

大学生的生理、心理都趋于成熟，想谈恋爱这是正常的生理、心理发展规律。所以，大学生是可以谈恋爱的。脱离了高中老师、父母的管束，压抑了很久的好奇心在大学被迅速调动起来。来到大学后，自由时间多了，接触的人多了，在异地他乡的同学们总想找一个志同道合的人来陪伴自己，这也是可以理解的。当然，谈恋爱之前先要了解下面几个注意事项。

（1）大学可以谈恋爱。大学从来不反对同学们谈恋爱，也从不鼓励大家一定要谈恋爱。大学生谈恋爱是普遍存在的现象，是花季少男少女心理的共同倾向，是青少年身心成熟的重要表现，同时也是促进男女之间异性交往的重要途径。但是要知道谈恋爱对大学生来说是一把双刃剑。一方面爱情独具魅力，可以帮助大学生心理发展走向成熟；另一方面恋爱问题恰好也是某些大学生最为困惑的问题之一。你做好这样的准备了吗？如果做好准备了，那就好好谈吧。

（2）要有正确的恋爱观。你是带着倾慕和真心开始一段恋情，不是因为孤独、寂寞、烦恼，或者别人起哄而在一起。你能够严肃认真、感情专一，能够正确处理爱情与学业之间的关系，懂得爱情是一种责任和奉献，能够多一些理解、信任和宽容，互相尊重，我们提倡志同道合的爱情。

（3）不要随意地开始一段恋情，一定要遵从自己的内心想法，多些时间考察对方，多些时间学习恋爱技巧，等你准备得足够充分的时候再开始一段恋爱，从而降低恋爱失败的概率。

（4）恋爱之前先做好自己。要成为一名合格的恋人，首先要学会自爱，只有先学会爱自己，把自己照顾好，才有能力去照顾别人，在这个基础上去提高自己恋爱的能力。一个没有独立人格的人，是很难在恋爱中长久地走下去的。

（5）能够平衡恋爱和学业之间的关系。上了大学，我们的首要角色是学生，学习是我们的首要任务，如果成绩不合格，对我们的学业，甚至我们的工作都有很大的影响。但是这并不意味着恋爱和学习是二选一的关系，在保证自己学业正常的前提下，合理安排时间，找到正确的恋爱方式，是可以试着在大学期间恋爱的。恋爱不一定会耽误学习。在恋爱过程中，两个人可以互相帮助、互相促进，在精神上相互鼓励，在学习上互相督促，制定一些共同的未来目标，一起携手前行。

（6）一定要明确，恋爱不是生活的全部，只是其中的一部分。学习、工作、社交等都是我们生活中很重要的部分，不要把恋爱放在生活的中心位置。恋爱时要明确，我们还有很多需要提升自己的地方。恋爱中，不用刻意让两人的生活全部有交集，应该给自己和他/她一些私人空间去做自己的事情。不要在恋爱中迷失自我，而是应该相互促进、共同成长。

（7）如果要开始一段恋爱，一定要学会保护自己。尊重自己，也尊重对方，远离PUA（感情被控制、失去人格尊严并被极端陷害的一种交往方式），注意日常交往行为，尤其是注意性行为，慎重发生性关系。

问题3 大学生恋爱会不会影响学习？

恋爱与学习之间不是二选一的关系。如果你能够处理好恋爱与学习的关系，恋爱不但不会影响学习，还会促进学习。因此，如何处理好恋爱与学习的关系才是问题的关键。

（1）做好恋爱可能影响学习的心理准备。恋爱了，如果你把大把的时间花在制造浪漫，花在为小事吵吵闹闹上，或者天天黏在一起，自然就会影响心情，也影响整个人的精神状态，从而影响学习效率。

（2）拒绝恋爱脑。不要把对方放在自己生活的中心。不要总是想对方在做什么，怎样讨对方欢心，对方还爱不爱我，对方是不是有别人了这些问题。恋爱时，要给足自己和对方个人空间，不要对对方过度依赖，也不要试图去掌控对方，把大把的时光花在思考没有意义的事情上是不值得的，而且长此以往，你的学习一定会受到很大的影响。

（3）避免消耗对方来满足自己，要给双方足够的空间、时间做自己的事。首先你要减少对恋人的消耗，比如说减少冷战，出现矛盾时应及时去解决问题，而不是两个人冷战，要及时与对方沟通。其次要给对方一定的自由，恋爱并不意味着所有的时光都必须一起度过。同样的，如果感觉到被消耗、被控制，也要及时与对方交流沟通，商量好一个双方都可以接受的恋爱方式。

（4）恋爱不仅是罗曼蒂克，还要共同制定未来的目标。恋爱是两个人一起追求幸福，但幸福不是单纯的吃喝玩乐，在恋爱中也要清楚地认识到学习发展对于自己人生的重要性以及对两个人在一起的帮助，如果在一起没有使自己或者对方变得更好，那么这段恋爱就不会长久。你可以尝试和恋人制定共同的目标或者共同规划未来，这样在一定程度上可以让两个人互相激励，共同努力学习，从恋爱中汲取到前进的动力和能量。

（5）学习时不一定非要黏在一起。黏在一起效率可能会大大降低，也可能会根本无心学习。建议双方建立交往时间表，建立目标体系，各自努力，互相督促。

（6）要了解对方的未来发展规划。在恋爱之前，我们要对对方有足够的了解，了解他的成长环境和未来理想。若对方的成长轨迹和未来的规划与自己的完全不同，请谨慎开始这段感情，它可能会彻底改变你的未来计划和学习规划。如果对方目标和你的目标一致，那在恋爱中，你们可以互相督促对方为自己的理想人生而奋斗。

（7）平衡恋爱与学习的关系。恋爱是人生的自由和权利，大学生的生理和心理趋于成熟，可以拥有合理和健康的恋爱。恋爱和学业并不冲突，同时，作为一个成年人，大学生完全有能力去平衡学习和恋爱之间的关系。同样，学业和感情不是互斥关系，只要有合理健康的爱情管理，两者交织可以使得自己的学业和爱情都得到很好的发展。

问题4 如何判断他/她到底是不是真的爱我？

很多大学生谈恋爱之初都会想这样的问题：他/她是真的爱我吗？到底该如何判断他/她对我的想法呢？

(1)看他/她爱不爱你，首先看他/她是否会尊重你，以及你们之间的交往是否平等。如果他/她真的爱你，就不会强迫你做任何事情，不会对你有任何的无理要求，会尊重你的隐私以及过去，会给你一定的空间和自由。

(2)看他/她爱不爱你，要看他/她是否爱自己。一个不能爱自己的人是很难去爱别人的。在交往过程中，可以注意一下他/她生活中的小习惯，看他是否珍惜自己的身体、精力、时间等，并且了解他/她是否愿意努力去改善自己的不健康生活习惯。

(3)看他/她爱不爱你，要看他/她对你是否真诚。看他/她的言行是否可靠，是否有欺骗或是隐瞒，以及他/她能否做到言行一致。

(4)看他/她爱不爱你，要看他/她的未来规划中是否有你。若他/她在制订自己的未来规划中会考虑到你，即使有的时候会有冲突，也会考虑你的想法和感受；无论是长期的规划还是短期的目标，若他/她都愿意让你了解，愿意把你考虑进去，那说明他/她很希望他/她的未来有你。

(5)看他/她爱不爱你，要看他/她是否关心你的身心健康。看他/她是否会不时了解你的身体状况，时常嘘寒问暖，而且长期如此。看他/她会不会因为你身体或者心理的不适而陪伴你、关心你，鼓励你锻炼，给你制订饮食计划。

(6)看他/她爱不爱你，要看他/她是否控制你的生活。对于自己的恋人，有一定的控制欲是正常的，适当的控制欲是爱意的表达。但是如果他/她的控制欲已经严重影响了你的生活，那就不是爱，而是占有。

(7)看他/她爱不爱你，要看他/她是否能接纳你们的不同。他/她可能有些时候不能理解你的一些行为，比如追星、拼装乐高等，可能他/她对这些事无感，但是如果他/她愿意包容你，不强制你接受自己的意见，这也是一种爱的体现。或者是在某些方面有不同看法时，即使他/她和你的意见不一样，但是他/她不会强迫你接受他/她的认知，理解并尊重你们之间的差异。

(8)看他/她爱不爱你，要看他/她是否愿意带你进入他/她的圈子。喜欢一个人是愿意带他/她融入自己的圈子的。如果他/她主动在朋友圈发你们的恋爱日常，或者是积极带你去见他/她的朋友甚至是父母，这就是爱你的表现。

(9)看他/她爱不爱你，要看他/她是否宠爱有度。大家都喜欢被自己的恋人宠爱，但是过度的宠溺，就是畸形的爱。如果他/她纵容你不自律，纵容你那些对自己身体不好的习惯，纵容你堕落，那这不是真正的爱。真正的宠爱是愿意在你发脾气的时候包容你，愿意给你一些小浪漫，让你更快乐、更优秀。爱是相互成长的过程，若在他/她的宠爱之下，你变得更加优秀、更懂得包容理解，这才是宠爱的真正意义。

问题5　两个人相处久了变得越来越没有话题了，怎么办?

在恋爱期间，男生与女生的心理特点是不一样的，交往一段时间后会产生越来越没有话题的现象，这是正常的恋爱发展规律，这时候同学们可以学习一些相关知识去解决这个问题。

（1）了解基本的恋爱规律。大多数男生在恋爱初期的表现都是穷追猛打，积极主动，对女生关心备至，而大部分女生在恋爱之初总是表现出矜持内敛、敏感谨慎的样子。男生追到女生后，就基本进入平静期，不再像之前那样浪漫、温柔、有激情。甚至有些男生会开始不喜欢女生的依赖，他们会把更多的时间花在自己的事情上，比如：和其他同学玩、打游戏、出游、专注于工作、专注于学习，减少和你联系的次数。总之，这时候的男生希望有自己的空间和时间。女生恰恰相反，一旦答应交往，就全身心投入，希望男生越来越爱她，依赖性越来越强，希望男生可以给予她更多的关注和浪漫。这个时候就很可能会出现越来越没有话题的情况。但是，这是恋爱的基本规律，不用太过担心。

（2）寻找新鲜感。刚刚恋爱的时候当然每天都有说不完的话题，交往一段时间后，已经相互了解，自然话题会变少，这是正常规律。此时恋爱处于平静期，你们可以做一些没有做过的事情或者做一些有纪念意义的活动去寻找新鲜感。

（3）思考你们是否合适这个问题。出现这种状况还可能是因为你们之间的交往出现了问题。可能是他/她觉得你不是他/她真正希望交往的对象；可能是经过一段时间的交往，他/她发现你们有很多的不同，或者是觉得你们的性格并不合适；可能是你们的交往方式对方不喜欢，比如不善于倾听、过度干预对方的生活、不尊重对方等；可能是他/她本来就不是很会交往，本来就不擅长找话题；也可能他/她觉得这样浪费时间，不想有太多交流；也可能是他/她有了新的心仪对象。总之，话题越来越少一定是有原因的。

（4）寻找原因，采取措施。出现这种状况的时候，应该先寻找一下话题少的原因，然后采取相应的措施。如果是因为男女之间的恋爱规律不一样或者正常的话题减少，不用担心，就按照话题减少的方式交往，把更多时间花在各自学习及能力提升上。恋爱是从理想靠近生活的过程，恋爱一段时间后，他/她可能想把自己的重心转移到更重要的事情上，这个时候你就会感到两个人的话题越来越少了，这是一个正常的情况，老师建议你给对方一点理解，不要执着于话题减少这件事上，更不要上升到"你不爱我了"的程度，同时也去做一些自己喜欢的事情，让自己忙碌起来，给对方一些空间；如果是因为交往方式不对，导致话题变少，那么就应该和对方及时沟通，选择双方都能接受的交往方式，学会相互尊重与理解，给对方多一点私人空间。

恋爱中，最好的交往方式不是长时间在一起聊天或者娱乐，而是应该在对方的陪伴中成长，提升自己，为对方和自己的未来负责。

问题6　在恋爱中占有欲太强，不想自己的恋人有任何异性朋友，怎么办？

恋爱过程中会有占有欲这是正常的生理和心理现象，这是爱情唯一性的体现。当然，如果占有欲过度，甚至扭曲，就会束缚你们之间的感情。当自己或者对方的占有欲太强时，该怎么处理呢？

（1）把注意力放在自己身上。当自己的占有欲太强时，你可以尝试着把注意力转到自己的身上来。比起盯着他/她身边有没有出现优质的异性，我更建议你行走在让自己变优秀的路上，通过运动或者其他爱好来分散注意力，走出自己的舒适区，你会发现自己的注意力被分散了，那占有欲就没有那么强了。当然也可以通过多多关注自己的生活需要来减少对对方的占有欲。

（2）拥有自己的社交圈子。谈恋爱之后，有些人的圈子里就只剩下自己的恋人，所以当他/她被自己圈子里的人占用时间精力的时候，你就会觉得自己的恋人被抢走了。建议你积极地和自己身边的人接触或者和之前的朋友沟通。生活不是只有两个人，拥有自己的社交圈子也是很重要的事情。

（3）经常沟通，听听他/她的想法。了解双方的需求，多沟通多交流、满足对方的情感需要也是恋人所需要承担的责任，如果你想要他/她经常向你汇报行程，那就去和他/她商量一下，可能你提出的要求不会全部得到满足，但是要表达出自己的需要，然后两个人一起商量是否合理或者能否满足。

(4)要明白缺乏安全感是占有欲太强的原因之一。原生家庭或者过往的经历可能让你缺乏安全感，然后就慢慢地转化成了对对方的占有欲，你可以尝试去寻找自己缺乏安全感的原因以解决占有欲的问题。比起一味地压抑自己的占有欲，更好的处理方式是找人聊一聊或者写下那些让你没有安全感的经历，分析这些给你带来了哪些伤害，并在回忆这些经历时尝试去寻找增强自己安全感的方法。

(5)尝试去信任他/她。信任在恋爱中是非常重要的。有些时候你要支持他/她去表现自己，或许你会担心他/她表现出来的优秀会吸引很多的异性，从而感到不安或焦虑，但是怀疑他/她会影响你们的感情，他/她是自由的，是出于自己的意愿陪着你的，你要经常告诉自己感情应该是顺其自然的，不能强求，也不能控制对方去爱你。当然，爱情也不是绝对自由的，如果你觉得他/她有一些行为让自己不舒服也要及时和他/她沟通。当你足够信任他/她时，你会发现你的占有欲就没有那么强了。

(6)要知道在恋爱中双方是平等的。占有欲是个无底洞，不要放纵自己的欲望。你要意识到你们两个是对等的，你不能用爱来控制他/她，他/她是你的恋人，但是不属于你，他/她是独立的，你可以通过沟通让他/她尽量给你安全感，但是你不可以以爱之名伤害或控制他/她。

(7)学会换位思考。占有欲是正常的心理，但是占有欲太强时，就会给两个人的感情造成负担。《中庸》言：施诸己而不愿，亦勿施于人。你可以学着换位思考，如果他/她需要你牺牲一些东西来满足自己的占有欲，你会不会因此感到烦恼，恋爱中自私是大忌，经常去换位思考，才不会偏激。

问题 7　异地恋如何维持？怎么保证安全感？

很多同学从高中就开始谈恋爱，上大学之后两地分离。刚开始异地恋时，因为距离产生美，两个人的关系更好了。过了一段时间，因为距离问题使得两人的安全感减少。那么异地恋如何维持呢？如何给足对方安全感呢？这是有方法的。

(1)相互信任，坚持互动。异地恋最大的问题就是距离产生的不安全感，这个时候一定要给对方足够的信任。异地恋双方也要保持必要的交往和互动。可以保持一些生活上的小习惯。比如，早上相互问好，晚上互道晚安。也可以给对方制造一些惊喜和浪漫。当对方需要关心和帮助的时候，你可以随时给予，让彼此感受到温暖和安全。

（2）拒绝诱惑，保持镇定。在恋爱过程中接触到其他追求者，而自己的恋人又不在身边，这个时候产生的空虚感和寂寞感会让你格外想要温暖，这时候需要你保持镇定。双方可以选择在社交平台上"官宣"，让自己圈子里的朋友知道自己有恋人，不接受追求自己的人的礼物，明确果断地拒绝其他人的爱慕。

（3）保持自律，共同进步。异地双方可以共同设定生活目标，共同规划好生活，无论是长期的还是短期的计划，一个共同的目标会让你们之间的距离缩短，为了共同的目标而努力，这是一个幸福的过程。尽量保持一致的生活节奏，这样你们会有一种一直在一起的感觉。你们的安全感也会随之增加。

（4）少些怀疑，多些积极能量。不要总是疑神疑鬼，担心另一半会出轨，越是这样，对方越会觉得反感。另外，可能有些时候你心情很差，很需要对方的安慰，但是长时间的负能量会让对方吃不消，减少向对方输出负向情绪，不要把焦虑传染给对方。多去赞美对方，表达自己对生活的热爱，给你们的恋爱加持正能量。

（5）分享生活，定期见面。双方一定要经常分享自己生活中的趣事，做一个近期的浪漫约定，如：一起看一本书，一起做一次公益活动等。双方约定每隔固定的一段时间见一次，约定见面期间不可以吵架，给异地恋一个团圆的时间。还可以给对方买一些生活用品，如牙刷、台灯、袜子等，让对方使用这些物品时随时想起你和你们恋爱的甜蜜。

（6）不过度"做作"，避免冷战。有问题就及时沟通，双方一起解决，不要一直揪着一件小事不放。隔着手机屏幕，你们有些时候说话会言不由衷，或者自己表达的想法和对方理解的不同，或者因为距离问题产生一些表达障碍，这个时候尽量不要冷战，要互相理解，冷静后通过沟通解决问题，互相给对方一个台阶下。

（7）聊天时间不宜过长，频率也不要太高。如此也可以保持一定的新鲜感和神秘感。整天都在聊天或者通电话，不仅会影响日常生活，还会带来感情的倦怠，意犹未尽是保持下次聊天热情的秘诀。

异地恋是一种长期的坚持，找到正确的相处方式和沟通方式才可以让你们的恋爱长期保持甜蜜。

问题 8 如何改变恋爱脑?

常说的"恋爱脑",其实就是一种爱情至上的思维模式。那些一恋爱就把全部精力和心思放在爱情和恋人身上的人,就是有恋爱脑的人。这些同学十分渴望亲密的关系和陪伴的感觉,要求恋人和他/她随时保持联系,每天报备行踪;会为了维持联系而放弃自身的需要,不顾自己的原则去讨好伴侣;害怕被抛弃,独自一人时会觉得不自在,受到一点冷落,都会觉得被抛弃。这其实不是一个正常的恋爱方式,遇到这样的情况该怎么办呢?

(1)生活的重心不要过度放在对方身上。很多大学生在谈恋爱时都会有恋爱脑的表现,做任何事情心里都想着对方,在恋爱中丢失了自己。你应该这样想,恋爱中应是互相帮助、互相搀扶的,双方应平衡自己和对方的需要,这段恋爱才能够长久。所以可以试着把生活的重心放到自己身上,关注自己的情绪,提升自己的价值,保持积极乐观的心态,可以做一些自己喜欢的事情分散一下对他/她的注意力。

(2)明白对方想要的。你可以先弄清楚对方需要什么,而不是盲目地付出,用爱绑架自己的恋人。不要整天计较自己在恋爱中的得失,不要做一些没有意义的事情去感动自己。恋爱脑的你可能会把自己认为好的东西统统都给他/她,但是却没有换来他/她的欢喜。这个时候你要反思自己,是否在用自己的爱绑架他/她。建议你多去关注他/她真正的需求,减少自我感动的行为,不要用感动自己的事情去绑架对方,去要求他/她更爱你。

(3)要给对方足够的空间、时间。你要意识到他/她首先是一个独立的人,然后才是你的恋人,你们都需要独立的空间,建议你主动和他/她商量好一个双方都可以接受的自由度,在对方忙碌的时候尽量不要过度打扰。

(4)控制欲要有限度。恋爱脑最明显的特征就是有强烈的控制欲,对于自己的恋人,有一定的控制欲是正常的,适当的控制欲是一种表达爱意的行为。但是如果你的控制欲已经严重影响了你们的恋爱,那就不是爱,而是占有。

(5)拥有自己的社交圈子。谈了恋爱之后,恋爱脑的人的圈子里就只剩自己的恋人了,所以当他/她被圈子的人占用时间、精力的时候,你就会感到很难过,因此给对方施加压力。建议你积极地和身边的人接触或者是和之前的朋友保持联系。生活不是只有两个人,拥有自己的社交圈子也是很重要的事情。

(6)每天待在一起的时间不宜过长。恋爱脑的你可能会经常想让对方陪着你，但这样不仅会影响日常生活，还会引起感情的倦怠，意犹未尽是保持下次聊天热情的秘诀。不如双方每周固定一个约会的时间，既可以保持恋爱热度，也不会疲倦。

问题9　要怎样从失恋痛苦中走出来?

　　每个真爱过最后的失恋的人都要经历愤怒、否定现实、妥协、漫长的忧郁期，到最后接受现实的过程。失恋后的一段时间内，每个人都会产生一系列的情绪反应，这是正常的心理表现，也说明你们是真心爱过。心理弹性高的人会逐渐面对现实，接受失恋的现状，知道感情难以挽回，不可强求，也接受自己目前单身的状态，适应现实生活；而心理弹性低的人容易沉浸在失恋的不确定和痛苦中难以自拔。那么到底该如何走出失恋的痛苦呢?

　　(1)你应该学会感受和体会失恋带来的痛苦。这种体验是人生的一部分，也是一种"美好"记忆。学会感受失恋的痛苦，也是我们成长的一部分。

　　(2)一定要学会宣泄自己的情绪。分手的前几天可以放声大哭，允许自己回忆过往，不要压抑自己悲伤愤怒的情绪，去尽情释放出来。每个人都有脆弱的时候，不要担心自己的狼狈。你可以找朋友哭，或者到心理咨询中心哭，或者自己哭，一定要懂得宣泄自己的痛苦情绪。

　　(3)扩大交往面。不要把你的恋人放在生活的重心。失去恋人，你可能会得到整个世界。没有谁离开谁是活不下去的。他/她没出现时，你也活得好好的。也许失恋后，你反而更能发现生命中那些曾经被你忽视的美丽和趣味。

　　(4)重新去认知你们的感情。不要总觉得自己付出的很多，得到的很少，也不要总觉得别人对你不忠诚，其实他/她离开你是最大的忠诚。

　　(5)转移注意力。去散心、旅行，或者把注意力转移到其他/她的事情上，拓宽自己的眼界。人生之路长远，一个小小的失恋并不算什么。

　　(6)相信时间的作用。治疗失恋最好的药物是时间。一般情况下，恋爱一年需要两个月来释怀，恋爱两年需要半年来释怀，以此类推，时间是医治心理创伤的良药，很多时候，你以为你永远都不会释怀或者放下，可是一年、三年、五年、十年之后呢，也许你连他/她的模样也记不清了。放不下的就交给时间吧。

　　(7)不去纠缠，正确断联。你要明确地意识到你们已经分手了，不要再去打扰对方。分手就要干干净净，不能藕断丝连，尽量把联系方式都删除，不要去监视前任的生活。如果真的忍不住，就写一封给他/她的信，然后自己封存，或者交给朋友保存，或者烧掉。

（8）记住失恋后这些事不能做：第一，分手后千万不能与他/她继续做朋友，如果继续做朋友会有很多复杂的情愫，分手就没有那么彻底，痛苦就会被延长。第二，分手之后你可能会反思自己的问题，甚至觉得一定是自己不够好，开始盲目地否定自己，分手后千万不能自暴自弃，不能伤害自己，不能报复和伤害别人。每个人都有情绪不稳定的时候，但是要学会控制它，不然一时冲动带来的可能就是一辈子的悔恨。第三，不要马上找个替代的人来安慰自己受伤的心灵。刚失恋的人是最不理智的，这时候很容易冲动而选择替代的人来寄托感情，但在行事之前一定要慎重。这不仅是对自己的不负责任，也是对别人的一种伤害。

问题 10　失恋了，我很想报复，怎么办？

有不少大学生失恋后会因为一时的悲痛做出报复性行为。虽然同学们的心情可以理解，但是这种行为很不应该。因为报复伤害的不仅是对方，还有你自己。那该怎么来消除这种报复心理呢？

（1）认清一个现实。怨恨别人最终惩罚的是自己。可能你在这段恋爱中是受害者，但是当你选择去报复，你就只能看见仇恨，整天想着如何报复他/她，会浪费你很多时间和精力，这种内耗对你没有任何好处。如果你真的选择报复，最终你也将为自己报复别人的过激行为承担责任。既然分开了，就学着去适应。最好的报复就是让自己变得比之前更优秀。

（2）学会放下，和对方保持距离。眼不见，心不烦。删掉前任的联系方式，不要在意他/她现在过得好与不好，尽量避免和对方接触，不要藕断丝连，渐渐地你就会放下之前的不愉快。同时放下自己的不甘心，你觉得他/她没有给你足够的爱，导致你的心理不平衡，你可以这样想：你给他/她的爱，你也能收回，在爱情中给不出一份爱的人才是可怜鬼，你在这段恋爱中已经很棒了，不要过度在意被辜负的付出。人生如品茶，应该拿得起放得下。

（3）报复之前多想想后果，学着换位思考。当你很想报复的时候，不妨想想后果，多问问自己：这个报复结果是否能让你受到的伤害消失？伤害别人是否会让你愧疚？同时换位思考一下，若他/她对你有报复行为，你的感受如何。或许通过换位思考，你报复他/她的冲动就会减轻。

（4）寻找其他的宣泄方法。老师能理解你的心情，有报复的情绪是正常的，但要守护好自己的善良，不去伤害别人，学着用更好的方式去宣泄。把自己的难过、不甘、痛苦、怨恨通过合理的方式宣泄出来。比如：运动宣泄、写心情日记宣泄、找朋友宣泄、找心理咨询师宣泄、读一本温柔的书、看一场温暖的电影等。

（5）这时候好好爱自己比报复更有益。可能在这段恋爱中他/她做了伤害你的事情，你在结束恋爱的第一时间应该考虑如何及时止损，报复带来的快感是一时的，并不能减轻你受过的伤害。

（6）寻求专业帮助。如果你实在难以消除自己的报复心理，可以去寻找专业心理咨询师帮助。这是一个非常明智的选择，心理咨询师会用专业及中立的态度为你分析。

其实在你们决定分手的那一刹那，你们就已经确定对方并不能让自己的生活变得更好，所以最好的方式就是一别两宽，不要难为自己。一生很长，何必因为一段时间的不愉快而消极呢？分手后，你们都不会再参与对方的人生了，你就成了对方人生里的一小段记忆，此时再做任何事情已经毫无意义，不如收起自己的狼狈模样，让自己的生活变得更加充实。

问题 11　怎么识别和远离 PUA？

校园里的爱情纯真且美好，是每个大学生都向往的。但是，也有不少大学生因为恋爱陷入无尽的伤痛当中，比如被 PUA，那我们该如何避免这种情况呢？

（1）识别 PUA。PUA 又名精神控制，早期只是指男性应用技巧和心理学，去接近、搭讪自己喜欢的人，但后来变成了骗色、骗财的手段，成为让别人越陷越深的情感操控术，它甚至不惜通过各种手段导致对方自杀来达到情感操控目的。它利用各种手段，把本该平等的恋爱关系扭曲成两个地位不平等的个体之间的关系，在这种关系下，他/她对你好是恩泽，对你坏是理所当然。它的常用手段就是，甜言蜜语加言语羞辱。操控者长期将虚假、片面或欺骗性的话语灌输给受害者，从而使受害者开始怀疑自己，其本质是一种否定。通过建立契约，让你陷入"我们不要怎样""你每天都要怎样"之类的不合理要求。若没有达到操控者的要求，他/她便会利用受害者的负罪感和补偿心理，让其掉入圈套，进行心理操控。

（2）了解 PUA 的过程和表现形式。刚开始的时候他/她会经常夸你，确定关系之后就经常否定你的价值，让你觉得只有他/她会喜欢"糟糕"的你。如：男生会经常树立"高富帅""浪子回头""纯情"的人设，然后给你洗脑，让你快速对他产生好感；他/她会先考虑自己的感受，经常指责你让他/她难过了，让你对他/她产生同情，激发你的同情心或者保护欲，从而达到控制你的目的。他/她会一边语言暴力你，一边说离不开你。你不了解他/她的圈子，他/她却不想你有自己的圈子，用爱的名义绑架你。

（3）远离 PUA。这是一种难以识别的情感，一旦遇上，很难成功摆脱。因此，大学生一定要认真考察自己的恋爱对象，只要你发现你们之间的恋爱关系不平等，经常感觉到低自尊，不能有自己的想法，也感受不到快乐，就要特别注意。第一，不要在刚认识的时候，受到一点夸奖就飘飘然，因为一点小礼物就好感大增。第二，懂得自我价值，不接受主观的踩踏、贬低等损害你尊严的事情。第三，比起他/她说了什么，更应关注他/她实际上做了什么。第四，你应该认识到，在交往过程中双方的地位是平等的，你不要盲目地服从，特别是不能在自己受伤的基础上去满足他/她无理的要求。在感情中不仅要关注对方，也要注重自己的感受，拒绝同情心泛滥。

（4）对待暴力，零容忍。无论是肉体暴力还是精神暴力都不值得被原谅。我们要保护自己，独立思考，对方的话，如果觉得不太对劲，先思考一下，自己判断一下有没有谎言或者是诱导。第一，如果发现自己被 PUA 了，要坚决反抗，放弃这段感情，要坚持自己的独立人格。第二，如果被伤害要及时抽身，并大胆揭露他/她的行为，保护好自己的同时，为正义发声。第三，发现被骗，及时止损，积极求助，如果你怀疑自己被 PUA 了，请及时向心理中心求助，心理中心会给你全力的帮助。

第二节　关于大学宿舍

大学宿舍，一个有伤心、有温暖的地方，是人际交往、集体生活的重要交点。舍友间彼此尊重、相互磨合，通过给予充分安全的边界感，共同成就一个亲密而真实的群体。为顺利经营宿舍关系，你是否也苦恼过，害怕得不到尊重，或者无法尊重他人？若回忆起与舍友的相处，是温馨、美好的日常碎片居多，还是内耗严重，一地鸡毛难以言说？甚至与舍友打响了宿舍生存战，无法周旋与和解。无论如何，这都是大学生必经的人生站点，良好的宿舍关系有助于生活舒适度和幸福指数的提升，不良的宿舍关系则严重影响生活状态和生活质量。如何处理人际关系，如何与宿舍矛盾抗衡，请慢慢阅读，寻找答案。

问题1　我真的要那么重视宿舍关系吗?

总有同学问我："大学宿舍关系真的那么重要吗?"当然，大学宿舍关系会对你的人生产生重要影响，不良宿舍关系不利于你的学习、生活，会直接影响你的生活状态和生活质量。同样，良好的宿舍关系会助你完成学业，助你面对和解决遇到的困难和挫折，提高生活满意度和幸福指数，甚至可以帮助你解决心理问题。

（1）大学生的学习生活主要场所在宿舍。宿舍不仅仅是学习、生活的地方，还是同学们放松身心、培养感情和建立心理认同的重要场所，可以说是大学生的另一个家。

（2）宿舍成员之间的人际互动最紧密。大学生来自五湖四海，具有不同的家庭教育背景，更具有不同的个性特点。他们背井离乡，离开熟悉的朋友、家人和生活环境，开始独立自主生活。由于环境和人际关系的变化，他们的心理上难免会有不适感，甚至产生焦虑、抑郁等情绪困扰。在这个转变期内，最先认识和熟悉的就是宿舍的同学，同学之间的朝夕相处会让彼此变得更加亲切，通过获得情感上的支持，稳定不良情绪，缓解心理上的焦虑，找到归属感。

（3）宿舍为大学生的心理成长提供了一个重要的空间。宿舍成员来自不同的家庭，有着不同的个性和文化，也有不同的烦恼，甚至是带着困扰和问题来到学校，在心理成长的过程中面临诸多困境，从不成熟走向成熟，从依赖走向独立，这种成长困境需要宿舍成员的理解、包容和支持；大家带着不同的心理困惑在宿舍里交往、生活，互相之间可能产生矛盾冲突，而解决矛盾冲突的过程，就是我们心理成长的过程。

（4）成长环境的独特性和差异性需要被接纳和融合。宿舍成员来自五湖四海，各自的家庭结构、家庭教育方式、成长环境和文化认同等不一样，这就必然表现出各式各样的交往模式和各种各样的心理冲突。这种矛盾和冲突是必然现象，如何营造一种良好的心理氛围来融合各自的文化和交往模式，来调和、包容和接纳每个人的个性，这就需要有一定的技巧和一些特定的人来引导。

（5）大学学习、生活环境的独特性和差异性需要被认知和适应。宿舍是大学生最重要的聚居地，大学生需要的心理支持很难在老师身上获得，随之出现的失落和迷茫需要宿舍成员共同去认同和适应，这使得宿舍在大学生生活中的地位日益突出，宿舍带来的安全感显得格外重要。

（6）宿舍成员在成长过程中会遇到各种困难和挫折，需要被关心和理解。大学宿舍里的每个人都可能是自己的心灵支持者，宿舍集体的和谐温暖程度直接关系到彼此之间的心理安全感和归属感。宿舍应成为大学生心灵的港湾，宿舍成员之间互相学习、共同成长、互相需要，获得心理的支持，大家在成长中会遇到各种困难和挫折，希望能够在这个集体里被理解、关心。

问题2　我的作息时间和其他同学不一样，怎么办？

每个人的作息时间是不一样的，这是非常普遍的现象，我们没有资格要求别人的作息时间和自己一样。当然，由于作息时间不同，宿舍生活常常会产生矛盾，甚至心理由此受到很大的影响，这也是正常现象，就看同学们怎么去适应和解决了。

（1）彼此包容，互相尊重。作息不一样是很正常的事情，每个人的生活习惯都不一样，那么休息的时间自然就不同。早睡的同学可以戴个耳塞和眼罩，晚睡的同学可以尽量小声并使用遮光床帘或桌帘，也可以稍微提早一点睡觉，这样对身体也是有好处的。

（2）及时沟通，寻找平衡。当舍友打扰到你休息的时候，可以找一个时间好好沟通一下，一起寻找解决的办法。比如制定作息时间公约，如果违反将受到惩罚。这样也有利于宿舍维持正常的秩序。和谐不是一方的努力就可以做到的，大家都应该为了彼此的习惯而做出相应的调整。

（3）拒绝隐忍，开诚布公。有些宿舍关系之所以刀光剑影，是因为在最初矛盾发生的时候没有及时解决，选择隐忍。隐忍只能换来一时的风平浪静，但终究解决不了问题，尤其是睡觉这种每天都会发生的事情。或许隐忍的那一方想要他人看到自己的牺牲，但因为没有公开地表达，所以很多时候是不被人理解的。开诚布公的交流，才是解决问题的最佳办法。

（4）审视自己，及时改正。如果你和其他的人的作息时间都不一样，那么审视自己就非常有必要了。如果因为你的作息与他人不同，而影响到其他人的正常休息，你就应该引起重视，做出相应的措施来适应。

（5）试着换宿舍。虽然这个词听起来很严重，可是睡觉是非常重要的事，当你发现你和舍友都做出努力，但是实在没法解决的时候，换一个作息相同的宿舍，可能是最佳的选择。比如舍友都睡得很晚，但你睡得很早。舍友都已经尽量安静，但你总是被灯光困扰，无法入眠影响了你第二天的学习和生活。你知道舍友与你都已经尽力了，但仍旧于事无补。这个时候你就可以考虑换一个习惯早睡的宿舍，这样对于你或是舍友都是很好的选择，你可以早睡，他们也不必怕打扰你而小心翼翼。

（6）互相让一步。如果你睡觉的时间比较晚，那么尽可能在别人睡觉的时候不发出声音，如果自己回来得晚，早点和舍友们说一声，留门不留灯就可以，尽量不打扰别人休息。如果你睡得比较早，反而其他舍友睡得比较晚的话，那么你可以建议一下他们小一点声，或者自己睡觉前戴耳塞。同时也可以在寝室内部开一个专门讨论作息时间的小会，可以建议他们不要太晚睡，晚睡也尽量不要打扰到别人的休息，这样共同协商可以更好地调整舍友作息规律，同时也能增进舍友之间的感情。

问题3　宿舍学习氛围太差，我不想待，怎么办？

大学里确实存在不少这样的宿舍：舍友们天天打游戏、刷短视频、看剧、聊天、睡懒觉，没有学习氛围。环境会影响一个人，宿舍学习氛围不好，大家会互相影响，导致大家都学习不上进。有些同学不想这样，想要改变，有什么样的办法吗？

（1）换个环境学习。宿舍的学习环境不好，可以找一个安静舒适的地方学习。每个人的人生目标不同，学习计划不同，当然学习动机也不同。当你想学习的时候，宿舍不一定能提供良好的学习氛围。如果宿舍的学习氛围不好，你就可以到学习氛围好的地方学习，比如图书馆、教室等。宿舍是休息的地方，当你学习的时候，不能强迫他人也和你一起学习，所以说找到合适的学习场所是十分重要的。

（2）提高自律意识。每个人都有放纵自己的时候，但不能一直放纵。现实生活中，很少有人能做到长期自律，大部分人都是三分钟热度，半途而废。尤其宿舍学习氛围不好的时候，坚持自律变得难上加难。只有提高自己的自律意识，才有实现梦想的可能。人唯有保持自律，时刻自我鞭策，才能走得更加长远。虽然不能强迫他人改变，但你可以改变自己。

（3）制订明确的计划和目标。想要做出改变，先从小事开始。我们在设定目标的时候，往往只考虑最终结果，而忽略了过程。做计划并没有错，关键在于制订的计划是否具体，是否有可执行性。只有一步一步脚踏实地，才能走到终点。你可以制订一张计划表，写上每天的小计划，一点一点地改变自己。

（4）减少待在宿舍的时间。俗话说："近朱者赤，近墨者黑。"如果你每天跟舍友一起，在宿舍玩乐，你自己的价值观也会发生改变。这时你可以考虑去外面学习或者参加一些活动，这样不仅能丰富大学生活，也能提高自己的能力。不要随波逐流，不要因为他人的学习习惯不好而影响自己，学会保持自己的初心和立场，不要在意他人的眼光，做好自己该做的事。

（5）选择高效学习场所。宿舍可以作为临时学习的地方，老师建议同学们别把宿舍当主战场，还是建议多去图书馆，沉醉在充满书香的学习氛围中，学习效率也会提高。自习室也是一个不错的选择。毕竟每天休息的地方还是不会有特别高的学习效率。

（6）竞选合适职位。你可以去竞选班级的学习委员，或者竞选你们宿舍的舍长，尝试着带动你们班或者你们舍友学习，做好表率，这样在改善宿舍学习氛围的同时，你还会收获许多的朋友，促进同学之间的友谊。如果他们依然不思进取的话，也不必太过计较，因为学习本身就是自己的事情，很多事情顺其自然就好。同学们要记住：尽人事，听天命。

问题4　舍友不爱干净，不搞卫生，怎么办?

大学宿舍生活总会碰到这么一类同学，他们可能几天不洗澡，可能衣服多天不洗，可能从来不注意个人卫生，也不参与宿舍大扫除。可能你对宿舍卫生要求比较高，可能这是那个同学的常态，但是，你感觉很不爽、心里不舒服，这要怎么办呢？

（1）多一些理解。每个人的生活习惯不一样，对于卫生环境的标准也不同，有些人从小就比较注重卫生，有些人从小就比较邋遢，这都是很正常的事情。比如南北方由于气候条件的不同，洗澡的频率不同，这些都很正常。但是如果某个同学的习惯影响到了他人，影响到了宿舍的整体风气，就不合适了。这时候需要试着去沟通和解决。

（2）集体劝说。因为习惯一旦养成就很难改变。舍友不讲卫生，作为朋友应该劝说舍友改正，并且最好采取集体劝说的方式。因为一个人的说服力没有团体的大。如果只是你一个人说这个问题，舍友可能认为只有你觉得这样有问题，其他人并没有觉得，因为每个人的标准都不一样。如果大家一起劝说的话，这样更具说服力。

（3）制定值日表。宿舍一起制定规定。比如轮流打扫公共卫生，必须一个月进行一次大扫除。让宿舍的其他成员一起带动那些不讲卫生的舍友，用规定来限制不讲卫生的习惯。违反规定可以采取一定的惩罚措施，比如多倒一次宿舍公共垃圾。

（4）先做好自己。不管你的舍友是怎样邋遢，你要先做好自己的事，轮到自己打扫卫生的时候绝不含糊。只有把自己的事情做好，才有权利与立场去劝告他人。看到你主动打扫卫生，其他的舍友也会被带动起来。不要因为舍友不讲卫生，而放大自己的情绪，从而对这个人产生负面的情绪和印象。你可以在他不讲卫生的这个方面发表自己的意见，但在其他的方面应该保持客观的立场。

（5）有效沟通。只有采用正确的沟通方式才能得到你想要的结果。如果你一上来就指责对方，反而达不到最终目的。你可以告诉他，自己和其他舍友每天都在为他的不讲卫生而烦恼。但如果你不说出来，对方可能根本没有意识到。其实他很多时候都意识不到自己的问题，但是当你告诉他已经影响到别人的时候，他可能马上就会改正了。如果你能客观并且平和地去讲这件事，对方就比较容易接受你的建议。

（6）注意劝说方式。例如：今天是哪个小可爱打扫卫生啊？今天是哪个大哥打扫卫生？诸如此类。切记，一定要注意说话的技巧。宿舍是个大家庭，老师不希望同学们因为这些小事搞得人际关系很僵。如果一两个人积极主动几次，其他人也就自然而然会共同参与劳动。有舍方有得，付出才会有回报。

问题 5　舍友总让我帮忙，我不太愿意，怎么办？

有这样一群舍友，他们总是喜欢让别人帮忙，打饭、拿快递、交作业、买东西等。这样的事情刚开始大家都能接受，可是久而久之会演变成为一种习惯，甚至会逐渐成为理所当然的一种行为，没有做好的话还可能会被责备。更有甚者，叫别人帮忙理所当然，别人需要帮忙的时候百般推辞。长此以往，引起其他人不满是迟早的事情。

（1）学会拒绝别人。如果你发现舍友的要求已经超出了你的情感范畴，不要因为不好意思拒绝而做自己不喜欢的事。不拒绝的话，舍友就会一直叫你帮忙，次数多了也就变成了理所应当。对于那些总是妄图不劳而获的人，要明确地予以拒绝，才是解决问题的关键。你的无偿帮助如果得不到别人的感恩，就要敢于拒绝并表明自己的态度。你乐意的时候可以帮忙，但是当对方越来越过分的时候，或者自己不乐意的时候，要果断拒绝，不要随便答应。

（2）不要用帮忙来讨好舍友。舍友之间是一种平等的关系，忠厚善良的人总是喜欢积极地帮助朋友，这本来是良好的品质，但这往往会让一些不劳而获的人看成谋取便利的机会。对于舍友间正常的求助，主动伸手帮扶是宿舍友好关系的体现。但是如果有些人把自己的事情甩给他人，用高高在上的态度命令别人帮忙，这时候退让和迁就不会改变处境，只会让那些人得寸进尺。

（3）别担心拒绝会影响关系。尊重是彼此的，不要担心拒绝会被舍友孤立，真正的朋友是不会这样对你的。如果拒绝会改变你们的关系，那么没有必要用一味的退让来维系这段关系。你担心得罪舍友，而长期忍气吞声，最终也会有一天，因为无法满足他的要求而与之翻脸，这样还不如早点保持距离来得省心。

（4）以其人之道，还治其人之身。如果你实在不好意思拒绝的话，就用对方的方式来对待他。比如说，如果要你帮忙时，你也有事情在忙，可以要求对方："行啊，你也来帮我看看这个。"如果对方拒绝的话，那你就可以顺理成章地拒绝。但是如果对方真的认真帮你了，那你也帮帮他呗，人与人之间不就是这样要互帮互助的嘛。一般情况下，如果你经常帮对方带东西，人家也会不好意思拒绝你的，时间一长，舍友就懂啦，也不会再轻易使唤你了。因为在他眼里，可能觉得是顺便的小事才一直喊你帮忙。当他真正地经历后，才会明白很多时候顺便的"小事"，其实也很费心力。如果他一开始就拒绝了你的请求，那么下次你拒绝他也不会不好意思了。

问题6 宿舍几个人闹矛盾了，怎么办？

在我咨询的个案中，至少有四分之一的问题涉及宿舍关系。原生家庭形成的交往模式不符合当下社会、每个个体都有较大的差异、习惯了自我中心主义、第一次过集体生活、独立意识增强、不懂得理解和尊重别人等原因导致宿舍关系紧张，出现宿舍矛盾，形成宿舍小圈子，或者某些人被孤立。长时间关系不和、僵持，导致彼此之间怨气积累，使得宿舍氛围变得十分尴尬。这也导致有些同学的心理出现问题。宿舍有矛盾了，该怎么办呢？

（1）分析矛盾，寻找平衡。表面上矛盾是沟通不及时引起的，但究其根本，是在处理矛盾时大家都以自我为中心，忽略了他人的感受。出现矛盾后应当及时沟通，寻找解决办法，而不是一味地考虑自身利益，要懂得为对方考虑，找到可以让彼此舒服的平衡点。

（2）学会倾听，化解矛盾。每个人都有很强的自我意识，在朝夕相处的寝室环境中不可避免会产生矛盾。要懂得倾听彼此的困扰，同时学会运用沟通的技巧。懂得暗示矛盾的双方，使其自主发现问题，不要直接指出彼此的问题，从而导致矛盾激化。

（3）不要太自私，多考虑他人的感受。寝室是个小集体，任何一个小举动都可能会影响到他人，不要只顾自己的方便。比如大晚上煲电话粥、考试周外放声音等，这都会让你的舍友对你敬而远之，不愿意与你为伍。在做任何事前，先要考虑会不会影响他人，不要只考虑自己是否方便。

（4）制定规矩与制度，公平与惩罚并行。选举一个大家都认可的同学，一起制定宿舍规矩与制度。在矛盾产生的时候，这个人必须公平公正地为大家进行调解。在制定好规定与制度后，大家都应该严格遵守并执行，一旦违反了规定就要进行相应的惩罚。

（5）举办集体活动，增强宿舍凝聚力。友谊是慢慢培养出来的。比如可以定期聚餐，在轻松愉悦的状态下，反而能更好地表达自己的感情；同学们在晚上睡觉前，一起讲一下知心话；或者平常取快递的时候顺便帮舍友一起拿。将心比心，你对舍友好的同时，舍友也会对你好的。

（6）转移矛盾点，分散注意力。当冲突发生的时候，我们应当尽量求同存异，不要扩大矛盾，学会及时止损。如果是两人发生矛盾就要及时解决，不要上升为宿舍冲突。同学们要学会控制自己的情绪，积极处理矛盾，不要逃避问题。当自己控制不住情绪时，要学会分散注意力，不要纠结于矛盾，把精力放在其他事情上。

（7）控制敏感的情绪，不要太在意。每个人都有情绪敏感的时候，但要懂得控制自己。敏感过度不仅会导致自己不开心，也会让对方不自在。发生矛盾往往伴随着口角，有些话听到就听到，听不到就过了，不要一直纠结揣测。就算有些人真的说了你的不好，自己又何必再去听一遍呢？每个人的想法都不一样，不要去纠结其他人的想法，做好自己就行。

问题 7　宿舍太过"内卷"，不喜欢这样的生活状态，怎么办？

明明是高举"努力"的旗帜积极向上，却经常要偷偷摸摸地学习，最后落得个身心疲惫，事倍功半，于是前来询问心理老师如何不"卷"。其实大学生"内卷"是为了更好地应对竞争，是为了获得更好的资源和机会。有些陷入"内卷"的同学盲目地努力，盲目地跟其他同学比较，没有自己的节奏和规划，最终被"卷"进去，什么也没有获得，反而产生一系列问题。那么针对这样的问题，同学们应该怎么办呢？

（1）正确理解"内卷"。我们应该用什么样的心态来理解"内卷"呢？其实大学生"内卷"并不全是坏处，它在一定程度上能够提高同学们的学习积极性和自律性，使学生逐渐有了竞争意识，从而更好地完善自己。因此，适当的"内卷"是有益的，但前提是，你需要理性地思考哪些东西可以"卷"，可以去和别人竞争，可以用来相互成就；哪些东西是盲目的，是不理智的，是"卷"了也没有意义的。要知道，过度"内卷"就是"内耗"。

（2）明确未来的目标和规划。被"卷"的往往是随波逐流的人，如果自己有明确的学习规划和生活节奏，那么"内卷"自然不攻自破。一个明确的目标是通往成功的关键，比起看到他人努力而慌张，不如趁早明确自己的方向。最重要的就是要主动提高自己的行动力，明白自己想要什么。

（3）正确调整自己的心态。同学们大多数的"内卷"是因为看到他人在学习，从而自己产生了压力。当面对比自己优秀的人时，可以思考一下自己是不是某些方面比他更加优秀，拒绝焦虑。也可以学习他的闪光点，从而让自己变为更加优秀的人。如果宿舍的氛围让你感到有压力，不如换个地方学习或者给自己放一天假，放松休息。

（4）找到适合自己的学习方法。俗话说："磨刀不误砍柴工。"找到适合自己的学习方法，才是有效学习的关键。比如有的人适合死记硬背，有的人适合理解记忆。想要找到适合自己的方法，首先要深入了解自己，根据自己的优势来选择适合自己的方法。

（5）懂得劳逸结合。竞争不是量的比拼。学习是一个孤独的过程，没有人是完全一样的，只有你自己知道自身的学习节奏。你有了自己的步调，就不需要去追赶他人而乱了自己的阵脚。只要你努力了，就一定会有收获。要清醒地、享受地走在自己的节奏中，而不是在追赶别人的恐慌中迷失自我。

（6）坚持自己的节奏。可能每个人都有自己的人生节奏，可以让自己有更多的选择，让自己的人生有更多的可能。在大学这样的环境里面，会有很多比你优秀的人涌现，同学们在把他们当作目标的同时，更要看到自己的优势，跳出"内卷"的思维，试着去寻求更多的可能性，去尝试一些自己未被开发的领域。

（7）不要小瞧倾诉的力量。当我们被"内卷"困扰或者觉得坚持不下去的时候，不妨尝试和父母或者朋友倾诉，通过倾诉来释放自己的压力，这是很好的选择。很多时候我们都会选择"报喜不报忧"，其实适当地和父母倾诉自己的烦恼，不仅能拉近彼此的距离，很多时候还能通过他们得到解决困扰的最佳方案。

问题8　宿舍形成小团体，我被孤立了，怎么办？

大学生宿舍形成小团体是非常普遍的现象，个别同学因为各种原因而无法融入集体之中，被孤立，有些被孤立的同学能够通过其他方式获得其他社会支持，有些被孤立的同学陷入无尽的焦虑、抑郁之中。如果你被孤立了，你该怎么办呢？

（1）找找自己被孤立的原因。看看是不是自己太自我了，别人不喜欢；看看自己是不是太自卑了，不敢主动参与宿舍活动；看看自己是不是性格和其他同学不一样，难以拥有共同语言；看看是不是自己不能理解和尊重他人。老师觉得有些同学被孤立是有原因的，找到原因后认真分析，然后再看看是否可以做出适当的改变。

（2）尝试多与舍友或者其他同学接触交流。大学是进入社会的提前演习，要学会适应与高中不同的大学生活。学会与不同的人相处，是大学中十分重要的一课。大学也是积累人脉的最佳时间和场所，所以与舍友和谐相处还是十分重要的，因为他们大多是你在大学期间接触最多的人。不一定要和舍友成为最好的朋友，但是和谐相处对于以后的大学生活还是有很大帮助的。

(3)学会习惯孤独。孤独也有好处。如果你发现自己处于被孤立的状态，想要融入小团体是很困难的。不要强融或者产生过多的自责。大学是学会孤独、享受孤独最重要的时期。相比人群中的孤单，不如一个人的孤独。适应一段时间的独立生活，你会惊喜地发现很多时候一个人反而大大提高了做事的效率。比如去图书馆读书，自己一个人的效率会远远大于两个人。习惯孤独是成长的必经之路。

(4)转移重点，提高自己。与其纠结宿舍矛盾，不如把关注点放在自己身上。大学是提高自身能力最好的时期，有充分的时间与大量的资源来充实自己。跟舍友的交集变少之后，有时你会发现你们的关系反而缓和了很多。要把精力放在自己身上，放在自己想做的事情上。

(5)学会适当寻求外界的帮助。如果你发现糟糕的宿舍关系影响到了你的日常生活，这时你不妨寻求朋友、家人、辅导员或是心理咨询师的帮助。如果你正在被孤立，不要自责，不要害怕。被别人孤立不是你的错，因为每个人的三观都不一样，所以我们不需要委曲求全。当你难过的时候，不妨告诉亲近的朋友或者家人，别小瞧倾诉的力量，有时候一句暖心的话，就足以治愈我们受伤的心灵。

(6)学会坚守底线，保护自我。在大学如果为了追求不被孤立，就去迎合别人的恶趣味，那么老师觉得还不如被"孤立"。被孤立有的时候会给自己营造不一样的环境，比如独立，比如创造性思考，比如冷静，比如胆量，比如对人性有更深的体验……因此被孤立不重要，重要的是，如果你已经被孤立了，就想想如何更好地保护自己，享受被"孤立"带来的另一种生活方式。

问题 9　我不能适应大学宿舍集体生活，怎么办?

有一部分同学因为第一次住集体宿舍，缺乏独立生活的能力，也不太懂得如何融入宿舍集体。每个人的个性都不一样，作息时间也不一样，舍友之间可能经常因为一些小事而闹矛盾。这部分同学因为不能很好融入宿舍，导致心情欠佳，甚至影响学习和心理健康，长时间的不良情绪导致人意志消沉，烦躁且易怒。这要怎么办呢?

(1)学会理解包容他人。每个人的习惯和性格都不同，舍友之间发生摩擦与矛盾这些都是很正常的。发生矛盾不可怕，最重要的是我们如何处理矛盾。发生矛盾时我们应该多站在对方的角度考虑问题，及时沟通，不要相互冷战，冷战只会让矛盾越来越深。

(2)彼此扶持，互帮互助。舍友都来自不同的地方，此时心理都有被理解和接纳的需要，这时候学着去帮助他人，赞许他人，舍友难过的时候给予陪伴与安慰，相信你一定能获得好人缘。

(3)懂得磨合但要坚持自我。由于生活习惯的不同，大家很多地方都需要磨合。例如作息时间，有些同学习惯早睡，但有些同学习惯晚睡，那么晚睡的同学就尽量不要打扰到其他人的休息。坚持自我是很重要的，每个人都有自己的人生目标。比如快考试了，有的同学觉得及格就行，所以在复习期间可能一直在玩；但有的同学想要考研读博，那么就要好好努力。这时候不能为了合群而迎合他人。坚持自我是十分重要的，大学是提升自我的黄金时期。

(4)注意交往界限。集体生活中保护自己的隐私和尊重他人隐私也是十分重要的。每个人都有自己埋藏在心底的秘密，要懂得尊重他人的隐私，注意分寸。

(5)多参加集体活动，不困在宿舍的关系中。大学读书很重要，能力提升和社交也同样重要。在大学中最主要的目的是提升自身能力，以便在之后的就业中能够获得一定的优势。同时大学生活交往的人也很多，例如与宿舍舍友、班级同学、社团成员等。如果不能很好适应宿舍关系，就主动走出宿舍，到更大的平台去发展自己。

(6)懂得寻求帮助。当遇到难以解决的问题时可以向老师、同学或者家人倾诉，也可以向学长、学姐请教，问一问他们当初是如何去适应集体生活的。在聊天的过程中，你会发现矛盾是很正常的事情，有时你也会有意想不到的收获与惊喜。

(7)彼此温暖。你来到一个新的地方，难免会有不适应，但是你的心态最重要。不要顾此失彼，你要知道你现阶段的任务是什么。你可以在晚上休息的时候约上舍友出去走走，这不仅能够加快对彼此的认识，也能够相互抱团以抵离家愁绪，这些都能够帮助你更快地适应大学宿舍的集体生活。

问题 10　我对宿舍的某个人很反感，怎么办?

大学宿舍的关系也挺复杂的，虽然大家彼此之间都维持着表面的和谐，但是在心里可能会有这么一个人让你很难受，让你觉得与对方的关系很难相处，甚至还会产生较大的矛盾，于是影响了自己的学习生活状态。同学们想要改变却又不知从何处做起，心里很憋屈。

（1）学会接纳与包容。因为每个人的成长经历不同，价值观及为人处世方式也会不同，这时候需要你们之间互相理解和包容，做到求同存异。如果你总是希望别人按照你的意思来做，这是不公平的，也是不现实的。因此，学会接纳每个人的差异，做到这点，你就能更好地适应宿舍关系了。

（2）积极调整好自己的心态。既然改变不了环境，就要学着适应环境。人生不如意十有八九，与父母有时都会产生矛盾，更何况舍友呢？不妨把磨难当作对自己的历练。或者找一个独处的时候，宣泄自己的情绪，然后再去相处，心态就会好很多。慢慢扩大自己的包容之心，久而久之，你就会发现你选择包容了，看到的结果也就不一样。

（3）适当转移注意力。你之所以讨厌他/她，是因为你太过于在意他/她了。无论是看不惯他/她的行为还是反感他/她的为人，其实本质上都是太在意他/她了。如果有些矛盾，确实无法调和，那就试着忽视，把更多时间和精力放在提升自己的能力上比什么都重要。

（4）尝试挖掘舍友的闪光点。金无足赤，人无完人，尺有所短，寸有所长。每个人身上都有闪光点和缺点。我们讨厌一个人的时候，看到的都是对方的缺点，并把这些缺点无限放大。学会用欣赏的眼光看待他人，接受舍友的不完美。同时学习对方的闪光点，从而让自己变得更加优秀。

（5）多和舍友沟通。找一个时间和舍友好好聊一聊，说清楚自己的想法和感受，表达自己的困扰。学会与舍友协商问题，既然发生了就需要去解决，一味地逃避只会让事态更加严重。有些事情不能只凭主观猜想，沟通是十分重要的，很多矛盾都来自认知的误解。良好的沟通才可以造就健康的人际关系。

（6）不要强迫自己。当你发现一番努力过后，彼此的关系仍无法改善，那就无视他/她的存在，这是和讨厌的人相处最直接、有效的方式。当无视对方的时候，自然不会想到那些让自己讨厌的事情。想不到那些让自己讨厌的事情，自然也不会那么讨厌对方。这样相处起来，也就不会那么难受了。给自己设立一个底线，不卑不亢最好。不要为了改善彼此的关系，一味地降低自己的底线。

第三节　关于大学友谊

　　与君远相知，不道云海深。友谊之绵长，可纵横时间，跨越距离。进入大学，社交圈随之改变，正是结交挚友、寻找志同道合之人的好时机，可人群熙熙攘攘而来，我们总会烦恼所遇过客中谁才是真正值得结交的朋友，又能否真心相待，总会困惑如何处理好人际关系，如何把握好与朋友之间的社交距离，如何界定真正的友情，寻找到知心朋友，而非空花阳焰。归根到底，大学寻找的友情，其本质是教导我们如何与人相处。大学里的每个人都是立体的，与友相处，自然是多一份思考，多一份包容，不求黄庭坚那份"江湖夜雨十年灯"的慨叹，海纳百川亦是交友之道。只有了解自己交友的心态，这份真挚的心意才能通过行动，完完整整地传达给对方。

问题1　上大学觉得自己很难交到知心朋友，觉得自己很失败，怎么办？

　　由于大学的学习和生活方式相较于小学、中学发生了巨大改变，同学们原有的人际圈被打破，需要重新建立新的人际关系。上大学后，大家的生活方式和生活目标都有很大的不同，同学之间的竞争也越来越激烈。有些同学难以适应当下的人际关系，感觉自己很难交到知心朋友，面对这种情况应该怎么办呢？

　　（1）敞开自己的心扉。交朋友是一个双向的过程，封闭自身、等待他人来主动与你交往，显然不是一个有效的方式。相反，敞开心扉，大胆地与其他同学交流，交流中学会理解、接纳他人，学会尊重和赞美他人，这样你一定可以赢得他人的喜爱。

　　（2）学会自我反省。曾子曰：吾日三省吾身。自省不仅仅是一个人提升自我的重要方式，也是广交友的重要前提。有人把朋友当家人，将心比心，每个人应该都希望自己选择的朋友是善良、正直、真诚、优秀的。那么想要交到知心的朋友，自己就应该成为一个不错的"朋友选项"。所以应常常自省，看看是不是因为自己的某些缺点使周围的人远离自己,倘若真是自身的原因导致了他人的疏远,那么应该及时发现并加以改正,可以让其他人通过网络用匿名的方式提出,这样你就能明白为何他人不愿与你交心,从而加以改正,这不仅仅能够帮助你拥有更多的朋友,还能够帮助你成为一个更好的人。

(3)多参加集体活动。在大学中,校级、院级或班级举办的活动通常有很多,在时间允许的条件下,多多参加这些活动,能够更好地帮助你敞开心扉,增加与他人合作交流的机会,还能锻炼自己的言语表达能力,拓展自己的朋友圈,丰富自己的社交经验,说不定你就会在某个活动中认识自己未来的知心朋友。

(4)多培养兴趣爱好。多培养自身的兴趣爱好,可以更好地提高自我的综合能力,而且有了更多的兴趣爱好,与他人产生共鸣的机会也会随之增加,有了与他人产生共鸣的机会,这样你们的共同话题会变多,相互交流的机会也会增加。所以多多培养自身的兴趣爱好,是一个拓宽与他人交流的良好途径,也能够更好地拉近与同学之间的距离。

(5)善于辨别,谨慎选择。朋友对一个人的影响是十分重大的,所以选择朋友一定要谨慎,切记不可因为刚上大学找不到交心的朋友,就一时迷失了自我,随便交友,以防因为交友不慎而误入歧途。学会在人生中享受独处的生活也是非常重要的,学会在独处的生活中自我提高、自我丰富也是完善自我的一个方式。所以不应当认为暂时交不到知心的朋友就是失败的表现,你不可以丧失寻找知心朋友的热情,但同样也不应该急于求成。

(6)学习交友技巧。如果可以的话,可以通过阅读书籍或者咨询老师获得一些交往技巧,这些技巧对你日后和别人交流交往都很有帮助。

其实,交友是一种技巧,它需要慢慢地琢磨,通过多次失败来获取经验。当然,若是周围暂时找不到合适的朋友的话,我们也要学会享受独处的时光。

问题 2　我有"社交恐惧症",怎么办?

有一部分同学由于自身性格、特殊经历等原因不敢与人交往,害怕或者回避社交场合,或者在交往过程中出现一些焦虑反应。有些是正常的心理现象,有些可能是社交恐惧症的表现。如何区别呢?该怎么应对社交恐惧呢?

(1)先要了解什么是社交恐惧症。社交恐惧症也称为社交焦虑障碍,是指患者在社交场合与社交过程中出现过分的焦虑、害怕,有一种不能胜任、困惑、尴尬和羞辱的感觉，甚至出现回避行为，严重时可惊恐发作。常见的临床症状有：①害怕与陌生人交谈或与人结识；②害怕在人多的场合讲话；③害怕引发或持续一段交谈；④害怕在公共场合打电话；⑤害怕接待来访者或害怕参加聚会、约会；⑥害怕在公共场合进餐、书写或使用一些公共设施。伴发的躯体症状有：心悸、发抖、出汗、肌肉紧张、胃下坠感、口干、忽冷忽热感、头痛或头皮紧张。患者自己能认识到这种害怕是过分的、不合理的，但无法控制，严重时可导致社交功能减退，职业和生活能力下降等，患者常为此痛苦不堪。

(2)学会区分正常社交恐惧和社交恐惧症。对社交活动场合有一定的紧张、焦虑感觉是正常现象，关键看这种恐惧发生的频率与程度、是否合理、是否伴有自主神经症状、是否明显影响社会功能、是否有回避行为等。如果你只是有些担心、紧张、焦虑，并没有严重到出现一系列的躯体症状，你自己也能克服，只是有些不舒服，那么，这很可能只是社交恐惧，不用太过担心。

(3)了解社交恐惧症的治疗方法。系统脱敏疗法、暴露冲击疗法对治疗社交恐惧症效果良好。基本原则是消除恐惧对象与焦虑恐惧反应的条件性联系和对抗回避反应。系统脱敏治疗应用较多，它可以分为实景脱敏和想象脱敏。第一个阶段，是进行放松训练。第二个阶段，请患者按引起恐惧反应的严重程度，依次列出相关诱发社交恐惧的情境的清单，然后从引起最弱的恐惧反应的情境开始，逐一让患者身处其中，或由其想象身处这些情境之中。每一步骤做到患者适应、感到彻底放松为止，然后再接着设置下一个较令人紧张的情境，直至最强程度的情境也不会引起恐惧为止。

(4)摆好心态，以积极的思维去思考。导致社交恐惧症的一个重要原因便是自身自信的缺失，患者常常会自我否定，认为自己是不受肯定、不被喜欢的人，要克服这个心理障碍，很重要的一点便是摆好心态，不要妄自菲薄，也不要过分地高看别人，将所有人看成是平等的个体，尝试着去参加一些需要与他人合作的活动，在和别人的合作中逐渐地放开自己。

(5)培养好的交流习惯。在与他人交往时要把注意力集中到交谈的内容中，不要刻意地去关注在交谈的时候自己的形象或者表现，忘掉自我，自然地投入到事情当中，专心地做一件事。在社交中若遭遇到对方的冷淡，也不一定都是自己的错误，可能只是对方那时候心情比较低落而已，不要一味地去迎合别人，太在意别人的人容易迷失自我。在和别人交谈的时候，尝试着主动寻找话题，不要一直被别人引导，跟着别人走。

问题 3　不懂得如何融入一个集体，怎么办？

有一部分同学很想融入集体，很想与人交往，但是由于性格比较内向，常常事与愿违，出现与人交往困难、融入集体困难的问题。出现这种情况该怎么办呢？

(1)认真分析原因。自己难以融入集体、不懂得如何交往的原因是什么？是自己的个性原因，还是缺乏交往技巧。如果是个性原因，希望你找到一种折中的交往方式，适应并接纳自己的个性，按照自己的个性方式生活，不必太过强求，不要强迫自己融入与自己完全不同的集体。如果是缺乏技巧，那么你应该好好学习社交技巧并在实践中大胆运用。

(2)注重自我提升。注重自我提升不仅仅是完善自身的一个重要方式，同时也是吸引别人目光的一个途径，当你不断地丰富自己、精进自己，你会发现集体中会有更多的人被你所吸引，向你靠近，你就会在不知不觉中融入集体了。

(3)学习社交技巧。通过网络、书籍等方式学习一些社交技巧，要明白与别人交谈是参与集体活动的前提，学习一些社交技巧能避免自己在与别人交谈时不知所措，也能使别人愿意和你交往，同时懂得一些社交技巧也能够帮助你更加自然地参与到集体的谈话中，避免成为集体中的透明人，从而更好地融入到集体中。

(4)多参加活动。参加集体活动相当于督促自己去融入集体，比如辩论赛、球类比赛等，集体活动中的每一个成员都至关重要、缺一不可，这样的团队对于凝聚力的要求更高，当你参与其中时，你就与其他成员构成了一个整体，你们有共同的目标，需要一起努力，这样你便可以更好地融入集体了。一些需要考验团队配合的比赛，能够增进你和其他人之间的感情，能让你慢慢地敞开心扉，更加敢于去和别人交流，让你更快地融入集体。

(5)尝试竞选班委。班委是一个班级里不可缺少的一部分，想要快速融入集体，竞选班委是一个不错的途径。尝试着去竞选班委，如果能够成功地当选，努力做好本职工作，完成集体的任务，成为集体中重要的、不可或缺的一分子。即便竞选失败，那也多了一个让班级同学认识你的机会，这对于后续融入集体也是十分有利的。

(6)勇于展示自我。大胆地去展示自己，敞开心扉与他人交谈，多与其他人沟通，克服交往障碍，敢于在其他人面前展示自己，就增加了让别人认识自己的机会，不要因为少数人的几句话就开始隐藏自己，不敢在大家面前展示自己，不要过多地在意别人的看法，要永远保持一颗积极阳光的心。

（7）培养兴趣爱好。广泛的兴趣爱好，可以增加与他人的共同语言，而当与大家的共同语言多了，自然就能更好地融入集体中，同时拥有几个特长还能更好地在别人面前展示自己，让自己更好地被别人记住和认识。

想要快速融入新环境，真正需要的还是自己主动去交流。如果只是等着别人来找你，这样取得的效果微乎其微。

问题4　朋友太过依赖自己，很不喜欢这样，怎么办？

有一部分同学会遇到这样的情况，和朋友相处一段时间后发现朋友非常依赖自己，一开始还感觉挺好的。但是，慢慢发现自己并不喜欢这样，甚至对朋友的这种行为很反感，一方面想要摆脱这种依赖，另一方面又怕失去这个朋友。面对这种情况应该怎么办呢？

（1）保持界限感。古人说："处事不分轻重，非丈夫也。"生活中，与人相处的重要原则，就是要保持界限感。只有这样，双方才能在一个比较舒适的状态下接触，关系才会更加长久，才能愉快地相处。"凡事有度，过犹不及。"在人际心理学中，有一种叫"界限意识"的现象，是指在人际交往过程中，与他人保持适当的距离的意识。没有界限感的人，很难拥有一段很好的人际关系，与这样的人相处也会很累。无论是亲情、爱情还是友情，在与人相处过程当中，都要保持界限感，不能因为彼此关系好，就丢弃该有的界限感。在一段健康的人际关系中，界限意识能够保护我们，使我们拥有自己的"地盘"，避免受到他人的伤害。懂得界限感，做事懂得权衡轻重，与人交往知进知退，是一种修养，更是一种为人处世的智慧。

（2）理解依赖的边界意义。首先我们要明确的是朋友之间的感情是亲情与爱情之外的一种情感，这份情感对每个人来说都是非常重要的，我们要珍视这份感情。其次适度依赖是你们维系感情的纽带，但某一方过度依赖会导致交往中的边界感不清，导致另一方受累，不利于友谊的继续深入发展。朋友之间，情感上的相互依赖是可以被理解的，因为友谊本身便是无界的，但是过度地让朋友依赖自己不仅不能帮助朋友解决问题反而会加深问题的严重性，所以我们要适当地阻止朋友的过度依赖。这时候需要你适度拒绝来保持你们之间的边界感。

(3)学会说不。朋友过度依赖你的时候要学会适当拒绝，有时候拒绝是一件困难的事情，但如果没有学会拒绝这项技能，很容易让自己陷入许多不必要的麻烦之中。朋友之间当然要互帮互助，但是不能对朋友有求必应，面对一些无理的要求，你要学会拒绝，要让他知道每个人都要有自己独立的时间和空间，就算是最好的朋友也做不到无时无刻都陪着他。要让他明白有些事情需要自己解决，而不是一味地去依赖别人，自己的事情自己做，要学会独立，这不仅仅是给自己一个得以喘息的机会，其实也是帮助朋友独立。当然，拒绝时一定要注重方式方法，不要因此造成误会。

(4)敢于说清楚自己的感受。要敢于向自己的朋友说清楚自己的想法，一个好的朋友应该是会理解并且愿意接受朋友的想法的，但在表达想法的时候应该尽量用平和、温和的语气，好的朋友自然能够理解你的做法，并且也会在与你交流之后，更好地去进行自我思考。

(5)帮助朋友减少依赖。在日常生活中可以多多鼓励朋友独自去参加一些活动，多交一些朋友，帮助其减少对你的依赖，让其明白自我独立的重要性，这样能够帮助你的朋友更好地生活，也会让你们在相处时更加舒适。

问题 5　经常因为朋友和另外一位朋友关系好而吃醋，怎么办？

在生活中会有这种现象，自己的好朋友和其他的朋友交往得频繁了，你的心情很难受，甚至感觉自己被抛弃了，并因此产生了交往偏差和失落情绪。这是我们日常生活中说的朋友间的"吃醋"。面对这种情况应该怎么办？

(1)正确理解朋友间的吃醋。你会因为朋友吃醋，一方面说明你很在意对方，很在意这段友情；另一方面也说明你可能缺乏安全感，占有欲比较强。不管是哪种原因的吃醋，我们都要看到它好的一面，朋友之间的适度吃醋是非常正常的，当然啦，如果"醋意"太重，影响了正常交往，那就需要思考一下出现这种状况的原因，同时尽快寻找解决办法。

(2)不要过度吃醋。你会过度吃醋说明你自己的依赖性较强，独立性不够，并带有一种占有欲。每个人都是独立的个体，都不是谁的附属品，这个时候你需要好好考虑下自己的问题，而不是怪罪你的朋友不在意你的感受。

(3)学会独立，享受自己独处的时光。朋友并不是生活的全部，有时候面对这种情况，不妨想着怎样过好自己的生活，可以一个人去图书馆看看书，去操场跑跑步，享受独处的过程。学会独立是你一生的必修课。

（4）保持乐观的心态。要相信你的朋友，好朋友并不会因为结识了新的朋友就忘记了与你的友谊，所以不需要因为朋友有了新朋友这件事而吃醋、不愉快，应当放平心态。每个人都有自己的生活，你的朋友也是一样的，他结识新朋友不仅仅是他的权利和自由，而且也从侧面反映出了你的这位朋友是受人喜爱的对象，你应该为朋友感到高兴。

（5）扩大交友圈。有时候出现这种情况的原因在于自身的朋友较少，所以会对某一个或某几个特定的朋友产生较强烈的依赖感，这时候可以考虑多交一些志同道合的朋友。你可以多去参加班级活动或者部门活动，在班级活动和部门活动中勇于表现自己，把自己最真实的一面展示出来，让更多的人认识你，从而与他们交朋友；也可以去参加一些团体比赛，在团队合作中认识更多的人；学习一些自己喜欢的技能，和有共同爱好的人能更快建立友谊。有了新朋友，你就不会对原来的朋友有过度的依赖。

（6）可以通过朋友去结识朋友的朋友。认识朋友的朋友不仅拓宽了你的朋友圈，而且还和原来的好朋友保持了密切的关系。你多了几个可以互帮互助的人，你的大学生活会更加丰富多彩，还可以减少对朋友的依赖，并且有了更多的朋友你就会明白，每个人都会有许多好朋友，朋友是独立的个体，并不是谁的私有物。

（7）与朋友交流。可以将你的这种想法与你的朋友进行交流分享，当然并不是想借此来约束你的朋友交新朋友的权利，而是通过与朋友的交流，让他更加明白你的想法以及你对他的重视，相信你的朋友如果对你也怀有真诚的心，那么他会耐心地去理解和开导你，不会因为有了新朋友而忽略你，不会让你为了这类事情而感到心烦。

问题6　我不想交朋友，一个人真的不可以吗？

由于生活节奏快、学业压力大等原因，有一部分同学时常觉得忙不过来，并且觉得交朋友是一件很浪费时间的事情，萌生出不想交朋友，只想一个人生活的想法。这样的想法是正确的吗？应该怎么去看待、处理呢？

这个想法有一定的合理性。面对繁重的生活和学业压力，有时候觉得喘不上气，不想交朋友，只想一个人独处的心态其实是正常的心理表现。如果你觉得自己一个人过得很好，没有任何心理负担，不会在意别人的眼光，也不会觉得孤独，这样的生活还让你的学习、工作效率更高，甚至觉得这样生活很舒服，那么我觉得你可以不交朋友。每个人都是独立的个体，有独立的生活，想拥有自己的空间，这样的想法，没有理由被批判。当然，如果你仍然有顾虑，也想着有朋友挺好，也希望自己能有更多社会链接，我希望你试着去交朋友。因为，我们生活在一个集体社会，我们必然会与许多人产生牵绊和交集，而朋友则是这些牵绊和交集中不可忽视的存在。

(1)认识到独处的好处。独处时有自己的自由时间和空间；独处时可以自我消化一个人的矛盾，不会影响到别人的情绪；独处可以减少对外界的依赖性，降低对别人的期待，减少对别人的精神寄托，可以少去许多失望和失落；独处可以激发出人的各项才华和潜能；独处可以促使人自身产生必要的自我保护意识和免疫力；独处可以静观自我，可以宁静地和自己的内心进行对话；独处可以让自己更加勇敢，可以随心地生活，少去了生活中的各种压力和循规蹈矩的无奈。

(2)认识到朋友的重要性。友情作为区别于亲情、爱情的一种情感，是我们自己选择的并且投入、付出所收获的情感。朋友之间可以相互帮助、相互鼓励，分享喜悦和悲伤，互相陪伴着度过人生的一段时光。拥有朋友会让你的人生更加完整，结交朋友不仅仅能让你更好地成长，而且能让你更好地融入社会。交朋友也不是一件浪费时间的事情，对待朋友需要付出真心，但并不意味着你需要舍弃你的一切去迎合朋友，相反，好的朋友还会帮助你解决生活和学习上的难题。

(3)尝试去结交朋友。心动不如行动，与其思考交朋友究竟是利大于弊还是弊大于利，不如通过实践来得出结论。你可以尝试着去结交好的朋友，但在交朋友之前要先注意辨别，交朋友时需要付出真心。当你尝试着去结交朋友之后，你可以对比一下交朋友前后你生活的变化，看看交朋友是否真的会影响你的学习与生活。当然，交友也要谨慎，要在了解认识对方的基础上交往，不要盲目交友，以免给自己带来不必要的麻烦。

(4)关注情感的重要性。对一个人来说，朋友不仅仅能够为你提供物质上的帮助支持，也是你精神、情绪上的一个调节剂。你的生活除了任务、学习、工作之外，与他人交往也应当是重点之一。朋友可能会给你带来欢乐，也可能带来悲伤，你们会相互分享情绪，带动彼此的情感，人生的目标不只有对物质的追求，精神上的丰富也是十分重要的。

你有自己的选择。在分析得失之后，你需要根据自己的情况做出选择。

问题7 朋友一直让我做这做那，甚至让我付钱，我心里不舒服，怎么办？

因为彼此之间关系太亲密，朋友对你的依赖性太强，一直让做这做那，甚至让你付钱，心里很不舒服，甚至不愿意这么做，但又害怕自己处理不当，导致关系破裂。面对这种情况应该怎么办呢？

（1）进行自省。朋友间互帮互助是一件十分正常的事情，当你觉得你的朋友一直在向你提出请求的时候，首先反思一下，自己是否也是经常这样请求朋友的，如果你也经常向朋友寻求帮助，那么你的朋友很可能将这种请求视为正常的交往关系。或者，你是一个有求必应的人，朋友习惯了你的有求必应，你也不会拒绝，于是让朋友形成一种你很乐意这样做的错觉。这个时候你应该找个适当时机表明你的想法，和朋友讲清楚、说明白，相信你的朋友会理解你的感受。

（2）学会拒绝。对有些人来说，拒绝可能是一件比较困难的事情，但如果不会拒绝，则往往会给自己增添不必要的麻烦，导致心情不好。拒绝是人际交往过程中必要的一项技能，面对好朋友的无理要求，你应该学会拒绝，敢于表达出自己内心真实的想法。

（3）与好友进行交流。和朋友交流一下你内心的想法，但要注意沟通方式和言语上的委婉性，向朋友表明自己对这件事的态度，你的朋友自然会明白你的做法，以后也就会减少无理的要求。面对面的沟通更加有利于彼此之间的交流，当然，若直接沟通不行，也可以通过写纸条或者手机匿名信息等方式告诉朋友他的要求的不合理性，让他明白这样做是不可取的，应该尽早地改变。当然在现实生活里，我们也要尽可能地帮助朋友改变这个缺点，没有人是十全十美的，你应该谅解你的朋友，帮助他们改变自己、完善自己。

（4）询问朋友的困境。面对你的朋友较多的无理请求，尤其涉及金钱方面的请求，作为他的朋友，你可以向他询问一下这些请求的用意，仔细留意一下你的朋友是否真的存在难以解决的困难。如果确实是棘手的事情，则可以向老师、家长说明，大家共同解决，如果只是日常小事，比如因为懒惰、爱占小便宜等原因才多次向你请求，则应该拒绝这样的无理要求，并且告诉他这样做是不正确的。

（5）在必要时重新审视这段友谊。每个人生来都不是完美的，朋友之间互帮互助也是应有之义，但面对朋友频繁的、多次的无理请求，且这些请求确实只是无关紧要的小事，在你拒绝、说明理由之后朋友还不愿改正并且依旧如此的话，你可以重新考虑一下这样的朋友是否是真心的朋友，这段友谊是否是相对平等的，因为一个真正的朋友，断然不会只索取而不回报，并且在朋友的建议下仍旧不知悔改、将错就错。如果真的出现了这种知错仍错的情况，你可以仔细考虑一下这段友谊再维持下去是否值得，再去决定要不要继续这段友谊。

友谊是平等的，一味索取不应该，可是也不能一直付出。在面对朋友的不合理要求时，我们应该学会拒绝，帮助好友认识和改正他的错误。若是他不愿承认和改正，那这段友谊也没有继续下去的必要了。

问题 8　感觉大学友谊都比较功利，我很难适应，怎么办？

有人说友谊是一种利益交换，这不是完全没有道理，只是这里的利益是广义上的利益，不仅仅是指物质上的利益。大学期间，不少同学在交友过程中会考虑这段友谊对于自己是否有用，这是一种正常现象。如果发现彼此之间的友谊不像之前那样纯粹了，该怎么办呢？

（1）回答这样一个问题：人为什么需要与其他人交往呢？尽管每个人具体的交往动机各不相同，但最基本的动机就是为了从交往对象那里满足自己的某些需求。实际上，人际交往中的互惠互利也是合乎我们社会道德规范的。所谓互利原则，既包括物质方面的，也包括精神方面的。人与人之间的交往需求是多层次的，粗略地可以分为两个基本层次：一个层次是以情感定向的人际交往，比如亲情、友情、爱情；另一个层次是功利导向的人际交往，也就是为实现某种功利目的而进行的交往。不管是感情还是功利，既然人际交往是互利的，是为了满足双方各自的需求，那么人际交往的延续就有一些必要的条件：交往双方的付出和收获必须保持平衡。因此说，不管哪种交往都是具有一定功利性的，我们要学会正确看待这个问题。

（2）学会适应。都说大学就是一个小社会，在社会中彼此之间利益的往来是十分正常的，人际交往中的礼物互送、吃饭互请、互帮互助等其实也是积累社会经验的一个途径，这样的现象是客观存在的，所以你不能排斥这种客观现象存在，而应该改变一些固有的想法，用新的眼光来对待这些现象。

（3）保持初心。虽然你需要正确认识到这种交往现象，但并不意味着你需要去迎合这种现象，朋友之间的真心、真诚是十分重要的，也是难能可贵的。你认为朋友之间的关系应该是纯粹、纯真的自然是没有问题的，你有这样的想法，证明你是一个十分重视友谊、友情的人，保持这样的心态，相信你会拥有更多与你心意相通的知心朋友。

(4)学会正确识别真友谊和基本的人际交往。你可以仔细观察一下，其实大学中的友谊大多数还是那种较为纯粹的友谊，彼此之间的互帮互助也是正常的朋友间的交往，只有少数人的友谊是建立在利益基础之上的，而这种以利益为基础的友谊可能只是萍水之交，只是一种为了维护各自利益而存在的关系。所以你应该学会判断你和其他人之间的友谊究竟是纯粹的功利性，还是只是普通朋友之间的互相帮助、友好往来。

(5)改变一下视角，也许这种功利有利于交往。朋友之间互相送礼物、请吃饭、学习上互相帮助其实是很正常的事情，有时候你和你的朋友只是享受收到朋友礼物的快乐罢了，而不是注重于对方送了什么礼物，而这个时候你应该花点心思给你最好的朋友准备一些礼物。付出和收获是对等的，朋友给你准备了礼物，出于礼貌和与朋友之间的感情，回一个礼物是必要的，当然了，并非所有的礼物都需要用钱去买，而是需要用心和认真准备的态度。

其实，对于友谊最好的处理方式便是保持中立，孰是孰非都不要去计较，对于一些有经验的学长学姐我们也要和他们建立关系，这样可以帮助我们更加快速地适应大学生活，当然，遇到了和我们三观一致、志同道合的小伙伴，我们也可以尝试深交，建立纯粹的友谊。

问题 9　如何和之前的朋友们维持好关系?

由于距离变远、交流减少、新朋友增加等各种各样的原因，同学们会发现与之前朋友的交流联系都变少了、关系好像也疏远了，面对这种情况，应该要怎么去和之前的朋友维持好关系呢?

(1)常常联系。交往过程中很多人喜欢等待，等待朋友的联系，等待朋友诉说心情和想念。如果每个人都躲在自己的小天地里，等待朋友往前跨出每一步，那么友情只会停滞不前，甚至倒退。现在的通信系统十分发达、便捷，平常可以打打电话、发发短信，老朋友之间可以回忆以前的往事，也可以交流各自在大学后的生活状态，还可以一起探讨未来。遇到了什么挫折可以找老朋友倾诉，毕竟老朋友最懂你的心思。遇到了问题也可以向老朋友询问，也可以互相分享学习经验。其实在不同的环境之下可以分享的事情更多，因为彼此对对方的生活环境非常陌生，这样就可以为对方介绍自己的生活环境、上课方式、专业知识。维护好之前朋友的关系，重要的是要有分享欲，只要两个人都乐于分享自己周边的事，那么感情也就会越来越深。

（2）相约叙旧。有时候觉得与老朋友之间的关系变得疏远，很大的原因就是在上学期间双方基本上很难见面，而朋友之间的会面、聚会则是维护一段良好友谊一个很重要的方式。所以可以在放假回家的时候约老朋友出来叙叙旧，看看彼此的变化，回味之前的趣事，一起走走曾经走过的路，做曾经做过的事情，互相分享在学校的事，相信你与好朋友之间一定会产生情感共鸣，友情会快速回到原来的水平。当然，与朋友相见，当以欢喜心共享快乐，如此快乐会得到加倍；而倾听朋友诉说不快，给予安慰，更可以分担对方痛苦，使其身心安稳，这也是一种陪伴。而我们自身也须注意，尽量不要把忧愁或痛苦等负面情绪带给朋友，使其身心不宁。

（3）重视一些特别节日。都说仪式感是美好生活的一个重要部分，在一年中的重要日子里，可以向老朋友表达一下关心与挂念，比如在朋友生日的时候，给他送一些小礼物，订一个小蛋糕；在你与老朋友正式成为朋友的日子、一起经历过的印象深刻有纪念意义的日子里，都可以找老朋友聊聊天、交换祝福等，表达对朋友的关心。

（4）保持一颗真诚的心。在与朋友的交往中，最重要的就是一颗真心，相信你想要与老朋友保持好的关系，一定是因为你十分重视这段友谊，而且老朋友是你一路走来的精神支柱，经历了生活中的那些风风雨雨还能够成为这样彼此挂念的人，相信你们的三观、想法、兴趣等肯定存在着不少的共同点，好的朋友是人生的重要财富，希望你能永远保持这样的一颗真诚的心去对待你的朋友，相信你的朋友也一定能够感受到的。

（5）尽力帮助。当朋友遭逢危难，你应该挺身而出，鼎力相助，为其分忧，化解困难，相助于危难之中。相信你的朋友一定会很感动，这样你们之间的感情也一定会更加牢固。

问题 10　如何成为社交达人？

生活中常常可以看到有一些人在人数众多的社交场合脱颖而出、结交众多朋友，这样的人往往被称为社交达人，自己不太懂社交，但是非常羡慕那些社交能力强的人。那么，如何才能成为社交达人呢？以下一些简单实用的方法可能对你有些帮助。

（1）学会赞美和倾听。你想要成为社交达人，就一定要学会赞美和倾听。人都喜欢与赞美自己的人交往，每个人都喜欢与愿意倾听自己心声的人为友。不过，一定记得赞美要有事实根据，赞美要适时适当。倾听时一定记得适当反馈，用眼神、动作或者简单的语言，让对方感觉到你的心与他的心在一起。

（2）衣着得体，文明用语。对人尊重不仅仅体现在语言上，根据场合选择合适的服装，会让自己更加舒适、自信，别人也会觉得舒服，愿意和你交朋友。文明用语能充分体现你对他人的尊重，同时也体现你的素养，尊重他人是与他人交谈的基础，切不可抓住对方的某一方面的不足去开玩笑，要保持对他人的尊重，尊重他人的人往往也能得到他人的尊重。

（3）扩大知识面，学会流畅表达。要想成为社交达人，你要知道得比别人多。多看书、多搜集各种信息，了解天文地理、时事财经政治、人文风俗……对世界了解越多，就越容易展开讨论话题，有话题你就是核心，交流才能更有深度。另外就是要能流利表达。与人交往多从聊天沟通开始，不要畏惧人群，胆怯的心理、微弱的声音、含糊的表达，都是社交上的大忌。清楚介绍你自己，别人才能第一时间认识你，对你的印象也会更深。清楚地表达意思，别人才能立刻了解你的意图。轻松地开始交谈，是社交第一步。

（4）保持自信，真诚待人。自信是你与他人从容交往的一个重要前提，自信的人往往更能够展现自己，也更乐于与他人交往，同时自信也更能够吸引别人欣赏的目光。所以自信是成为社交达人必不可少的一种品质。而真诚待人是成为社交达人的关键要素。

（5）积极主动。要主动去交朋友，敞开心扉，一个想广交朋友的人是不会被动地等着别人来找他的。你应该大胆地去认识其他人，与他们交朋友，若是不敢和陌生人交流，怎么可能让陌生人成为自己的朋友呢，所以可以多参加一些集体活动，在集体活动中敢于在他人面前展示自己，让更多的人认识你，敢于推销自己才能结识更多志同道合的人。

（6）多培养兴趣爱好。培养更多的兴趣爱好不仅仅可以提升你自己，而且会给你带来更多的展示机会，与他人有更多的共同兴趣爱好就能有更多的交流话题，有更多的特长就能够更加吸引其他人的目光，相信一个多才多艺的人更容易成为社交达人。

（7）学习一些小技巧。可以通过网络、书籍等去学习一些社交小技巧，比如：寻找一些幽默的交流方式，一个幽默风趣的人更能吸引别人来和他交流，幽默的交流方式能让别人在与你交流时感到舒适、没有压力，也更能够给他人带来快乐，别人也会更愿意与你交谈。

第四节 关于大学亲子

家庭，是人格塑造的开始。家庭成员间的关系或亲密，或疏离，有磨合，也有伤痛。有人从小经历着来自家庭的创伤，长期被父母言语打压；有人成了留守儿童，被寄养他处，与父母的关系疏远；有人父母离异，成了单亲家庭，长期忍受着父母争吵带来的惶恐；有人长期被父母虐待，甚至被其抛弃；有人因父母的不良问题而受到影响，性格被扭曲，出现极端想法；有人过于依恋家庭的温暖和溺爱，迟迟不肯独立；也有人将过多的希冀寄存在父母身上，却失望连连。亲子关系的维系，微妙而长远，自踏入校园开始，亲子关系已悄然发生变化，翻开自己与父母的相处方式，重新审视，重新思考，或许能够收获一份别样的释然。

问题1 想要逃离父母的管束，又很依赖父母，怎么办？

在父母眼里，孩子永远是孩子。因此，上大学后，父母还会干涉孩子选择的权利；孩子想要独立自主地生活，但有的方面还缺乏独立自主的能力；父母和孩子的沟通不足，都不清楚对方的想法。这些情况都可能导致亲子之间的关系不良。孩子不想被父母管，又对父母有依赖。该怎么办呢？

（1）清楚沟通的重要性。适时、及时的沟通很重要。你可以告诉父母你的想法，让他们意识到你已经是一名成年人，过多的管束会让你缺少成长的机会。父母是爱你的，正因为这样，在他们的眼里，你才一直是个小孩，也因此总会过多地干涉你的选择。他们爱你，想跟你达到一种"共生状态"，即无论你的什么情绪都会牵引到他们的情绪，他们总想为你做些什么。而你也是爱着自己父母的，所以你在独立的路上仍依赖他们的关心，想听听他们的想法，他们的意见是重要的。父母的嘘寒问暖让你觉得温暖，因为他们照顾了你很长一段时间，你对他们有依赖感，但如果是干涉了你的选择，你也应该明白，你是在为自己做选择，不能完全听从父母的建议。适时的沟通很重要，告诉他们你的真实想法，在他们面前做最真实的自己，父母也会理解你的。

（2）明确自己的能力边界，提升自己的独立水平。在关于你形象的改变上，父母可能会因为年龄差异产生的代沟而不支持你，你可以尝试改变，在这些小的方面，坚持自己的选择，这些选择在你的能力范围内。但如果是关于一些高消费或工作之类的选择，在你的经济不独立、经验不够多时，父母的意见和支持还是很重要的。在渴望独立的同时，我们总会不断质疑自己是否具有这样的能力，而想获得自由的时候，却又害怕自由带来的代价。其实有父母的关心是一件幸福的事，而这与你想逃离管束、获得独立并不矛盾。如果想要独立，正确地认识自己、适时的依赖也是很重要的。你是自由的个体，但不是单一的人。在需要帮助时听听他人的意见，再做出自己的选择。

（3）学会掌控自己的情绪。心理学中的情绪自主性是指主导自己情绪的能力，比如掌控自己内心冲突的能力、处理负面情绪的能力。评判标准又分为自我控制水平和自我坚定水平。当你的意见和父母的意见不同时，不要急于争吵甚至直接绕着父母的意愿做事，要理智地表达和交流，减少被父母认定为"意气用事"的风险。控制住自己不被父母情绪所控制、坚定自己所做的选择并表达自己与他人不同的意见。大家都需要家里人的关心，而为了不让这种对家的依赖成为一种过分依赖，也需要你能具备情绪自主的能力。你可以通过运动、自我谈话、与他人倾诉等方法缓解自己的不良情绪，合理面对积极情绪和消极情绪，建设强大的心理防线，以此加强自身的情绪自主性。

（4）表达感受，有选择地吸收意见。对于父母给予我们的关爱，我们应该心怀感恩之情，同样，我们也要学会表达自己对父母的关心。对于父母给我们的建议，我们应该学会有选择地接受，选择优秀的意见去采纳，不要为了所谓的独立而一味否定父母的建议。

问题2 上大学后感觉跟父母关系疏远了，怎么办？

部分同学上大学后离家远了，和父母的联系少了，又因为彼此接触的人和事不同，和父母的话题也逐渐变少了，这是正常的现象，但是这不一定会影响亲子关系，有时候反而会增进关系。那上大学后该如何处理好和父母的关系呢？

（1）保持联系，经常和父母沟通分享大学生活。上大学后，要时常与父母保持联系，时常分享身边的事情。无论事情大小，只要和父母分享，父母就会高兴。平常有时间就多找找话题跟父母闲聊，有时间就给父母打打电话，他们可以做你坏情绪的倾听者，也可以做你遇到困难时的助力者，沟通是增进感情的最有效方式。

（2）学会表达你对父母的爱。贝勃定律说：强烈地、持续地、长期地爱过后，你会认为理所当然，甚至会觉得平淡。前十几二十年里，你一直生长在父母的爱中，是否也在无意间将这样的爱给忽视了？上了大学之后，你可能因为生活、学业繁忙，时常忽略了父母对你的关心，收到他们的消息后忘记及时回复，又或者因为觉得长大了需要脱离父母的管束，也慢慢忘记了给予他们关心，只关注自己的生活。也许对于成年人来说，说出"爸爸妈妈我爱你们"会感到拗口，但你仍然可以用"爸爸妈妈你们在干吗""天冷了多穿点""吃饭了吗"这样简单质朴的话来表达你对父母的爱意，你和父母的距离也许拉远了，但心却永远连在一起，不要忽视他们对你的爱，也不要吝啬于表达你对他们的爱。

（3）在微信或 QQ 这些社交软件上建立家庭群。平常家里人有事分享都往群里发，你想分享的时候就在群里发消息，对父母的分享也要及时回应，父母有可能会觉得打扰到你学习就不怎么给你发消息、打电话，所以你要更主动一点，告诉他们你有空都会看消息，通过网络平台和父母保持联系，也不会感到疏远了。

（4）回家的时候要留一些时间给父母，跟父母坐在一起聊天，也可以一起逛街或进行其他活动。放假回家，你也许会约朋友出去玩，或者忙于学业和打工，但无论如何，都要记得陪伴父母，学会关心父母，和父母培养一些共同爱好，比如看电视剧的时候拉着父母一起，父母下厨的时候去搭把手……这样就不会觉得自己跟父母像"最熟悉的陌生人"了。

（5）记住空间上的距离影响不了心灵的距离。在上大学期间，经营好和父母的亲情是我们人生的必修课，当然，这也不是一件难事。亲情和友情一样，想让亲人之间的感情更深就要常联系。分享生活是增进感情的最好方式。其实，上大学以后，我们不是和父母生疏了，只是分居两地，不在一起生活，无法感受到亲人在身边的温暖。大学期间，我们可以通过多和父母分享自己生活中的趣事来减少距离带来的生疏感。

问题 3　为什么上大学之后总是跟父母吵架？要怎么解决？

上大学后，你有了自己的圈子，随着年龄的增长，你也越来越有主见，在不同环境下形成了跟父母不同的思维逻辑，在思想上有了距离感，经常会因为一些小事产生分歧，爆发争吵。那该怎么办呢？

（1）学会体谅和呵护父母。父母的年纪越来越大，身体状况也慢慢变差，烦心事也越来越多，他们在岁月中慢慢变老，而你承载着他们的希望，也是他们打拼的动力，也许他们会因为各种压力在你面前不由自主地暴露出糟糕的情绪，这时你要记得体谅他们，不要因为意见上的分歧而针锋相对。如果吵架了，父母的心情也不好，作为子女的你应该主动安慰，不要等待父母来求和，父母的养育之恩我们终生难忘，也许反哺对于大学生来说还难以做到，但你可以从减少没必要的争吵开始，从照顾他们的情绪开始，一点一点地回报。

（2）冷静地进行沟通。遇到分歧时，如果双方情绪都不太稳定，你可以选择先冷静下来，一段时间后再平静地跟父母进行交流，再将自己的想法慢慢告知父母。父母是爱你的，也许他们只是从他们的角度和思想上无法理解你，但冷静下来说清楚后，他们也一定会理解你的想法，这样也就避免了不必要的争吵。不要因为一些事情在心中对父母产生偏见，及时发现问题、解决问题，良好的沟通可以避免相同的问题反复出现。有一种说法是，冲突是进入更好关系的必经阶段，只要合理地解决冲突，那么利永远是大于弊的。

（3）善于使用沟通技巧。如果你觉得你的话可能会让父母有较大的情绪波动，那么在你开口前，可以先告诉他们："爸爸妈妈，接下来的话你们可能会觉得……但是我还是想告诉你们……"在表达完后，也不要着急让父母马上接受你的想法，要留给他们一些慢慢接受的时间和空间。这样既能先给父母打好预防针，也让他们感受到他们的意见在你心中的重要性。这样也能降低更多争吵的风险。

（4）理解父母的心理感受。其实很多时候父母干涉你，并不是有意站在你的对立面，他们只是想让你选择他们认为更有意义、更加舒适稳定、没有风险的生活方式。这是他们几十年的人生积攒下的不安全感，随着你们的长大和他们的衰老，这种不安全感会越来越强，表现为对你的新想法的不理解。所以，你要做的不是和他们对着干，而是从父母的角度去思考问题，做出妥协让步以消除他们的不安全感，这样才能得到他们对你的想法的理解和支持。

问题4 父母不同意我谈恋爱，怎么办?

上大学后，父母基于孩子的安全及学业考虑会不支持孩子谈恋爱。同时由于长期的思维定式，孩子总是认为父母不太支持自己谈恋爱，孩子对父母也有防备心理，没能多多沟通，互相理解，导致在恋爱问题上与父母产生分歧。当你遇到这种情况时该怎么办呢?

(1)学会从不同侧面理解这个事情，多分析原因。大学期间，父母不同意你谈恋爱，也许是怕耽误你的学业，也许是怕你吃亏，也许是对你的恋爱对象不够满意，或者有什么其他的顾虑。总之，他们的出发点是好的。但是你所想的和所思考的问题可能和父母有偏差，这时候就需要你主动去和父母沟通，认真倾听他们的想法，积极表达你的看法。

(2)用实际行动证明。如果你已经开始恋爱，那么就用行动证明你的学业不会被恋爱影响，也要保证你在恋爱中会洁身自爱。在恋爱期间，别落下自己的学习，让恋爱成为自己前进的动力，也不要将过多的精力投入在经营感情中，或者因为一时荷尔蒙作祟而做了冲动的事情。在父母眼里，你只是一个孩子，他们认为你不够成熟，还没有自我处理感情的能力。让父母感受到你的成长，让他们知道你不会因为恋爱耽误学业，也不会因此吃亏，你足够成熟了，父母对你的限制也会减少，这样父母反对你谈恋爱的问题也能从根本上解决。

(3)了解父母反对的原因。如果你还没开始谈恋爱，那么就主动询问父母反对的原因，将父母反对的原因记在心里，如果遇到有好感的人，就先思考父母所说的情况发生的可能性。如果是合适的人，同对方开启一段恋爱会让你变得更好，那么父母的意见也会改变。如果对方并不合适，想想父母的忠告，再好好斟酌是否要开始。生活的重心不是恋爱，而是你自己的生活，所以没有遇到合适的人也不要着急。要成熟地思考一段感情会给你带来怎样的结果。

(4)父母意见应该适当参考。如果父母不是对你"谈恋爱"这件事持反对意见，而是对特定的某个人与你谈恋爱持有反对意见，这时你应该倾听父母这样的过来人的想法。如果父母所反对的原因跟真实的情况不符，那就好好告诉他们真实状况，改变他们的想法;如果事实正是父母所说的那样，你就应该好好思考父母所说的话，好好审视这段感情，不要忽略掉父母的看法，父母对你的爱毋庸置疑，他们所经历的也一定比你更多，不要因为父母跟你的意见不同而爆发冲突，影响亲子关系。

(5)理解父母的良苦用心。父母不同意你谈恋爱最重要的原因还是他们一直把你当孩子，你也没有在他们面前表现得很成熟，这一切都是出于对你的关爱。如果你遇到了合适的人，那你要让父母看到你已经足够成熟，能够正确看待恋爱并拥有足够的能力去经营感情，这样，他们对你恋爱也不会坚决反对了。

问题5　上大学后经常很想爸妈很想家，怎么办？

步入大学这个新环境，你可能还没有适应大学生活，或者在建立新的人际关系时遇到一些困难，或是在生活中缺少照顾和陪伴，也许你会感到茫然，会有一段时间缺乏必要的安全感，于是会想念父母、想家，这是非常正常的情况。那要怎么做呢？

(1)尽快适应，找到自己的目标，丰富自己的生活。你可以参与班委的竞选，参加班级、学校组织的各种活动，结识新朋友，让自己的生活变得充实，对家的依赖感和想念也会在你逐渐适应新环境后减轻。合理规划自己的大学生活，让自己忙起来，就不会那么想家了。

(2)空闲时间给父母打打电话、聊聊天，说说自己的大学生活，诉说你的想念。父母虽然不在身边，但他们的心一直伴在你左右，家一直都会是你的避风港。想家的情绪如果挡不住，那就勇敢地表达你对他们的关心和想念，也能缓解你想念的情绪，也可以看看家人一起拍的照片和视频聊以慰藉。

(3)要变得独立，勇于面对想家的情绪。人们把大学称作一个小社会，在这个小社会里，你需要独立地处理很多事情。在这个过程中，你会变得更加强大，眼界变广，实力提升，生活中的事情不再依赖父母，可以独立完成，这是你成长的必由之路，也是你成熟的表现。父母和家是你心中最温暖的地方，你会想念是正常的，要直面这样的情绪，并让自己变得更加独立。

(4)可以跟朋友说说自己的烦恼，也可以转移注意力，将对家的想念化为交友的动力。你可以选择去交一些志同道合的朋友，让自己的大学生活不再孤单，跟他们一起玩乐、一同进步。心中十分烦恼时，也可以跟朋友们说说、跟舍友们聊聊，缓解自己想家的情绪。

(5)努力让宿舍成为你的第二个家。温馨和谐的宿舍环境是你在大学舒心、开心求学的重要保证。茫茫人海中，大家能成为舍友是一种缘分，要处理好和舍友的关系，包容不同成长环境所带来的"不同"，共同营造互相关爱的

"有爱"氛围，让宿舍成为你学习之余休息身心的另一个"家"。

(6)学会独处，享受独处。有不少同学想家是因为自己不合群，害怕自己被孤立，害怕自己一个人走在路上。其实，大家可以学会习惯自己一人的生活，自由自在，无拘无束。学会独处，对家和父母的思念感就会相对减轻。

其实，家是我们的一个舒适圈，家会让我们感觉放松，从而使我们有依恋的情绪。但是，为了更好地成长，我们必须学会走出舒适圈，现在和父母的短暂离别是为了未来更好地成就自己。

问题6 父母亲总是看不惯我一天到晚拿着手机，怎么办？

好不容易结束大学考试，回家想好好玩，但是只要你拿起手机，就会被父母骂，这好像是很多父母的共性。父母看不惯孩子沉迷于电子设备，不想看到孩子整天无所事事。这时候要怎么办呢？

(1)及时沟通。如果有要紧的事情需要处理，手机无法离身，就告知父母你拿着手机的原因，有效沟通后，父母也会理解你。手机看太多对视力会造成影响，父母也是出于好意，千万别因此与父母起争执，如果起了争执也要及时道歉，沟通是解决问题的关键。

(2)放下手机，陪伴父母。上大学后你回家的时间少了，陪伴在父母身边的时间也越来越少，比起拿着手机相对无言，父母更希望你能少用手机，多和他们聊聊天。这时的你应放下手机，陪父母聊聊天、看看电视、做做饭，到外面散散步，这样父母也开心，不会看不惯你，适当玩玩手机，他们也不会过多干涉。

(3)理解父母的担心和念叨。如果是用手机娱乐，父母一方面担心你的身体健康，另一方面又怕你耽误学业。也许你觉得在学校已经足够努力，回到家就想放松，但许久回家一次的你在他们眼里只有玩手机的样子，他们看不见你在学校的样子，主观代入你平常在他们面前的形象，看见你天天看着手机，他们的担心和念叨难以避免。其实刚度过紧张的考试周，回了家想要放松的心情是非常正常的，但你若是整日无所事事，只捧着手机玩的话，很快也会感受到一种无力和空虚感，适当地规划你的假期也是很重要的。娱乐可以，但也要适当休息，不要因为在假期，就过分松懈，偶尔学习功课，劳逸结合。父母知道你并不是一味地沉迷于手机上的娱乐，也就不会总看不惯你玩手机了。

(4)寻找其他的娱乐方式。放松不一定要通过手机游戏，你可以跟伙伴们出去玩，跟家里人去看风景，一个人在家可以玩拼图、唱唱歌或者画画等，其他休闲方式有很多。如果想跟朋友们聊天，可以打电话或者去找他们，也不用一直盯着手机敲键盘，远离了电子产品后，父母也不会看不惯你一直玩手机，你也可以得到放松。

(5)回家后帮助父母做一些小事。父母看不惯你玩手机的原因还可能是父母在劳动而你躺着无所事事。父母之前不要求你劳动是因为你的学业繁忙，但是，现在你的课程没有那么繁重，在父母家务繁忙的时候，你应该放下手机，帮帮父母，这样等他们休息时和他们一起休息娱乐就不会被指责了。

很多时候，父母并不是因为你玩手机指责你，而是因为你长时间盯着手机屏幕做一些没有意义的事情。所以，在没有重要事情的时候，就放下手机，陪陪父母，换一种娱乐方式，或者做一些有意义的事情。

问题 7　父母天天催我去走亲戚，我不想去，怎么办?

过年时去亲戚家拜年是我们中华民族的习俗，每年的这个时候，很多同学会抗拒，害怕七大姑八大姨的八卦或者因为不擅长交际而不愿去走亲戚。那要怎么办呢?

(1)如果是亲近的亲戚，作为晚辈理应登门拜访他们。如果是跟父母一同去拜访亲戚，你觉得时间太长无事可做，该尽的礼仪过后可以借口到周围看看风景，在父母还在和亲戚唠嗑时，你就在附近走走看看，放松心情，等到父母要回家时再一同返回。如果父母要求你单独前去，那么你可以在去拜年前跟朋友约好一起去玩或者挑晚点你会有公事要处理的时间，在那之前前去拜访，差不多时间的时候就离开，这样也避免你找不到理由跟亲戚告别或需要长时间的交流。

(2)如果是害怕亲戚的八卦，那么你就全程保持微笑。打完招呼坐下后，就听着大人们聊天，不要主动挑起什么话题，提到你的时候不用说得太多，如果只是聊天间突然想听听你的说法，你就简单表达，适当地夸赞亲戚;如果是向你提问，就大胆地面对那些问题，问你找了对象没，你可以说"在用功读书呢"，问你考得怎么样，你可以说"一般，大学没有以前那么看重成绩"……如果是你难以聊下去的话题，就用模棱两可的回答搪掉这段聊天。

（3）如果是不熟悉的亲戚，你可以尝试跟父母沟通，表示你不想前去。想必父母也不会勉强你，但如果你愿意跟父母一同前往，也许你也会学到更多跟不熟悉的人交际的方法。平常父母跟亲戚们聊天的时候，你在旁边静静地听，也能了解到一些长辈的说话方式，便于你日后和他们进行无法避免的沟通。不用过于抗拒，你的收获一定会比你所认为的损失大得多。

（4）可以在亲戚家与自己同辈或年龄相仿的人交谈。在长辈看来，逢年过节晚辈不去拜访长辈，是一种很失礼的行为。所以，你在过年期间走亲访友是难免的。过年时，亲戚家的晚辈也会回家，想必其中也有你多年未见的兄弟姐妹。你可以选择和他们聊天，找一些年轻人感兴趣的话题进行交流，这样，既不会在亲戚家感到尴尬，也让长辈很欣慰。

（5）理解父母。亲戚之间，多多走动也是相互关心、相互了解的一个途径。可能你要去拜访的长辈对你来说只是亲戚，但对于父母亲来说，那是他们的亲人。随着年龄的增长，我们不光要学会维持自己的家庭成员之间的联系，也要考虑父母对他们的家人的想念。在成为你的父母之前，他们又何尝不是别人的子女、别人的兄弟姐妹呢？父母组建了新的家庭后，他们和他们的亲人之间见面的机会越来越少，我们也要适当理解父母要带你去见亲戚的想法，不要对走亲访友那么排斥。

问题 8 父母在家天天吵架，我该怎么办？

确实有不少同学的家庭有父母经常吵架的现象。这个时候作为儿女的，真的很心碎，我也理解你的担心，我们都希望有一个和谐的家庭，都希望看到父母恩爱。这个时候该怎么办呢？

（1）正确看待父母争吵。人与人之间相处时，总难免有争吵，即使是父母也不例外。清官难断家务事，当你的父母吵架时，你可以私下分别问问双方为什么吵架，了解事情经过。如果双方都冷静了，你就做一个和事佬，让他们平静地沟通；如果双方情绪仍然不稳定，说出的话还会伤人，你就不要着急让父母谈和，私下对他们说说对方的好处和难处，相信等到他们冷静下来，也会赞同你说的话，不会一直争吵下去。

（2）帮助父母回忆以前的美好。父母争吵不断时，你可以想办法勾起他们以前美好的回忆，让他们重温以前的美好，让他们做做以前他们恋爱的时候做的事情，问问他们为什么在一起。也许只是因为吵得多了，才怎么都看不顺眼，对方的缺点因为争吵而无限放大，因而忘记了对方的好。让他们回忆起以前的种种美好，也许争吵会慢慢减少。

（3）有技巧地介入。如果父母争吵长时间僵持不下，作为子女的你，不要也情绪激动地介入他们的争吵，你可以尝试用开玩笑的语气劝慰二人，缓解尴尬的氛围，你可以说："夫妻都是床头吵架床尾和，你们这样吵一下，两个人气一下干什么呢，等会我也学会了。"这样他们可能会将注意力放在你身上，说你几句，暂时也忘记了争吵。当父母情绪不好的时候，你也不要被他们的消极情绪所感染。学会安抚他们，从中调和，在他们吵架后帮他们做一些事，他们也会很感动。

（4）寻求外援。如果父母争吵得不可开交，是你无法控制的局面，那么就及时向身边亲近的亲戚寻求帮助，有外人在的时候，他们的气焰也会收敛一些，有时候第三者的眼睛反而看得更清楚，也可以提一些中肯的建议。

（5）学会在争吵中长大。如果父母的争吵已经影响到了你的生活，原生家庭令你感到无力的时候，不要灰心丧气，认识原生家庭的两面性，振作起来，提升自己，有些事情我们无法改变，但可以改变自己。当你拥有了足够的能力时，原生家庭带给你的阴影也会变得不足为惧。

（6）支持他们分开。若是父母的关系已经无法缓和，甚至他们的冲突已经上升到了肢体冲突，那你就没有必要去让他们缓和关系了，这对他们也是一种禁锢。与其劝和，我们不如支持他们分开，让他们放过对方，也让你的生活不再提心吊胆。

在生活中，父母难免会因为小事吵架。面对父母吵架，你的无奈是正常现象，你没有婚姻这种感情经历，无法做到感同身受。但是，在父母吵架时，不要过于偏袒某一方，最好客观地考虑，理智地帮他们解决问题，而不是替他们解决问题。

问题9　总是很担心父母的身体健康，怎么办？

我曾经做过一个调查，问我们的大学生"上大学后你最担心什么"，有58%的同学选"担心父母的身体健康"。这说明父母的身体状况会影响同学们的大学生活。如果上大学后担心父母的身体状况的话，该做点什么呢？

（1）直接表达你对父母身体的担心。大学期间你待在家里的时间变少了，但对父母的关心丝毫不减。如果很担心父母的身体健康，就在闲时多打打电话跟他们联系，分享生活，看看他们的精神状态如何，叮嘱父母按时体检，表达你对他们的关心，让他们好生照顾自己的身体，这样也可以缓解你担心的情绪。将对父母的关心藏在心里，不仅会让自己陷入焦虑的情绪中，也起不到实质的作用，所以如果担心，就表达出来，让父母知道你的心意，他们也会更注意自己的身体健康。

（2）你与父母之间是互相牵挂的，因而要关注自己的健康。当你担心着父母的身体健康时，他们也同样关心着你的身体，不要因为过度的担心而影响到自己的身体健康，如果你生病，父母会更加忧虑，情绪波动对身体健康具有一定影响。所以平常不在父母的身边，你更要关注自己的身体健康，好好吃饭，按时睡觉，在学业方面也上进些，别让父母操心，劳逸结合，放假的时候让父母看到一个健健康康、快快乐乐的孩子。当然了，愉悦的心情也对保持身体健康很重要哦！

（3）多了解一些有关健康的知识，以便于能及时发现身边人身体状况的变化，也可以给父母正确的指导。不要耗费精神在一些空想上，学一些正确的疾病防治知识，多多给父母科普，也能对父母的身体健康起到帮助。

（4）不要在与父母意见不合时跟他们争吵。情绪在很大程度上也影响人的健康。所以要做好自己的事情，不要跟父母顶嘴，让他们不用担心你、因你而生气。保持一个良好的心情和积极的心态，也可以对父母的身体健康起积极作用。

（5）在确定父母身体健康后，转移自己的注意力来缓解忧虑的情绪。在空闲的时间和父母打视频电话，通过他们的讲述或者通过观察确定他们的身体状况。若是确定父母的身体很健康，就通过社团活动或是其他自己感兴趣的事情转移注意力，这样就不会有很多的精力去思考一些没有发生或者没有意义的事情了。当然，也要和父母经常分享你的生活，父母也会感到欣慰，心情愉悦也有益于健康。

其实上大学后身在他乡，我们难免对于父母和家庭有依恋，而对父母的担心也是对家庭依恋的一种表现。我们没有必要去刻意地压制这种情绪，可以常和父母联系，让自己安心，同时缓解自己的依恋情绪。

问题 10　我的未来职业选择和父母期望的不一致，怎么办？

大学生在与父母探讨职业规划的时候总会出现一些矛盾，父母有父母的考量，你有你自己的未来规划，双方意见不一致是正常现象，及时沟通很重要。

正确认识以下几点，应该对你有些帮助。

（1）理解父母的不同意见。父母所经历的事情比儿女多得多，他们的意见跟你不同，但出发点仍是想用自己的人生经验让你走上他们认为轻松点的路。可年龄差距造成的价值观的不同也成为你的职业选择和父母的意见不一致的主要原因。此时，你应该想想自己未来职业规划的重点，询问父母所看重的又是什么，双方都冷静地将自己的意见表达出来，大家一起冷静地沟通分析。

（2）记住父母的意见是重要的，但职业的选择权仍在于你。父母和你的意见不一致时，你应该结合父母的想法，再重新考虑一遍自己的选择，确认这份工作是不是真的适合你。将你的精力、性格、兴趣等因素全部重新考量后，如果你认为这份工作并没那么合适自己，父母也不赞同，你可以再朝其他方面寻找一下未来的方向，也许你会发现更心仪的职业。如果你认为你的选择是正确的，就把你的理由告诉父母，选择权在你，根据自己的内心和现实做出你的选择，是你成熟的象征，你的父母最终也一定会理解你、鼓励你。

（3）确定目标，勇往直前。父母几十年来经历的东西很多，而他们能提供给你的意见一定是结合自己的经历所总结出来的，选择性的倾听很重要，但不代表你需要照着他们所说的做，选择自己所热爱的，才能让你有源源不断的动力去拼搏，做你认为值得的事。如果你有充分的理由坚持自己的想法，那就尝试跟父母沟通，然后确定好自己的目标，为了这个目标而努力，不要因为害怕风险而瞻前顾后，也许你的选择没有父母所建议的那么轻松，但你要让父母看见你的选择能让你不断进步、让你不断积累人生的经验，你在朝目标迈进的路上成长着，努力的你一定会有所收获，那你的父母对你的选择也会越来越理解，也会越来越支持你的想法。

（4）不要刻意和父母赌气，故意避开父母的建议。在我们人生规划的大方向上，父母是有发言权的。父母给的建议我们应该谨慎考虑，若是父母的安排和意见很合理，我们应该接受他们的建议。同样，我们可以考虑一下为什么我们的想法和父母不一致，我们应该及时了解父母所担心的问题，若是这个问题你没有考虑到，你就应该和父母好好探讨；若你觉得考虑这个问题的意义不大，那也要及时和父母沟通，和父母说明你的想法。

对于和父母在职业规划上的分歧，我们要树立正确意识，父母是因为很关心我们才会考虑我们未来的职业问题，所以才会反对他们觉得有风险的想法。对于自己的职业规划，我们首先要考虑是否适合自己，可以多角度考虑别人的意见，这样可以帮助我们在人生路上走得更稳。

问题 11 父母总是拿我和其他人比较，我很烦，怎么办？

我们都会被别人家的孩子打败，父母经常拿我们和其他孩子比较，而且经常只看到别人的优点、自己孩子的缺点。这种对比有时候对你的伤害挺大，我能理解。那你应该怎样避免被伤害呢？

（1）直接向父母表达你的烦恼。当你对父母的比较感到烦恼时，不妨向父母表达你的不开心。你可以这样想，父母拿你跟别人做比较，是想激励你，但不知道这样会让你反感，不知道身为孩子最不喜欢听别人家孩子的故事。向他们说出你心中的想法，沟通是化解矛盾的重要一环。

（2）将比较化为动力。思考一下自己在父母总爱拿去跟别人做比较的这些方面是否确实有不足、不够努力的地方，如果有，你可以尝试改变，通过努力来弥补这些方面的不足，让父母看见你优秀的一面。父母总爱比较是想让你意识到自己的不足，那么你就将这样的比较化为自己前进的动力，让自己更加优秀，这样一来，父母的比较也会减少。

（3）理解父母的比较之心。有时候父母拿你和其他人比较也是希望你变得更优秀，这种现象也很正常，毕竟父母都希望自己的孩子成为自己的骄傲。他们也许是通过将你和其他人对比，让你能够意识到自己和他人的差距，所以我们应该理性对待父母的比较，反思自己身上有没有什么做得不够好的地方，有则改之无则加勉。

（4）努力过好自己的生活。不要因为父母拿你和其他孩子比而受到太多影响，过好你自己的生活。也许父母的想法太过顽固，你无法让他们改变，如果你想强行改变他们，甚至"以暴制暴"，最终可能适得其反，得不偿失。这时，最好的方法就是让自己的心理更强大，尽量无视父母那些毫无意义的比较，告诉自己别把这样的比较往心里去，你努力过好自己的生活、完善自身就足够了。

（5）努力让自己变得独立起来。有了足够的实力和独立的能力，父母这样的比较对你的打击也会越来越小。同时也要一直告诉自己保持自信，你不比任何人差，父母拿你跟别人比较，不代表你就比对方差劲，每个人都有自己的路要走，明确好自己的道路，保持自信大步向前，即使当下你还不能成为父母口中"别人家的小孩"，还在有的方面进步缓慢，但你一直在做更好的自己，努力的你一定会越来越优秀。

父母拿我们和他们比较是希望我们能够更加清楚地认识到自己和别人的差距，他们的出发点是好的。但是这种方式确实令我们很不舒服，我们可以在父母比较时和他们说清楚，你已经知道该怎么做了。或者你认为自己在这方面其实比他人强时，也要在父母面前表现出来，这样父母就不会在这方面拿你和其他人比较了。

问题12　家庭经济条件不好，不好意思要生活费，怎么办?

不少大学生家中经济条件不好，因害怕自己给家里再增添压力而常常不好意思向父母要生活费，觉得自己上大学后仍不能给家里减轻负担，感到很自责，这时候该怎么办呢?

(1)想明白一件事：你还是个学生，你的家人愿意承担你的相关费用，这也是他们的职责。虽然家庭经济条件不好，但是总能有些办法渡过难关。这时候的你不要自责，也不要因为想要自己经济独立去做更多事情，花费更多的时间在打工上，这样可能会带来更多不必要的麻烦，也可能对你的学业有所影响。大学的你努力让自己学有所成，将来回报父母即可。

(2)争取学校的资助。如果你的家庭经济确实很困难，你要积极向学校争取资助，这是国家对你的帮助。有了资助后基本能解决生活问题，你的担忧和自责就会少一些。同样呢，你也可以努力学习，争取拿到奖学金，这样得来的经济帮助更有意义。

(3)勤工俭学，在大学期间用课余时间做一些兼职。家庭经济不好，身为学生的我们无法凭一己之力改变家庭经济状况，但也能适当减轻家里的负担。学校里会有一些勤工俭学岗位，如果生活费不够，你可以尝试在不影响学习的情况下在课余时间打份工来赚取生活费，但也不要同时选择多份兼职，让自己耗费太多精力在工作上。当然，在选择工作时也一定要提高警惕，通过正规渠道找工作，不要为了所谓的高薪工作而被欺骗，得不偿失。

(4)在家庭经济允许的情况下，如果你需要，可以直接告诉父母你的需求。作为大学生你还没有能力做到经济独立。若平常省吃俭用，但父母给的生活费仍无法满足你基本的生活和学习需求的话，就跟父母商量一下，不要感到不好意思，你已经尽量帮忙减轻家中的经济压力，你的诉求也确实合理。父母是爱你的，你们也一定是互相信任、彼此理解的，不要觉得跟他们要钱就是在增加经济负担，他们生下你，也愿意照顾你，你合理的需求他们一定会满足你，等你有经济独立的能力时，再更好地赡养父母回报他们。

（5）可以适当找朋友帮助。如果是急需用且不得不用的钱，而这笔钱超出了这段时间的生活费，你也不好意思向家里人开口，那么就找亲近的朋友先借用一点，但一定要记得及时归还，在手头宽裕一些后就慢慢将这笔钱还清，做个讲诚信的人，这样在你需要帮助的时候才有人愿意向你伸出手。另外，不要过于超前消费，不要接触"校园贷"，也不要做出一些突破自己底线的事情。

（6）努力学习。父母辛苦赚钱让你继续学习，你现下能做的最让父母开心的就是获得优异的成绩，真正地学到知识。当你的成绩足够优秀时，也有各种奖学金能够补贴你的生活费，你也不用向家里多要钱。你的成绩优秀，一方面能得到奖学金，减轻部分经济压力，另一方面也是对父母最好的回报。

自律自主，能力锻炼

世路役役，最易没溺。大学生摆脱家庭的管束，被赋予了更多的自由和权利，强调自我空间，时而"咸鱼"，时而"摆烂"，疲惫中亦养就了惰性，酖日愒月、耽于享乐，终是虚度年华；又难以控制自我，被巴掌大的手机绑架，被走马观花的信息所诱惑。勤字难写，自律难修，成为大学生干部，练就自律人生，获得自我锻炼，当须主动，为目标、荣誉、责任而战，为自己的理想抱负而奋斗。你想成为怎样的人，只有你自己最清楚，功不唐捐方能玉汝于成，一以贯之地努力下去才能肩鸿任钜，踏歌而行。

第一节　关于大学自律

　　自律，具有独立与理性的议题。运动需要自律，学习需要自律，一日三餐需要自律，维持好习惯需要自律，控制情绪也需要自律，调整心态更需要自律。可以说，自律是一件极其难以坚持又充满成就感的事情。规划好每一天的学习、生活，养成良好的作息习惯，你做到了吗？或许你还有很多不坚定，希望你能从下面的问答中找到答案。

问题1　自律的作用和意义有哪些?

　　自律对于一个人的发展来讲，发挥着非常重要的作用。自律有助于磨砺心志，形成良好的品质，提高个人能力，从而给我们在未来道路上的发展提供坚实支撑。

　　(1)自律可以让人更健康。这个健康指的是身心健康，在身体上，自律的人三餐固定，坚持运动，作息规律，这有益于身体健康；在精神上，自律的人目标明确，执行力强，从而产生的高效率、高回报的结果也让人心灵愉悦。

　　(2)自律可以有效地治疗拖延症。当代的年轻人常常因为拖延症错过机会，局限自我，养成了许多不健康的习惯，最终一事无成。通过自律可以更快改正自己身上的毛病，提高做事效率，使凡事都井井有条起来。

　　(3)自律可以帮助我们养成好的生活习惯。有很多同学都已经习惯了熬夜和赖床，不愿运动，沉迷于电子产品，吃不健康的食物，若这些行为长期得不到改变，无疑会影响我们的正常生活。但是自律的人拥有良好健康的生活饮食习惯，早睡早起，不管是对自己还是对生活，都能保持有条不紊。

　　(4)自律可以帮助我们开阔眼界。自律的人会合理地分配规划有限的时间，把时间的价值发挥到最大，去做有用的、有意义的事情，不断地充实完善自己，增长见识。自律的人生是不允许浪费的，所以自律的人总能够让每件事尽善尽美。

(5)自律可以认识更多优秀的人。物以类聚，人以群分，在自律中成为优秀的人，身边的人也会是更优秀的人，在一个优质的圈层，我们会接触到更多优质的资源，会给我们更大的动力和自制力，使我们更加优秀。

(6)自律可以让人生更加美好。在自律中，我们形成了独立的人格、完善成熟的精神世界，同时也可能会遇到同样优秀的、志同道合的、精神相通的朋友或伴侣。在自律的过程中，我们开阔了眼界，拓展了知识，锻炼了能力，这为我们获得更好的经济基础创造了条件。再加上健康的饮食、良好的作息以及运动带来的健康的体魄，这一切都是美好生活的基础。可以说，在自律的过程中，我们认识了自我，成就了自我，超越了自我。

(7)自律磨砺心志。自律对于个人的事业来讲，发挥着重要的作用，加强自律有助于磨砺心志，有助于良好品质的形成，使人走向成功。

(8)凡成功者无不懂得自律。自律是修身立志成大事者必须具备的能力和条件，自律，是最强者的本能。每个人心中都有渴望的世界，而自律就是那把可以开启它的钥匙。唯有自律的人，才可能真正掌控自己的人生。

问题 2　如何让自己能够自律学习生活？

有不少大学生在学校上课期间无法集中注意力听讲，看书的时候容易走神，总是想玩手机，课余时间不知道怎么利用，不想参加社团活动，不想运动，感觉自己没有目标，很颓废，很迷茫。其实，很多同学能够意识到自己的问题，想要改变却不知从何开始，嘴上说着要努力，身体却依旧懒惰，每天内心都非常煎熬。那在这种情况下，我们该如何让自己自律学习生活呢？

(1)了解原因。进入大学，几乎所有的事情都要我们独立完成，没有老师或家人从头到尾监督着我们，自己一旦完全放纵、不克制，就会迷茫、颓废、不思进取。再加上自己的自控力不强，学习时容易被外界事物干扰，导致无法自律学习生活。

(2)正视自身存在的问题。要想解决问题，必先清楚地认识问题，挑选一个你认为内心最平静的时间，用笔在纸上罗列出你在最近的学习生活中出现的问题，再试着剖析下是自己的哪些不良习惯造成了这样的问题。做到心中有数再开始你的改变计划。

(3)为自己制定合理目标。所谓合理的目标，需看它是否具有可行性，就是说这个目标一定要符合你当前的能力。目标最好少而精，目标太多则会手忙脚乱，太过宽泛则会无从下手。我们的精力是有限的，因此实现目标还要能分清主次，做事情有明确的主要目标。我们在学校里，学习肯定是要放在第一位的，如果因为其他的事情，例如勤工俭学影响到学习的话，那就要学会取舍，以主要目标为重。

（4）多出去走走。大学是一个全新的环境，我们要尝试着去了解并融入进去，这样才会有新的收获。与人交往是人的天性，加入自己感兴趣的社团或是志愿组织，做一些有意义的事情，一定会很有成就感和幸福感。同时在和团队沟通的过程中，我们的人际交往能力还能够得到锻炼。毕竟人是社会性动物，只有置身于社会环境中，通过社会获得支持性信息，才能不断得以完善和发展。

（5）改变拖延的习惯。明明有那么多事情堆在眼前却迟迟不去行动，摊开的书本、散乱的衣柜，或者只是一个该打的电话、一份该交的文件，可还是会说再等一会儿，就一下下。拖延，并不只是懒惰这么简单。大多数拖延的人通常缺乏自信，害怕做不好而迟迟不肯动手。因此我们需要积极地暗示自己，不惧怕失败，多对自己的能力加以肯定和激励，告诉自己做了不一定会成功，但不做一定会一无所有，让自己不仅仅只是停留在准备和幻想阶段，而是行动起来。学会克制自己的欲望，不放纵，实现有效的自我控制，向着明确的目标，坚持不懈，学习生活自然而然就变得十分自律。

（6）找同伴互相督促。如果你认为自己一个人实在无法坚持自律学习生活的话，不妨在身边寻找一些有相同目标的朋友，互相督促鼓励。

（7）在学习的过程中安排休息的时间。比如学习25分钟，休息5分钟。休息时间可以去小睡一会，吃点东西，或者看看窗外放松一下眼睛，恢复精力之后再继续学习。这样不仅可以使自己的大脑得到放松，而且还可以提高学习效率。

问题3 学习、生活总是被各种事情打扰，怎么办？

有不少大学生上大学之前希望自己上大学后认真学习，积极参加活动，热爱生活，在大学里充实、完善自己。于是，一进入大学，就参加了多个学生组织和社团，积极参加各种比赛，主动维持各种人际关系，希望自己方方面面都表现良好。可是，由于精力有限，一段时间下来，发现自己根本无法顾及各种大大小小的事，生活受到不同程度的影响，学习搞不好，心情也不好。这要怎么办呢？

（1）有选择地参加社团活动。挑选自己真正感兴趣的、能够学到很多技能或者能够锻炼自身能力的社团。选择 1~2 个社团即可，过多地参加社团活动一定会分散你的时间和精力。如果你参加了很多社团活动，觉得力不从心，那就尽早选择自己不喜欢的、对自己没有帮助且杂事很多的社团退出，及时止损。

（2）学会时间管理。大学还是应以学业为主，在做决定前，可以做一个学习生活规划，把大部分时间合理分配给学习和日常生活，根据剩余可分配的时间，选择做其他的事情，学会平衡。学会排序，事有轻重缓急，按照事情的重要程度做事。这个重要程度，取决于自己的目标和这件事给自己带来的帮助。

（3）学会拒绝。同学之间相互帮助是应该的，但是也应该分情况而定，比如一些自己可以独立完成的、没有必要找别人帮忙的事情可以适当地拒绝。如果总是有求必应，会使别人形成依赖性，这样久而久之，就会占用我们很多时间。

（4）杜绝无用社交。没有必要为了维持良好的人际关系去迎合他人，也不要逼迫自己融入别人的环境。

（5）找一个安静的，没有人打扰的地方学习。比如：图书馆或自习室。寝室是我们日常休息、娱乐和放松的区域，在这里，你不仅要应对舍友的交谈，而且放松的氛围也使自己无法专注地投入到学习中。在图书馆学习没有人打扰，能够提高专注力，从而提高学习效率。

（6）要学会正视孤独，享受孤独。有时候一个人做事更容易专注，孤独的生活可以有更多自由和自主，也可以给自己创造一个专注于某些事情的机会。

（7）设置提醒闹钟。比如学习闹钟、吃饭闹钟、休息闹钟等，通过提醒养成习惯。

（8）管住自己，远离各种诱惑。在日常学习中，为了控制自己，为了保证自己的学习质量和一定的学习时间，要对一切诱惑说"不"。最主要的诱惑就是游戏，如果认为自己控制得不好，暂时不要碰，上瘾是不利的。

（9）管理手机。在学习的时候尽量将自己的手机调成静音，或者把手机放在远一点的地方，或者关闭手机的一些不重要的通知，这样可以避免手机对自己的吸引，从而使自己可以在学习的时候更加专注，提高工作效率。

问题 4　如何规划自己的大学生活?

很多大学生刚上大学很难适应大学生活，不知道自己要干什么，要怎么利用课余时间。由于环境改变，缺少必要的监督，很多大学生过得迷茫，感觉有些焦虑，不知道自己该如何去做，对自己的未来感到无所适从，不知道该怎么度过自己的大学生活。以下一些小建议，或许对你有些许帮助。

(1)制定目标。重新审视下自己，想明白自己要什么、缺什么、可以做些什么。然后先从制订一个计划开始，一个真正好的计划，它会告诉你，下一步该做什么，你现在处于什么位置，所以你会更有目标感。每完成一个任务，你也会相应地获得一个阶段性的成就感，从而继续坚持，达到终点。而做计划的本质，是将目标拆解成一个个任务，同时做时间管理。所以，你每个小的学习任务，都应该有明确的时间规划，这样你在收获成就感的同时也完成了自己的目标。

(2)远离诱惑。仔细想想，当你在寝室的时候，如果你周围的同学都在打游戏、追电视剧，吵吵闹闹的，在这样的环境里你能安静地学习下去吗？所以大家一般都会选择在安静、学习气氛浓烈的环境里去学习，因为这样学习效率会直线上升。所以最好的学习地方便是图书馆和自习室，在那里，大家都在学习，你自己也会不自觉地投入到学习当中去。

(3)心理暗示。关于起床方面，请你不要再对自己施加否定自己的心理暗示了！我们经常会跟朋友和自己开玩笑说"不是我不愿意起来，而是床离不开我"这样的话。然而，这些只会成为你否定自己的心理暗示，让你潜意识里更加抵触改变。自我暗示是影响潜意识的最有效的方法之一，比如在困境中坚持下来的高考生和考研生，他们就是依靠不断的心理暗示而坚持下来的。而现在的你需要做什么心理暗示呢？你需要常在睡前告诉自己"明天我要 6 点起床背单词"，在心生懒惰、不想继续学习的时候，告诉自己"再坚持一下就好了"。

(4)借助外力。如果你依靠自己的意志力还无法做到抵御手机诱惑，那你就借助外力。你可以选择一些强制性的学习软件，比如番茄 ToDo。我曾经使用番茄 ToDo 制订计划，然后点开学习，当每次手痒想打开其他软件的时候，软件会阻止你，它还有定时锁机功能，在睡前锁死自己的手机，来强制自己睡觉。番茄 ToDo 的定时锁机功能一旦开启，你就无法滑动手机来开启任何软件了。

大学里，课余时间多了，合理安排课余时间也可以更好地锻炼自己。课余锻炼更是大学生活不可缺少的重要组成部分。加入院或者系学生会，加入自己喜欢的部门，在里面认真、刻苦、努力工作，这样可以锻炼自己的社交、工作等能力。

问题 5　如何自律过好每一天?

不知道你是不是这样，早上起不来，晚上很晚睡，上课打瞌睡或者玩手机，上课没办法听进去，自习不能够专心，也不想运动锻炼，活动也不想参加，正常的人际交往都觉得有些麻烦，一天下来啥也没干成。每天都浑浑噩噩地度过。我们到底该如何自律过好每一天呢?

(1)做好生活规划。规划好每一天的学习、生活，养成良好的作息习惯。这个规划最好以小时为单位。无论有没有早课，我们都不要熬夜，定时睡觉，早睡早起，良好的作息有益于我们的健康，身体才是革命的本钱。学会独处。我们在大学首先要学会的便是独处，大学同学们不像高中那样喜欢成群结队，上厕所都要拉个伴，在大学我们要更加独立自主，不要随波逐流，要有自己的想法，勇于说不。

(2)做好学习规划。多读书，好好学习。学习包括课内的学习和课外的自学，我觉得课余时间的自学更能体现你的自律，也更能提升你的知识水平。除了课本知识学习，我们还可以通过一些方式学到更多知识，如可以选择去旁听，或者加入老师团队，参与课题研究。

(3)培养兴趣爱好。大学相对来说是自由的，我们不要只把自己置身于学习之中，有条件的话，我们还可以培养一些兴趣爱好，如音乐、运动、摄影、绘画等，有了这些自己热爱的事情，自然生活更充实，也更愿意自律。

(4)考证。当然，大学必不可少的就是考证了，英语四、六级证，计算机证书，教师资格证等，但是不要什么证都考，我们要有选择，根据自己职业的方向，考取相关的证书。

(5)做好社交及第二课堂活动规划。可以参加一些感兴趣的社团。加入一个自己喜欢的社团，不仅可以学到一些自己感兴趣的东西，同时也可以结交到一些朋友，锻炼自己的人际交往能力。因此我们应该有选择地去参加一些学生活动，提升自己的能力。

(6)放弃无效社交。大学生需要社交但不意味着我们的生活只有社交，我们可以不用那么假装合群，不要在一些无效社交上浪费时间。

(7)一定要安排时间去运动。这是非常重要的建议。运动一定会让你更加自律，也更有自律的底气。

(8)不要有太多的顾虑。很多时候我们不太愿意坚持，是因为怕失败，怕自己不行，但其实只要开始行动，就成功了一半，同样自律也是如此，一旦开始坚持，那么就会慢慢形成自律的习惯。

(9)设置奖惩机制。例如完成了日计划、周计划、月计划，就可以奖励自己刷视频、玩游戏、看综艺、看电视剧、吃大餐等自己想做的事情。如果完不成，可以对自己进行惩罚，做自己不喜欢做的但对自己有好处的，比如跑步3公里、打扫屋子等。方法总比困难多。

问题6　总是控制不住玩电子产品，怎么办?

有这么一群大学生，整天沉迷网络游戏，一有空闲时间就迫不及待地打开电脑开始玩游戏，平时手机从不离身。上课过程中也忍不住拿出手机刷视频或看漫画，根本无心听课。尽管每天晚上睡觉都会责怪自己不应该这样虚度时光，并要求自己明天不再上网，但第二天仍然如故，甚至"变本加厉"。这要怎么办呢?

(1)了解自己上瘾的原因。现在的电子产品太过方便，玩游戏、看视频、点外卖以及联系家人和朋友等，轻轻松松就能搞定。人们一旦习惯了便利模式，就很难去尝试普通或困难模式了。而在各种手机软件中感受到的多巴胺，会让大脑兴奋，得到虚拟的快感。像这样虚拟的快感，有且只能获得一瞬间的满足，人的大脑于是就会想要下一个、再下一个的快感，从而陷入成瘾状态。

(2)分散自己的注意力。比如通过多看书、多与同学参加课外活动等来减少对电子产品的依赖性。做一些自己感兴趣的事情来分散注意力，比如运动、健身、摄影等。

(3)设置数码电子产品的使用边界。管理屏幕时间就是管理边界。在学习的时候也应该设置零数码的空间。例如在图书馆、自习室或者宿舍学习时，我们可以将手机、电脑等电子产品放置到自己看不到的地方，以便自己能够静下心来学习。明确地制定合理的规定，比如一天只能玩手机玩多久、电视什么时候看、睡前1~2个小时内禁用手机、吃饭时不能玩电子产品等。

（4）可以找搭档一起学习、一起参加活动，互相监督。上了大学，我们的课余时间也越来越多，自主学习的机会也越来越多。我们不应该通过浏览视频、玩网络游戏来消磨时光，我们可以约三五好友在一个安静舒适的地方一起学习或者做活动。这样，我们不仅能转移对电子产品的注意力，而且还能增进友谊，互相监督各自的学习。

（5）丰富课余生活。我们还可以通过多参加一些课外活动、积极开展体育运动，让我们的精神更加焕发，让我们的生活更加绚烂多彩，这样自然就不会太依赖电子产品了。

（6）给自己定一些目标。比如：今天要看完这本书的前一、二章。将大目标拆分为多个小目标，将小目标安排到具体时间里，在规定的时间去完成它们，并在目标完成后实施相应奖励措施。

（7）在显而易见的地方写一些警示标语，时刻提醒自己不能沉迷于手机。久而久之，自己对手机的依赖就会变得越来越小。

（8）卸载让自己沉迷的软件和游戏。如果自己实在管不住自己，那就建议将手机上与学习无关的软件和游戏都卸载掉，通过强制的手段减少自己对手机的依赖。一段时间后你会遇见不一样的自己。

问题7　想自律又自律不起来，怎么办?

是不是有这样一部分同学，想自律，也制订了计划，希望以此约束自己，但又经常被计划以外的事情分散注意力，不能按时完成计划，从而形成拖延，常常半途而废，难以达到预期。想自律却又自律不起来，应该怎么办?

（1）分析不能自律的原因。主要原因有以下几种：自身没有定力，容易被其他事情干扰；缺乏一个稳定、自律的环境；制订的计划不在自己的能力范围内；自身能力欠缺，工作效率低，造成对自己失去信心，变得沮丧消极，最终丧失行动力；对自身的长期规划和短期规划不清晰；没有认清当前所做的事对自身的意义。

（2）利用大环境来加强自律。首先就要使自己置身于一个有着浓厚的自律、上进的氛围之中，远离颓废的、消沉的、容易让人懈怠的环境。比如想要学习，就去图书馆；想要运动，就去运动场。让环境带动自己，监督自己，约束自己，形成良好的习惯。同时也应该多接触一些优秀的、自律的人，给自己创造一个高质量的朋友圈，在周围人的带动下加强自律，和志同道合的人共同进步。

(3)制订长期和短期规划。明确的发展方向和明确的目标，就是最好的行动指南。当然，规划和目标一定要适时适当，可行可操作，设定的目标必须包括近期目标和长远目标，并把目标分解到每一天来实现。这样就会增加自己自律的动力。

(4)制订每日计划。制订计划一定要量力而行，不可好高骛远，当然也不能太容易实现，最好是"跳一跳就能够得着"。如果每天都能按照计划实现一小步，积累起来就能自律一大步。

(5)排除各种分散注意力的事物。尤其是远离一些电子产品、远离不自律的环境、远离不自律的人际关系等，提高自身的专注力和自控力。完成一件事后也可以适当地放松，给自己一定的奖励，然后专注地投入接下来要做的事。

(6)认清做某件事的意义。只有对自身有意义的事情才会给人动力，因而要认清做某件事的意义，并且不断强化这件事与自身的利害关系。可以通过"利诱"，想一想完成某件事就能够得到的实际的好处，以此来激励自己坚持下去；还可以用"承诺"来逼自己自律，在社交平台上分享自己的目标、计划，这样在心理上就得到了他人的监督；加入一定的群体，比如想要培养阅读的习惯，就加入读书社，从而约束自己。

(7)自律也要适度。坚持自律的同时，也要注意，自律不是完美主义，尤其是刚开始的时候，不要对自己过于严苛，否则会适得其反，导致长期积累形成负面情绪，放弃自我。因为偷懒、偷玩耽误正事时，更应该利用剩余的时间，把握机会，而不是自我否定，最后放弃自律。

问题8　想减肥但坚持不下去，怎么办？

你或者你身边是不是有很多这样的同学，天天说自己的身材不好、身体不好，要好好减肥。可是没坚持几天又回到了原点。这是为什么呢？一个非常重要的原因是缺乏自律。那要怎样才能真正减肥成功呢？

(1)正确认识减肥这件事。如果你的体重超标，影响了身心健康，或者你确实超重，想通过减肥来提升自信心，我是非常赞成减肥的。但是如果你的减肥动机不正确，或者你本身体重并未超标，盲目减肥会危害身心健康。

(2)分析减肥坚持不下来的原因。主要原因可能有以下几种：缺乏自控力，常常控制不了饮食；减肥方法不当，企图通过节食快速见效，但坚持不了更容易暴饮暴食，适得其反；饮食结构不合理，常食用容易发胖的食物；长时间躺、坐，缺少运动，也常因懒惰无法坚持运动；缺乏意志力，经不起诱惑；急于求成，想要几天就产生效果。

（3）调整心态。在减肥的过程中保持良好的心态是极为重要的。由于减肥通常是一个缓慢的过程，在这个过程中容易产生负面的情绪，从而导致人们无法坚持下去，所以要用积极乐观的态度面对减肥，才有可能获得成功。

（4）制订适合自己的减肥方案，选择安全高效的减肥方法。对自己不要太苛刻。不同的人体质不同，只有制订适合自己体质的减肥方案，才有可能事半功倍。在饮食方面，合理安排三餐，均衡饮食，多吃水果蔬菜，选择有利于减肥的食物，减少热量摄入，减少饮食中碳水化合物和脂肪的摄入，避免高脂饮食、精加工食品、高热量食品以及油炸食品。餐后适度活动有助于消化。

（5）增加运动量，积极参加体育锻炼，避免久坐，通过运动增加热量的消耗。选择利于减肥且自己感兴趣的运动更容易坚持，比如坚持长期跑步、游泳、爬山、跳绳等。减肥是一个长期的过程，只有坚持才会成功。

（6）不要忽略"附属运动"。大部分时候，人们倾向于"计划运动"，就是提前计划好的，要抽出专门的时间去完成的运动，这样的运动往往耗时又耗力，经常难以持续。而"附属运动"，就是一些在日常生活中不经意完成的运动，可以在生活中增加附属运动，类似于上下楼梯、走路、站着、起立蹲下等。还可以去学习一些日常随时可以做的减肥塑形动作。

（7）注重日常生活中的习惯。保持合理的作息，不要熬夜；正常规律饮食，不暴饮暴食；多走少坐，活动起来。

（8）和别人一起减肥。大家互相鼓励、互相监督，更有利于调整情绪，保持一个积极乐观的心态。

（9）制定一些奖惩措施。根据个人情况，可以制定不同程度的奖惩措施，例如说你当天完成所有减肥计划会怎样、完成一部分减肥计划又会怎样等。如果自己以较好的状态完成任务，可以适当地奖励一下自己，比如买点小礼物，有时自己哄自己也是需要的。

（10）鼓励自己，坚定信念。在减肥的过程中，要时时刻刻地鼓励自己，也可以幻想一下减完肥后自己的样子，坚定自己减肥的信念。

问题 9　想运动总是坚持不下去，怎么办？

同学们都知道运动的好处，也知道要坚持运动，也想要培养良好的运动习惯。但是，为什么总是坚持不了呢？原因在哪？该怎么办？

（1）分析运动坚持不下去的原因。主要原因可能有以下几种：没有挖掘对某种运动的兴趣，把运动当成了一种压力；自身的惰性导致不能自律，时常被其他事情打乱计划；看不到运动的好处，尤其是运动产生的效果需要一段时间后才能体现出来，对运动的作用产生了怀疑；拘泥于运动的时间、地点，反而导致效果不佳。

（2）广泛接触各种运动。在接触各种运动的过程中，寻找自己的兴趣所在，把运动转化为个人爱好，将被动锻炼转化为主动锻炼，让运动变得快乐起来。

（3）不要把运动的时间、地点固化。可以把运动时间分散化，在闲余时间随时随地都可以做一些简单基础的运动。

（4）运动安排要合理，循序渐进。刚开始运动时，给身体一个适应的过程，同时形成一个规律的运动周期，比如刚开始一周运动 2~3 次，运动量也不宜过大，少量多次，循序渐进，以避免身体承受不了而放弃运动，然后逐步加大运动量。

（5）赋予运动一个远期美好的想象，让运动变得令人期待。比如说：现在坚持运动，有利于强身健体，将来到老年时还可以和家人朋友出去旅游；坚持运动可以减肥、塑形，穿衣会更好看等。

（6）寻找一起运动的伙伴。与伙伴约定一起运动的时间，互相鼓励，不仅给自己坚持运动注入外在的动力，还能降低锻炼的枯燥感。平时和朋友休闲玩乐也可以选择与运动有关的场所、方式，让运动融入生活。

（7）制订运动计划。给自己设置一个运动提醒，放在醒目显眼的位置，随时提醒自己，也可以请家人朋友配合提醒，起到监督的作用。

（8）想到运动就马上去做。不要犹犹豫豫、磨磨蹭蹭，不要去想今天要跑多远多久，重要的是开始行动。

（9）用运动装备提醒自己。准备各种需要的运动装备，放在能看到的地方以提醒自己，同时也让自己为了实现这些装备的价值而去运动，给自己一种物尽其用的感觉。

（10）给自己设定一个目标，并将这个目标拆分为多个小目标。在每个目标完成后，成就感就会增加，这样能使自己保持对运动的热情，使自己真正地爱上运动。

（11）用标语警示自己。可以在自己的桌上或者墙上显眼的地方放一张警示标语，每天都能看到它，时刻提醒自己要去运动。一段时间后，即使没有了标语，自己也会习惯性地去做运动，因为你已经养成了做运动的习惯。

(12)设置一些奖惩措施。前一天晚上可以好好地想一想如果明天我没去锻炼会怎么样，如果我去锻炼了又会是怎么样的，完成了可以奖励一下自己，例如给自己买一些小礼物。我们在生活中也要学会自己鼓励自己，自己奖励自己。

问题 10　不想睡太长时间，可就是控制不了，怎么办？

有这么一部分同学，平时喜欢熬夜，经常睡到第二天中午，午睡也要睡很长时间，同宿舍的同学也大多如此，这种长期晚睡晚起的习惯耽误了很多事情，不仅使学业受到了影响，就连健康状况也不容乐观。同学们也意识到了不良的作息时间影响了正常的学习生活，想要加以改正却总是坚持不了，应该怎么办呢？

(1)规律作息。早睡早起，避免熬夜。平时可以多参加户外活动，白天让自己处在忙碌中，耗费精力，有助于早睡。睡前不要使用电子产品，沉迷于电子产品往往是熬夜的元凶，尽量让电子产品远离休息的区域，这样也有利于早起不赖床。睡前阅读纸质书籍也能帮助自己尽快地入睡。

(2)适当对自己进行监督。可以在每晚入睡前，在床头贴一张便笺，写上第二天要做的事情，以提醒自己第二天要早起，给自己起床的动力。根据自己的具体情况编制一张作息时间表，如果无法做到自我监督，可以请家人或同学监督，在他人监督的压力下就不好意思赖床。

(3)用闹钟提醒自己。准备一个闹钟，既可以帮助起床，又可以不依赖手机闹钟，睡前远离手机。把闹钟放在离自己较远的位置，使自己无法轻易关掉闹钟，同时，起身关闹钟有助于清醒。

(4)宿舍形成协议。同宿舍的同学可以达成一个宿舍协议，互相督促，共同进步，由此形成一个自律的作息环境，在自律的氛围中养成好习惯。

(5)做一些小活动。早上醒来时，做一些小动作打破身体的"静态"，动动手指、脚趾，伸伸懒腰等有助于身体从克制状态安稳过渡到兴奋状态，更容易清醒。

(6)强制自己坚持一段时间，把早睡早起变成常态，形成习惯。养成睡午觉的习惯，但不要睡太长时间。睡午觉可以帮助我们恢复精神，提高晚间的睡眠质量。

(7)合理膳食。摄入太多油脂会导致人困乏、精神不济，应多吃水果蔬菜，合理膳食，有助于早睡早起。

（8）提升睡眠质量。可以在睡觉之前听听音乐放松一下心情，或者睡前做做瑜伽、练练太极，这些都可以改善你的睡眠。可以上网找一些语音引导。它可以帮助你将自己的注意力拉回到自己身体上，帮助你很好地入睡，提高你的睡眠质量。你也可以睡觉前静坐，选一首柔和放松的音乐，盘坐，把所有的意识专注在音乐里，减少杂念，随着音乐的节奏，让身体完全地放松，你就会开始感觉到睡意了，这也有助于改善睡眠。还可以在睡觉之前冥想。冥想是最佳、最快速的休息方式，它能够快速地缓解你一天的疲惫，大大地提高你的睡眠质量，进而改善你第二天的状态。

第二节　关于学生干部

《论语》有曰："不患无位，患所以立。不患莫己知，求为可知也。"意思是不愁没有岗位，只愁没有足以胜任的本领；不愁没人知道自己，只求能使别人知道自己的本领。初入校园的新生，沉寂已久心有抱负的老生，本着展示自我能力的初心，走向了担任学生干部的道路。该不该去竞选学生干部？竞选学生干部会不会影响学习？该选择怎样的职位？竞选失败后，该怎么调整？主动、目标、荣誉、责任，不管是哪一个词牵动你成为学生干部，你都该明白，只有你自己最清楚自己想成为怎样的人，想博得怎样的喝彩。既然选择了学生干部，便一以贯之地继续下去，获得锻炼与成长，在自己的征途中燃以熊熊烈火。

问题 1　大学到底要不要担任学生干部？

一部分刚刚升入大学的大一新生，面对即将到来的学生干部竞选感到纠结，一方面担心自己无法胜任，另一方面又渴望通过担任学生干部锻炼自己的能力，这种矛盾如何解决呢？

(1)思考上大学的目的。我想大部分同学都会回答："学习和提升能力。"诚如斯言，上大学首要任务是提升自身的综合能力，让自己有更强的社会竞争力，能更好适应社会。而大学生担任学生干部就是提升综合能力的一种重要途径。基于这样的思考，我觉得大学生们都应该积极担任学生干部。

(2)想一想自己想要的是什么。如果你只想学习，然后考研、考博，做研究，那你可以把更多时间花在学习上；如果毕业后你想尽快工作，建议你担任学生干部；如果你的个人能力已经很强了，就没必要通过担任学生干部来锻炼和提升；如果觉得自己能力有所欠缺，建议你担任学生干部；看看自己哪方面的能力比较欠缺，然后悉心揣摩担任哪个职务对提升这方面的能力比较有帮助。总之，一定要明白的是，只要能提升自身能力就应该积极去做。

(3)权衡利弊，客观看待。担任学生干部能让你快速认识班级同学以及本专业及其他专业的同学，工作上的交集也能让你与老师的日常接触更加密切。担任学生干部能够让你的个人能力得到大大提升，同时，也会获得诸如综合测评加分、评优评先优先、找工作更具竞争力等实质性的好处。这些都能让你得到一个较为全面的发展。但是，担任学生干部不可避免需要花费更多的心力，很多时候你会有一种不被理解的失落感、终日忙忙碌碌却无所作为的无措感，甚至学习也会受影响，这时候你需要权衡利弊，我相信你能够做出一个最具性价比的选择。

（4）相信自己，勇敢向前。有些同学非常想担任学生干部，但是又担心自己能力不行，甚至害怕参与竞选活动。由高中升至大学，你面对的是新的环境、新的同学、新的管理制度，这些都需要时间去适应，可能在这个过程中你会产生难以招架的无力感，但你要相信假以时日，你一定能适应环境，而错过的学生干部竞选机会却不再来，学生工作没有你想象的困难，因此你也不必低估自己，在这个新的人生节点，你可以尝试给自己一个突破自己的机会。

（5）认真了解，有的放矢。不同的学生干部有不同的职能，如果你想要担任学生干部，最好先向前辈或者老师了解各个岗位的具体职责，再结合自身的能力和想要提升的能力进行考量。选准自己想要的目标职位，努力去争取。当然，如果不能如愿，也不要伤心，可以下次再竞选。另外，大学锻炼能力的机会不仅只有班委，多参与各种活动、参与勤工俭学、参与科研助手工作、参与社会实践、参与志愿服务都是可以提升自身综合能力的。

问题2 担任学生干部感觉很累，想放弃，可以吗？

一部分学生在担任学生干部一段时间后，常常因为一些琐事而烦恼，即使整天都在忙碌，仍觉得时间远远不够用。同时，担任学生干部的心理压力也让这部分同学感到闷闷不乐，甚至想要放弃。这时候可以放弃吗？如果不放弃又该怎么办呢？

（1）认真分析原因。这个时候一定要静下心来认真分析一下原因：为什么自己担任学生干部会很累？确实是因为工作量太大自己无法应对吗？还是因为自己没有处理好各种关系导致工作累？抑或是自己的能力不强、抗压能力不行导致效率太低？总之，一定要明确担任学生干部累的原因，这样才知道怎么去解决。

（2）坚持一下再做选择。首先你要意识到，一分耕耘，一分收获，成功一定伴随着艰辛的努力。不仅是在现在的学生干部工作，放之于人生也是如此，你不妨将此当作磨炼自己意志品质的机会。梅花香自苦寒来，你也可以先试着调整优化自己的时间、提高工作效率、释放工作压力等方式来面对当前的困境。方法总比困难多，你要相信那些杀不死你的，终将使你更强大。

（3）有效管理时间。列好计划表，你可以将待办事项梳理一番，通过四象限法，将事件分为紧急不重要、重要且紧急、重要且不紧急和不重要不紧急四种类型，将主要时间集中在重要的事情上；你也可以利用不同时间段的属性安排不同的工作，琐碎的时间完成机械而重复的工作，完整的大段时间完成需要深度学习的工作。把时间管理好了，你的工作可能就顺了，也就不会感觉那么累了。

（4）适度放松，张弛有度。琐碎的工作中耗费的心力会逐渐削弱你对美好生活的感知能力，一头扎进工作并非对工作负责的态度，劳逸结合才能起到事半功倍的效果。你可以去运动，运动不仅能让你感到神清气爽，而且也能提高你的工作效率；可以去大自然中走走，去寻找那些因忙于工作而错过的美好，这些美好让我们觉得万物可亲、生活值得。

（5）找人做做参谋。担任学生干部后，认识的人也逐渐变多了，会结识到更多的知心朋友。当我们遇到困难的时候，求助朋友，也许困难将会迎刃而解。很多时候单凭个人，我们很容易片面地看待问题，俗话说当局者迷，旁观者清，也许朋友一句提醒，将会让你大彻大悟。正好趁这个机会梳理下自己的工作状态，也能通过与朋友交流的方式获得心理支持。

（6）实事求是，及时止损。尺有所短，寸有所长。倘若一再尝试后发现自己确实并不擅长处理学生工作，最好选择交接好自己手上的工作后退出，把这次学生工作当作一次尝试和经验积累的机会，去寻找更适合自己的领域，为自己擅长且热爱的事业发光发热。将过多精力消耗在自己的短板上，不仅会使自己陷入恶性循环，而且会阻碍你去找到属于你的闪光点。

最后，我要提醒你的是，任何时候想要放弃都要有始有终，站好最后一班岗，这是一种责任，也是你人品的体现。

问题 3　担任学生干部有什么好处吗？

日常心理咨询工作中，我的专属解忧信箱里，经常会有学生提出这样的疑问：我真的要去担任学生干部吗？担任学生干部有什么好处？安静一点读书不好吗？

（1）担任学生干部能够提高你的综合素质。通过担任学生干部，你的综合素质会得到大大的提高，比如你的组织管理能力、团队协作能力、突发事件处理能力、人际沟通协调能力、表达能力等能得到提高。

（2）担任学生干部能够扩展你的视野，获得人脉资源。担任学生干部可以获得更多接触社会的机会、接受新鲜事物的机会、与老师接触的机会、与不同文化不同成长背景的人相处的机会，这可以很好地扩宽你的视野，你的格局将因此变大。担任学生干部的同学在工作中不免要与其他的学生干部接触、与其他学校接触、与其他社会机构接触，这样就可以有更多机会结交不同专业、不同地方的朋友，扩大了自己的朋友圈，也获取了更多人脉资源。

（3）担任学生干部能够让你的大学生活更精彩。担任学生干部可以丰富你的大学生活，你可以充分利用课余时间做些有意义的事情，使生活更加合理、更加有序。

（4）担任学生干部能够让你心理更强大。担任学生干部意味着选择一种经历。在这种经历中，会有因工作不力、考虑不周的批评；会有因学习和工作冲突的纠结；会有很多的吃力不讨好的委屈和责难；会有因能力有限而力不从心，甚至想要中途放弃；会有因为工作而与同伴争执，导致矛盾丛生；会有忙碌之后的一无所获；会有很多很多你想不到的意外。但是，这些正是你成长的机会，它锻炼了你的心智，让你的内心更加强大，你也会因此更加成熟稳重。

（5）担任学生干部能够让你更具有就业优势。担任学生干部能够丰富你的就业履历，除了学习能力之外，面试官可以通过你的简历看到更多面的你。担任学生干部的经历能够体现出你的人际交往能力和组织协调能力，这些无疑能够提高你的核心竞争力。而一些用人单位，在招聘时会明确附上"担任过学生干部者优先"，足以见得，担任学生干部也能让你得到更多的就业机会。

问题4　怎么平衡学生工作与学习之间的关系？

一部分同学因为时间管理能力较差，无法平衡学生工作与学习之间的关系，导致学习成绩不理想，甚至挂科，这也将会引发其他一系列问题。面对这种情况，要怎么做呢？

（1）一定要处理好学习与学生工作的关系。有些学生干部过分热衷于学生工作，把大量的时间和精力花在学生工作上，导致学业荒废，甚至挂科，最后不能毕业，这是得不偿失的做法。如果你的学习成绩较差，无法处理好学习与学生工作的关系；如果你的个人综合素质已经很好了；如果你已经是高年级学生了，专业学习进入关键期，或者要准备考研，我都建议你先把学生工作放一放，大学一定要学会如何抓住主要方向，做对个人成长发展有意义的事情。因此建议大家尽量在大一、大二期间参与学生工作。

（2）认清学习和学生工作的关系。对于大学生来说，首先要以学业为重，其次才是做好学生工作，学习和学生工作本身在概念上是互相对立的，但是细想，其实两者之间也是互为共同体，学习能为学生工作的质量提供保障，学生工作又能更好地促进学习。而且衡量一个人的优秀与否，往往在于其能否将两者平衡处理。我们可以多学习下时间管理方法，为自己制订一个计划，进行系统的学习目标管理和工作安排，按时履行，切忌一边工作一边学习，到头来，两头失塌，鸡飞蛋打。

（3）注重学习效率。在课堂上认真听讲，课下及时复习，课后及时巩固。我们不仅需要养成自主的学习习惯，做到主动式学习，还应做到学习的时候专心致志，心无旁骛，此外还要注重学习的技巧和方法，不可以一味地"埋头苦读"，否则到头来啥也没学进去。在做学生工作时，要合理地安排工作，熟知工作内容，用最少的时间做出最好的工作，提高效率，这样才能得到最大的收益。我们需秉持在学习时不谈工作、工作时不谈学习的原则。

（4）合理管理时间。凡在事业上有所成就的人，无一不是利用时间的能手。除了学习、工作时间外，我们仍然有很多碎片化时间，合理利用好这些碎片化时间，将其用来学习知识，而不是用来玩手机、玩游戏等，即使一天只是一个知识点，日积月累，也将不可小觑。

（5）不要让各种"小忙"偷去你的时间。经常帮别人忙可能容易打乱我们的工作节奏。如果我们正在忙，对方的问题上网能解决就直接让对方搜索，碰上需要给建议的问题，再找个时间回复，必要的时候，我们应该学会拒绝。保持自己的节奏很重要，建立人与人之间的边界，一味地退让、迎合他人的要求只会让他人得寸进尺，不仅付出我们的时间和精力，还落人口实，实在是得不偿失。

问题 5　一名合格的学生干部是怎样的？

有一部分同学有这样的疑问：明明自己很用心工作了，明明自己花了很多时间在工作上，可是好像自己并没有被看见，并没有被认可，这到底是为什么？

一名合格的学生干部到底是怎样的呢？

（1）真心实意为同学服务。少数同学加入学生会、社团的动机不纯，将其作为追逐自身利益的地方，不关心同学，不维护他们的合法权益，只想借学生干部这一名号让自己不断往上爬，骗取老师的欢心，为自己的评优、就业、发展铺路，变得越来越功利，沦为精致的利己主义者。请同学们务必记住，担任学生干部绝不允许以权谋私、弄虚作假、徇私舞弊，要做公平正义的表率。你们没有特权，要真心实意地为同学服务，只有这样，你才能成长，才能真正让同学们对你心服口服。

（2）不要打官腔。学生干部一般都有较强的组织能力和管理能力，但随着时间的推移和自身思想修为不够，很可能会滋生一部分打官腔的学生。作为学生干部，首先应该牢记自己学生的身份，应该恪守本分、努力学习，在学习知识充实自身的同时，还要更好地服务同学、帮助同学，做到一视同仁，从而达到锻炼、成长的目的。"端架子""耍威风"，开口"应该"，闭口"必须"，不深入实际，不注重调查研究，工作简单化、表面化，绝对要不得。你要明白，学校只是给你一个锻炼的平台，一个让你提升自己、了解并享受大学生活的平台，你并不是"官"，甚至都不是"组织者"，你只是一个"服务员"，一个默默付出、希望得到别人认可的服务员而已。永远不要忘了这一点。

（3）请对得起自己学生干部的身份。有些同学担任学生干部没几天就没有了热情，工作不安心、不尽责，拖拖拉拉，得过且过，不思进取，这样叫作在其位不谋其政，是很不负责任的表现；还有一些学生干部工作作风飘浮不踏实，贪图安逸，真正深入同学中的实际行动较少，对同学的困难和要求关心不多，对同学们的合法权益维护不够。希望学生干部们以学业为主，在服务同学、辅助教学的同时，进行自我管理、自我教育、锻炼自己、提升自己。另外，记得你是学生干部，同学们对你的要求可能就会高一点。所以，要时刻记住自己的身份，做人、做事都要求真务实，做好表率。

（4）学生干部之间一定要团结协助。工作过程中，不拉帮结派，不说不利于团结的话，更不做不利于团结的事。对待工作，开展活动，大家都要互帮互助，互相商讨，相互扶持。如果你是一个负责任的人，对待刚进组织的同学要讲究工作方法，不能简单粗暴。要用感情凝聚人，用制度约束人，用务实的工作作风、良好的人格魅力影响人。这对你而言是非常重要的能力锻炼，也是你今后能否团结同事、精诚合作的预演。

（5）人格要正。你希望别人怎样，自己先要怎样。你自己是不是遵守纪律？自己是不是很自律勤勉？自己是不是很热心帮助身边同学？自己是不是很有亲和力？自己的学习成绩是不是也不错？如果你是这样的人，相信你会得到大家的认可。

问题 6   竞选学生干部的技巧及注意事项有哪些?

很多大一新生在竞选学生干部失败后会给我的专属解忧信箱写信,有表达不满的、认为不公平的,但更多的是对自己能力的否定,他们很想知道竞选学生干部有没有技巧。

(1)了解学生干部选拔面试可能会问到的问题。你对大学有什么样的认识?对学生干部有什么认识?为什么进学生会?为什么要担任这个职务?如果你被录取了,你有什么规划?竞选这个职务你有什么优势?你是否领导过团队?过去是否担任过一些职位及有何认识?在活动中遇到了什么困难?你又是如何解决的?如何处理学习和学生工作的时间冲突?怎么协调各个部门(各委员)之间的关系?如果学长学姐让其他人做事而总不叫你,你有什么想法?怎么做?有时候会让你做辛苦的体力活,你有什么想法?部门中有你不喜欢的人怎么办?学生干部需要具备哪些素质?对你影响最大的一句话是什么?对你影响最大的一个人是谁?这些问题希望你心中有数,或者提前思考一下该怎么回答。

(2)知道竞选或者面试讲稿怎么写。这里有个通用的模式,也是最有效的模式和大家分享。竞选或者面试的讲稿分四个部分或者四个段落。第一部分:个人基本信息,如姓名、专业、家乡等基本信息,如果有什么专长或者获得了什么重要奖励可以在这一部分说出来。第二部分:我为什么要竞选这个职位?我的优势在哪里?这个时候你要找到自己的优势与职务的匹配点,体现出你可以胜任。同时,用分点的方式列出你的优势,这时候可以把你之前参加的学生干部或者开展活动的相关经历及经验表达出来。第三部分:我的未来规划或者未来打算有哪些?如何实施?这点要说清楚自己的想法、规划,让大家看到你是有所准备也是有想法的人。第四部分:表决心。说出你对学生干部的认识,说出你服务同学的决心,说出你愿意乐于助人的态度,让同学们看到你的亲和力和做人、做事的态度。你把这四点脉络清晰、条理分明地表达出来,我想你应该会获得大家的肯定。这里特别提醒,不要说一大堆套话、官话,或者类似成功学的没有实质意义的话,没人会喜欢。

(3)注意竞选或者面试礼仪。个人形象气质非常重要。衣着须大方得体,以显示自己对竞选或者面试的尊重与重视,不要刻意地穿正装,看上去舒服就行,千万不能穿背心、拖鞋,把自己整理得落落大方一些,尤其是头发、面容,要显得精神饱满，整洁大方，女生可适当化淡妆或者不化妆，千万不要浓妆艳抹。提前做准备，试着模拟练习，说话时保持适当的语调、语速及音量，懂得运用眼神与台下同学交流、互动，显示你认真的态度。在面试时，要主动沟通，比平常更热情一些，营造愉快积极的面试氛围，结束的时候要懂得感谢。

问题 7　竞选学生干部总是紧张，怎么办？

有不少学生问我：竞选学生干部时非常紧张怎么办？有没有什么方法可以克服？这里我要说明的是，适度紧张是正常的，过度紧张也有一些方法缓解。我们从心理学的角度来说，人的紧张有两个重要的原因：一是对过去的痛苦回忆，二是对未来未知的恐惧。今天，我们不分析原因，就简单地给大家来说说我们怎样克服竞选紧张心理。

（1）正确认识紧张。紧张其实是人类的一种正常的身体和心理反应。大部分人在竞选过程中都会产生紧张焦虑的情绪，这是正常的心理表现。绝大部分的人也都能克服这种紧张，能够正常发挥。要知道保持适度的紧张，会让我们产生一种积极的荷尔蒙，让你更加投入，表现得也会更好。所以，如果你只是适度紧张，你要为此感到高兴。

（2）提前做好准备。克服紧张的前提是做好充足的准备，强化目标感和动机感，提前拟定好逐字稿，先熟读，之后根据稿子大纲，复述下来，你要能出口成章，那再好不过了，如果还能顺便带点儿小幽默，老师就更喜欢你了。但是，熟记并不等同于背诵，要自然地表达出来，死板地背出来的话，生动度会差很多。准备过程中可以用录音录像的方式，模拟现场进行演练，需要重复进行多次，这样现场发挥一定不会差。

（3）用好心理暗示。我们需要用积极的心态面对紧张。每当我们觉得太紧张的时候，不要告诉自己"完了，我好紧张，怎么办！"，相反，你要告诉自己"太棒了！我紧张了，今天我一定会发挥得很好"，然后在心里大喊："我可以，没问题，紧张算什么！"

（4）身体放松。你要明白不只你紧张，大家都紧张，而适度的紧张对你的发挥是非常有用的。这种紧张是一时性的，刚要上台时表现最为明显，上台后紧张度会迅速降低，所以不用担心。紧张会导致人肢体和面部僵硬，因此在上台前可以多做些伸展运动，让全身完全放松，必要时可以用手轻轻拍打自己的面部，或者对着镜子微笑，甚至做个鬼脸，这些都是可以放松自己身体的。首先，活动身体可以帮助我们转移压力，当我们把注意力连同压力转移到身体上的时候，你精神上的压力就减少了很多，紧张感自然就少了很多；其次，活动后，身体会兴奋很多，这样的兴奋会带来积极的信号，会让我们的精神也兴奋起来。所以各位，当我们感到紧张的时候，我们可以采用这几种方式方法，来调整自己的状态，让我们更好地应对紧张。如果你的紧张度超过了一定的限度，你可以坐好，闭上眼睛，深呼吸 5 组，这样可以很快把紧张度降下来。如果上台后紧张导致忘词，你可以先让自己停下 10 秒钟，或者开开玩笑、讲些其他内容来调节下现场氛围。总之，如果你不够自信，没有良好的表达能力，就用微笑、亲和力、谦虚的态度、真诚的语言来赢得大家的支持。

问题 8　自己的工作没有得到认可，感觉很挫败，怎么办？

一部分大学生缺乏自信，在参加学生工作后，迫切希望得到别人的认可，当寻求不到预期中的认可时，他们便感觉失落沮丧，开始进行一味的自我怀疑，如果你也遇到了这种情况，该怎么办呢？

（1）回归初心，做好自己。找一个安静的环境，静静地想一想当初自己为什么要选择担任学生干部，是为了锻炼自己的能力、提升自己的综合素质，还是为了某种利益，抑或是为了得到同学们的认可。我们总是期盼一个十全十美的结局，总是希望自己所做的要有所回报，然而生活中更多的是求而不得的缺憾，这个时候就需要你坚定初心，做好自己，坚定地走下去。

（2）寻找原因。有时候没有得到认可是很正常的事情，何况认可的方式多种多样。没有被评优评先就是没有被认可吗？这要从多个方面去看待。当然，我们要主动寻找不被认可的原因，多听取同学、老师的意见和建议，看看自己是不是真的在哪些方面做得不是太好，或者是自己的人际关系没有处理好。把握自身的优势劣势，认清缺点并加以改正，对优点继续发扬，同时，也要明白凡事尽力而为就好，没有哪个人能被所有人认可。

（3）相信自己，提高自我效能。你会因为没有得到认可而难过的根本原因在于你缺乏信心，我们要拥有清晰的自我认识能力，努力去尝试，不要因为一两次的不认可，就固化"自己不行""自己不优秀"的思想，困顿于自我怀疑的泥沼。在自信心缺乏的情况下，学会去提高自信，去盘点自身的优势和个人成就，你可以在平时对自己多鼓励。从心理学家班杜拉的自我效能的观点来看，言语上的鼓励和赞美能够增加自我效能感。在觉得自己不行、感到挫败的时候，使用积极的心理暗示。

(4)接纳挫折，汲取经验。在你看来，评优评先失败意味着学生工作的失败，首先你要意识到这个时候你将自己的视野缩小了，以偏概全地以一次的失利否定先前所有的努力，同样你也忽视了在学生工作开展过程中自己不断收获到的工作经验，过程中的收获和结果同样重要。而且你视为危机的一次经历实际上暗含了许多指明自己改变方向的转机，适度的挫败感让你可以不断修正自我，在下次做得更好。

(5)学会成长。学生工作千头万绪，要与不同个性、不同需求的同学打交道，你不可能让大家都满意，让大家都支持你，这是社会现实。希望你能通过这样的历练来使自己成长，获取更多的社会经验，为今后走进社会做准备。

问题9 被学生工作搞得身心俱疲，我该怎么办?

一部分大学生在入学之初担任学生干部之后屡屡受挫，整天被各种繁杂的学生工作牵绊着，搞得身心俱疲。有时候甚至想放弃，但又心有不甘，内心很矛盾，不知道怎么办。

(1)分析自己会被学生工作搞得身心俱疲的原因。一方面，客观上，确实可能存在学生工作太多、太杂或者分配不合理的原因；另一方面，可能是自身不善于平衡学生工作和学习生活之间的关系，也可能是工作方法不当或者工作效率太低。这个时候要认真分析，找到原因后才能对症下药。

(2)做好计划，分清主次。琐碎的学生工作不可避免地需要消耗一定的心力，但是老师建议你将这些工作梳理一番，可以考虑用时间管理四象限法，将事件分为紧急不重要、重要紧急、重要不紧急和不重要不紧急四种类型，将主要时间集中在重要的事情上。学生干部作为上传辅导员、下达同学的桥梁，其工作辛苦是必然的，摸索出一个高效的工作方法能够起到事半功倍的效果，老师相信你一定能行。

(3)学会排解压力，张弛有度。接踵而至的任务、吃力不讨好的工作，同学有意见、老师有误解，我知道这些会让你心力交瘁，这个时候我们应该学会释放压力。首先你要意识到压力的客观存在，当你以第三者的眼光审视自我时，就能将自己从压抑的状态中抽离出来；接着你可以试着转移注意力，运动、阅读、和好友聊一聊，清空身体里的负能量，再元气满满地继续向前。

(4)实事求是，及时止损。尺有所短，寸有所长。倘若一再尝试后发现自己确实不擅长处理学生工作，这种情况下，可以选择交接好自己手上的工作后退出，把这次学生工作当作一次尝试和经验积累的机会，去寻找更适合自己的领域，为自己擅长且热爱的事业发光发热。无止境将自己消耗在自己的短板上，不仅会使自己陷入恶性循环，而且会阻碍你去找到属于你的闪光点。

（5）善于求助，借力而行。真正智慧的人往往善于从外界汲取力量，你可以和辅导员沟通如何优化自己的工作方式，也可以和班级中善于和同学打成一片的班委请教怎么更好地和同学沟通。积极求助，你会收获到柳暗花明又一村的惊喜。

（6）学会调整心态。这个时候一定要学会调整心态，要学会宣泄情绪，把负性能量通过一定的方式疏解出来。可以通过运动、交流等方式疏解，也可以到心理中心寻求专业心理老师的帮助，老师在帮助你宣泄情绪的过程中，还能为你理清思路。

问题 10　自己不会处理人际关系，管理能力也一般，我还要继续担任学生干部吗？

在一年一度的换届中，你被学长学姐推荐留任，但你认为自己并不会处理人际关系，管理能力也一般，从而产生畏难心理，心里很纠结犹豫。你该怎么做？要继续留任吗？

（1）正确看待当下的情况。你说自己不会处理人际关系，管理能力也一般，这不正可以通过继续担任学生干部获得锻炼和提升吗？因此，如果你可以处理好学习和学生工作之间的关系，只是觉得自己不会处理人际关系且管理能力一般的话，建议你积极争取继续担任学生干部。

（2）相信自我，迎难而上。首先，你要知道换届的时候学长学姐选择你而非他人，这就意味着你身上具备别人所没有的优点，他们相信你可以做好学生工作，你自己认为的不会处理人际关系或者管理能力一般可能是你自己的不全面认知，并非真实的情况，你也要对自己有信心。其次，换届后你所担任的职务会有所调整，可能你会担任主要角色，这个时候你将会获得一个更高层次的锻炼。另外，不必高估学生工作的难度，也别低估了自己，相信自己可以做好。

（3）保持真诚，互相信任。纵然负责的模块再冷门，也难免会有人际交往，所以学会如何提升人际关系是必不可少的。老师认为人际交往中最重要的在于双方的信任，你要相信其他同伴的能力，大胆给予支持和鼓励，欣赏同伴所做的工作。另外，"人非圣贤，孰能无过"，处理人际关系，既要认真，又不能太较真。如果你是部门的管理者，有时候你要学会睁一只眼闭一只眼，给犯错的同学留有余地，这样既给他们改进工作的机会，也有利于营造其乐融融的工作氛围。有空多看看关于职场人际交往及管理能力提升的书籍，通过阅读书籍学习理论，并把理论运用到实践当中。

（4）脚踏实地，兢兢业业。人际交往固然重要，但更重要的在于你是否做好本职工作。很多时候我们无法决定他人对我们的评价，但是我们可以选择将自己的工作做好。或许你在人际交往上有所不足，但认真负责的工作作风也能让你收获到部门其他成员的尊重。

（5）行动起来。在还未行动之前，你的脑子里可能有无数个设想，但我们无法对还未发生的事情作出准确判断，走一步，再走一步，我相信车到山前必有路，我也相信方法总比困难多，或许继续留任的这条路并不轻松，但不论是历经挫折，积累失败的教训，还是战胜困难，重塑对自我的认知，这些终将成为你人生的珍贵财富。当然，即使最后在尝试过后仍旧选择退出，我相信至少在那时，自己也能无愧于心，不留遗憾。

未来发展，人生启航

不少同学初入校园，已提前规划好自身发展。关于考研、实习、就业事宜的询问更是层出不穷：为什么要考研？什么时候可以开始准备考研？马上要实习了，可还得准备考研、准备考试，角色无法快速转换，该怎么办？找不到合适的工作怎么办？带着顾虑与不安，你曾失意停滞，也曾迷茫不前，但这不是最后的站点，未来的发展只能由你自己选择。如何扬起风帆，踏浪而行，不耽于声色享乐，只能由你自己揭开答案。

第一节　关于大学考研

考研，人生的又一大议题。为什么要考研？什么时候可以开始准备考研？选择哪所学校考研最合适？考研的心态怎么调整？都知道考研路漫漫，上下求索中需忍受孤独与寂寞。既然选择了"考研"这条路，就得一以贯之地努力，哪怕需要远离手机、游戏等诱惑，全身心投入其中；哪怕看不见希望的火光，也要坚持。如何度过这段迷茫又痛苦的时期，不坠青云之志？或许，这份关于考研的问题清单，可以帮助到你。

问题1　为什么要考研？

为什么要考研？这个问题反映了如今应届生进退维谷的局面和对未来的茫然。很多人认为，考研又苦又累、淘汰率又高，选择这条路需要极大的勇气和决心。但种种吐槽都没有降低大家选择考研的热情。为什么要选择考研呢？或许以下答案可以给你些许灵感。

（1）考研可以提高自身的不可替代性，以此获取更加优质的就业岗位。近些年，我们也看到各地掀起了抢人大战，用人单位纷纷出台各种优惠政策吸引高端人才。我们会看到，博士、硕士的优惠政策明显好于本科生，而且这种差距不是一点点。学历是目前社会选拔人才最直接的评价标准。高学历，往往意味着获得高薪、获得更好的发展前景的可能性更大。

（2）考研可以实现自己的学术追求，追寻个人价值。"颠簸于批判主义的无边波浪之中，我们需要寻找一块陆地建构自己的理想。"有很多学生对自己的专业很有兴趣，也想在这个领域有所建树。如果你对自己的专业很感兴趣，愿意深入研究，考研也就成了不二选择。拥有学术追求，期待在学术上实现斐然成绩，这是最原始意义上的考研动机。

（3）考研可以带来一次切换竞争赛道的机会。很多学生在高考时并没有发挥出自己的应有水平，导致不能选择自己所希冀的学校和专业，甚至有很大一部分人进行了专业调剂。这时，考研就给了你第二次选择的机会，只要坚定意志，大家完全有机会去选择自己喜欢的学校和专业，弥补曾经的遗憾。正应了那句话"若你决定灿烂，山无拦，海无遮"。我们也因此有了重新开始的机会。

（4）考研可以获得更多资源和人脉，为未来发展铺路。考研期间你会认识很多一起奋斗的朋友，读研期间有机会遇上更多的"高人"。通过考研、读研，你能结识更多志同道合的伙伴，为未来的发展铺路。

（5）考研在一定程度上可以减轻就业压力。立足于当今社会，就业压力像是落在每个人头上悬而未决的剑，很多刚毕业的大学生很难找到一份心仪的工作，尤其是对于本科出身不好或专业冷门的同学，如果想要在千军万马中突出重围，考研非常重要。

（6）考研可以获取社会认同与尊重，畅享更精彩的人生。由于社会上的慕强心理，研究生们更能赢得普通大众发自内心的认可。不仅如此，这份学历证明可以让我们有机会获得更优质的工作，从而追寻自己的理想生活。

（7）考研是磨炼自己的绝佳机会。我们都知道考研是很辛苦的事情，那种焚膏继晷的生活是对自身韧性的极大考验，想考研究生的同学比比皆是，但坚持下来的却不多。经历了考研，我们犹如承受一场神圣的洗礼，变成了更好的自己。

衷心祝愿大家都有"待到秋来九月八，我花开后百花杀"的气概！最后，就让我们相约，在不久的将来，能够再次在校园相见。

问题 2　家人不支持我考研，怎么办？

一部分大学生会碰到这样的问题：自己很想考研深造，但是家人觉得考研、读研是浪费时间，还不如早点出来工作。当然，也可能还有其他考量。父母不支持你考研，这会让你心很累。你该怎么办呢？

（1）与父母沟通，说明你的想法，也要学会体谅父母的难处。你的父母经历的年代和现在大不一样，他们在特定的时代背景下形成了自己的想法和价值观。而他们为你设想的道路，是根据自己几十年的人生经验总结的，一定意义上是没有错的。可是时移世易，人生的境遇各不相同，要走的道路也是不同的。你有自己的追求和梦想，但也应该和父母好好沟通，让父母明白读研对你自身成长的意义。

（2）坚定地告诉父母你已经做好了考研的十足准备。"于高山之巅，方见大河奔涌；于群峰之上，更觉长风浩荡。"将自己的一腔热血和关于未来的计划详细地告诉父母，包括心仪的院校和专业等，让父母安心。同时也增强自己的信心和勇气。也可以举一些相关的例子，证明考研对未来人生的重要意义。

（3）了解父母的担忧，理解他们的顾虑。父母反对肯定有原因，先去了解原因，再根据原因与父母沟通，缓解他们的忧虑。比如：学费超过他们的承受能力。你可以告诉他们读研的资助政策，并向他们保证自己会去勤工俭学。又比如担心以后更难找到工作，这时候你可以找些招聘信息给父母看看，分析当前的形势，让他们知道学历对于个人未来发展的重要性和必要性。

（4）告诉父母选择直接考研性价比更高。直接考研、读研，相比工作后再去考研、读研，成功率更高，职业生涯规划也更顺。直接考研，你还是学生身份，更能沉下心来学习，而工作后需要处理工作事务及人情世故，且相对更加容易浮躁，因此工作后再考研、读研往往需要付出更多成本。另外，当未来的某一天，有一个机会摆在你面前，但却要求研究生学历时，你只能后悔莫及却又无能为力。而如果直接读研，未来的职业生涯就更有底气。

（5）将父母最关心的就业问题告知他们。告诉父母，即使考研失败，再找工作也不迟。告诉父母本科阶段最后一学年上学期（大四上学期或大五上学期）就可以参加研究生入学考试，复试一般在来年的三四月份，也就是说，毕业前就可以确定是否考上。所以即使没有考上，还有时间再去找工作。

可能你的父母担心你考研会陷入困境，担心你承受不了考研的压力，或者担心你的身体吃不消。这时候你要更好地展现你的信心和状态，让他们对你的未来发展满怀希望。同时，你心中要怀有"历尽天华成此景，人间万事出艰辛"的期待，以一以贯之的努力奔赴未来！

问题3 大学期间我该如何为考研做准备？

考研之路荆棘密布，要忍受着"野径云俱黑"的孤独，你能顶住诱惑，做到"江船火独明"吗？该如何筹谋未来的一切呢？

（1）考研，我们要有"不坠青云之志"的决心。不管你出于哪种原因选择考研，一定要坚定意志，才能在尘埃落定之后无怨无悔。我们的眼界要放宽广一些、长远一些，考研是一个契机，能助力我们站在更高的平台上展望未来。因此，对于考研，我们要更加坚定一点！既然选择了便不随意动摇。积极的心态一定会助力你考研成功。

（2）考研，我们要有"不为外撼、不以物移"的目标。考研，你必须要知道自己以后的方向：考研的方向、就业的方向……从而确定考本专业的研究生还是跨专业考研。你还要知道你心仪的学校、导师等基本情况。做到心里有数，这样你准备起来就比较有目标性。目标定得越早越好，不要心猿意马。那么，怎么了解呢？建议进入各高校研究生招生网站，可以在其中获知相关政策。

（3）考研，我们要有"便引诗情到碧霄"的充分了解。关于考研的全流程如下：①先明确自己的专业方向和目标院校。②通过查询相关院校招生简章、目录、录取资料等，结合自身的发展方向，选择合适的意向导师。③联系考研目标院校的师兄、师姐，获取相关的备考资料和经验，做好复习规划。如果没有途径获取师兄、师姐联系方式，可以寻求考研辅导机构的帮助。④合理安排时间，对公共课、专业课等做好相关时间规划，静心复习。⑤9 月份关注最新的招考简章，核实是否有变动。有变动则及时更换备考方向或院校。⑥10 月份正式报名，11 月份现场确认，12 月份参加考试，初试结束后尽快进行复试复习。⑦次年 3 月份陆续开始复试、调剂。⑧次年 6 月份各院校开始发放录取通知书。建议大家至少提前一年准备考研，并合理规划这一年的时间。

（4）考研，我们要有"先知三日，富贵十年"的充足准备。考研需要很多的准备工作，你要充分了解你所报考专业的初试、复试要求，根据大纲提前做好准备工作，提早进入复习备考模式；考研的一个难点是英语，所以务必在任何时候都不要放松对英语的学习，这是你考研能否成功非常重要的一个因素；如果你最后一年有实习，你要想好如何平衡实习与考研复习的时间；最好寻找几个有坚定考研信念的伙伴，一起努力，互相打气、互相督促、互相陪伴，这样你考研成功的概率会大大增加；寻找合适的考研复习地点，在学校或是在校外，尽量选择可以让自己事半功倍的地点；另外，艰巨的学习任务依赖于良好的身体素质，记得好好锻炼身体、补充营养、劳逸结合。

（5）考研，我们要有"不破楼兰终不还"的意念。有 70%～80% 的学生想考研，但坚持下来的可能只有 40%～50%，而认真准备考试、做好准备的可能只有 30%～40%，为什么呢？因为很多人坚持不了多久就选择了退出。其实打败你的不是你的智商，更不是没时间，而是你的意志力。考研最需要的是持之以恒的意志力！想要实现一个目标，就必须要舍弃掉一些东西，拒绝很多的诱惑。所谓"凌空蹈虚，难成千秋之业。求真务实，方能善作善成"，当你走完这条路的时候，你会发现，你收获了自信、自律、自强，还有你的未来。

问题4　考研的专业、学校如何选择?

考研的专业、院校如何选择? 这是很多考研学子疑惑的问题。很多同学进入大三,坚定了要考研的决心,却不知如何开始。接下来的回答可以给你们一些参考。

(1)从自身出发,找准定位。首先是专业,如果你满意自己的本科专业,那么就可以考本专业,这样会容易一些,也有一定的连续性;如果你不喜欢本专业,想要跨专业考研也是可以的,这是你实现自己梦想的另一条路。这时候的选择一定要考虑自己的兴趣和未来的职业规划,甚至要考虑就业情况等因素。其次院校的选择又有许多因素需要你去考虑:地域、人文、饮食、未来发展等。考研的最初定位一定要根据自身实际情况,多听听父母、同学、老师的意见,选择最适合自己的方向。

(2)利用研招网,获取信息。对自身情况做完评估以后,就要着力于信息搜集了。我们要明白,信息战是考研过程中的一场硬仗。我们可以通过下列途径搜集信息:①研招网,全名为"中国研究生招生信息网"——这是教育部指定的官方网站,在这里你可以找到全国各地的学校、专业。②还有其他很多专业网站,例如考研网、考研信息网等。网络的信息可以让你更全面地了解学校和专业。这里要重点关注学科评估结果,通过对本专业相关院校的学科排名的了解,辅助自己选择心仪的院校和专业。

(3)登录学校官网,查看招生简章。获取院校信息的最主要网站是学校官网,招生简章、专业目录、参考书籍等可以在这些网站找到。通过研究历年招考信息的变化,你可以清楚这个学校录取人数的增缩情况。如果在你报考的年份某个学校有缩招意愿,那你就要谨慎报考了。

(4)利用社交软件,咨询在校研究生。在各式的社交软件中,肯定会有许多研究生分享"上岸"经验,如微博、知乎、抖音、贴吧等。这些软件里也有学校的官方账号,关注它们,你可以在里面找到研究生们的账号,进行咨询。在咨询的时候要表达清晰,抓住重点问,比如复习书籍、题库、备考经验等。

(5)思考理想的工作状态,最终决定院校。进入大学后需要对自己以后的人生做规划,思考自己理想的工作状态是什么,自己想成为什么样的人。考研是提升学历的机会,也是定位人生的机会。时刻谨记"不忘初心,方得始终"。理解了这些,再加上各方的建议,你可以选出首选院校、备选院校、调剂院校,然后全身心投入备考计划中。

(6)对于考研想跨专业的同学,一定记住提前准备,至少需要 15 个月的复习时间。

问题 5 考研过程很累,中途想放弃,怎么办?

很多同学在研究生备考过程中,一开始怀抱着"不破楼兰终不还"的决心,后来却因为太苦太累,一度想要放弃,这其中有各种各样的原因,希望你在读完以下的建议以后,能够找到自己的原因,继续奔赴理想的彼岸。

(1)目标院校难度太大,备考过程中挫折太多,导致动力不足——换院校。如果是普通二本院校的同学,考"双一流"建设高校研究生,就要做好可能失败的心理准备。你的对手大多都是从小就成绩优异、学习方法得当的"学霸"。如果你对自己认识不足,一心只有"名校梦"的话,很容易失败。有名校梦是值得肯定的,但一定要选择自己能力范围内的高校备考。我们不能好高骛远,要时刻牢记"求真务实,方能善作善成",以扎实稳定的步伐迈向下一个征程。

(2)方法不对——改策略。文理科专业不同,备考方案也不同。文科要多背诵,尤其对于政治、英语的复习,一定要勤学苦练。英语要多背单词、研究真题;政治要关心时事、背诵考点。理科的复习尤其需要列举考点,疏通逻辑。如果能够将考点串联起来,做成思维导图,则更有利于复习。当你发现自己努力过后没有实质性进步,就要及时调整自己的复习方法了。

(3)意志不坚定——增信心。在漫长的备考过程中,有意志松懈的时候很正常,但要学会给自己增加信心,这样才能更好地投入下一阶段的学习。我们建议可以多看目标院校的招生视频,对研究生生活的憧憬可以增强你的信心。另外可以找要好的同学、老师、朋友谈谈心,跟他们聊聊自己的理想和对未来的规划,别人的鼓励,也可以让你继续坚持!

(4)身体疲劳——适当休息。备考过程很苦很累,有些身体素质不好的同学无法长时间高强度学习。要注意劳逸结合。在学习的间隙,我们要学会适当休息,可以站起来眺望窗外,放松下眼睛,或者出去跑跑步、锻炼下身体。身体是革命的本钱,我们努力考研也是为了将来更好的生活,而幸福生活是以健康的身体为基础的,所以允许偶尔给自己放个假,这样学习效率会更高!

(5)心态不平衡——坦然面对。要明白,考研不是生活的全部,即使在备考期间也是,你要有自己的生活,考研只是你学习的一部分,而你的人生不是只有学习。正确的心态非常重要。做任何事都是有风险的，不可能百分之百成功，既然你选择了开始，就要有接受失败的勇气。

（6）情绪消极——多做规划。这里的建议是，更多地做短期规划，例如今天要背诵多少个单词、做多少道题，而不是一直纠结于考研总成绩要考多少分。同时，做完难题后的沮丧情绪要及时化解，用乐观开朗的心态面对明天新的复习计划。

问题6　如何平衡考研与实习的关系？

大四的同学免不了要去参加实习，但恰好是这个时候，很多同学要准备考研。那我们要如何平衡考研和实习呢？读完以下建议，相信你会有所收获。

（1）如果学校政策允许不参加实习，或者有考研假期，请充分用好。如果你下定决心要考研，那就要清楚自己最应该做的是好好复习，将精力尽可能放在考研上，因为专一做事的效率会更高。实习会占据你很多的时间，而考研需要大量时间复习。

（2）选择更轻松的工作单位。如果实习任务实在避免不了，尽量选择比较轻松的岗位，这里就建议多去和学长学姐交流，他们更清楚哪个岗位有更多的空余时间可以匀给考研。拿医学专业举例，因为专业的特殊性，很多医学生必须实习，所以一定要选择相对轻松的岗位，但也要做好收获实践知识较少的准备。在某些特殊时期，我们要学会取舍，有舍才能有得。

（3）多与实习老师沟通，如果有需要，请考研假。进入实习岗位后，一定要尽心尽力，不能懈怠，做任何事都要抱有积极的态度。同时，要多与实习老师交流，将自己的考研规划告诉老师，获得老师的理解。

（4）挤出空闲时间，努力备考。如果你的实习工作强度很大，导致你的考研复习时间很少，那你就只能在实习期间，在不影响工作的情况下抽时间复习。比如背诵英语单词、熟悉政治考点等，还可以看专业课的视频，巩固知识。时间就像海绵里的水，只要愿挤，总还是有的。或者可以选择每天下班回去后认真复习，提高学习效率，争取达到事半功倍的效果。一日之计在于晨，早晨的背诵效果是最好的，所以尽量早起。一定要制订适合自己的学习计划，然后严格执行。日日行不怕千万里，天天讲不吝千万言，时时做不惧千万事。努力是通往成功的唯一途径。

（5）调整心态。要对实习抱有正确的态度，内心越排斥，你就会对实习感到越烦躁。实在无法避免的时候，不如放平心态，认真做好自己该做的事。如果顾此失彼，"摆烂"实习，严重的话会扣学分，影响毕业，这样也会对考研有影响，这就得不偿失了。用平和的心态去面对，每天有进步就可以。你势必要比其他人更辛苦，但如果能够认真完成一切，肯定能有更大的收获！

(6)制订好合适的复习计划。根据自己备考和实习的情况，提前准备好复习计划，每天坚持执行，只要不懈怠，每天的学习可能是一种点滴的积累，最后达到质变的效果。人生不就是这样，经历过一次次考验才能成长；人生不就是这样，哪怕雨雪霏霾也要去追寻阳光，这才是向上兼容的人生。

问题 7　研究生考试遇到了各种问题，怎么办？

漫长的考试过程，可能发生的问题数不胜数：困意、生病、遗忘、紧张等，遇到了这些问题该如何应对？请耐心读完以下建议！

(1)预防失眠，保证睡眠充足。很多同学考前容易产生焦虑情绪，失眠成了最直接的表现。针对这种情况，我们可以买一些防噪耳塞，确保自己安静地入睡，如果感到心烦意乱，可以听一些轻音乐。除此之外，睡不着的时候切记不能拿起手机。白天不要喝功能性饮料，容易导致作息紊乱。

(2)早起吃早饭，检查书写工具。早餐一定不能落下，免得考试过程中出现低血糖等症状，影响作答。一定要检查准考证、身份证等考试必备证件，建议考试前一天晚上就把东西收拾好，第二天早上再检查一遍。如果早上再收拾，匆匆忙忙容易遗漏。

(3)不要迟到。尽量选择与考场距离近的酒店，缩短进场的时间。如遇交通堵塞，请及时向交警求助。

(4)考试过程中感冒加剧、突然头痛，及时处理。如果是考前几天就有感冒迹象，一定要及时就医。开药的时候记得告知医生，自己要参加考试，让医生避免开嗜睡性的药物。如果是考试过程中突然头痛，首先要保持镇静，不要慌乱，然后用手按压太阳穴以减缓头痛。如果疼痛无法忍受，请举手向老师报告，暂时离开考场，用水清洗面部。这样可以快速清醒。千万不要觉得麻烦就忍着，这样非常影响考试状态。毕竟，备考的过程是非常艰辛的，我们都不想因为非智力因素导致考试的失败。

(5)试卷破损、缺页等客观问题及时向老师报告。再者，考生要记得，不要带水杯、墨水等易洒的东西进入考场。

(6)试卷太难，不要慌。一定要记得，大家拿到的试卷都是一样的。我们一定要有阿Q精神，不论结果，只论当下。拒绝垂头丧气，好的心态可以让你发挥得更好。

(7)考试完以后不要对答案。政治考完就赶紧去背英语单词、看真题；英语考完了就赶紧看专业课。考完一科放一科。千万不能让已经过去的考试影响自己下一科的发挥。尘埃落定之前，我们都不能预测最后的结果。保持好的心态迎接每一场考试，才是考试过程中最重要的。

此外，还要了解复试的注意事项。初试以后，复试也很重要。英语口语、专业课笔试、实验操作技能等成绩都计入最终成绩。需要强调的是，口语考试期间如果老师的提问不清楚，一定要大胆提出来，不可答非所问，这样会减印象分。实验操作过程动作要轻缓，要面对着监考老师，不要背对他们，不然你的操作他们看不到。笔试阶段的注意事项和初试差不多，放平心态、沉着冷静，就一定能答出满意的试卷。

问题8　考研那几天如何调整心态？

考研那三天是改变命运的三天，心态的重要性不言而喻。该如何保持愉悦的心情呢？希望下列方法可以帮助你调整心情，从容应战。

(1)保持学习节奏，不能懈怠。有很多同学到了快要考试的时候就会学不进去，甚至处于放松的状态，这是非常不可取的。平和的心态是考试成功的关键。即使是明天考试，今晚也要像平常一样，背单词、做题。只有做到平常如考试、考试如平常，才能在考场上发挥应有的水平。尤其是数学等理学科目，思维很重要，考前几天的思维训练可以让你在考试时更快地进入状态。

(2)合理放松，避免焦虑。不能懈怠是第一要义，但适当的休息也很重要。身体是革命的本钱，我们要好好照顾身体，适当地放松自己。比如听听音乐、看看新闻、做做运动等。一个乐观愉悦的心态可以让你的考试发挥得更好。并且一定不要考前复习到晚上三四点才睡觉。学习讲究的是效率，不是时间。如果你考试前失眠，考试的时候就可能会很疲劳，导致事倍功半、得不偿失。努力不是做无用功，更不是做给别人看。只要走好自己的路，有自己的学习方法并坚持，做到熟练掌握知识就可以了。

(3)交流沟通，消除急躁心理。很多同学面对大型考试的时候，都会表现得异常焦虑。这是心理素质差的表现。遇到这种情况，我们首先要想办法自己调整，比如放下笔，出去走走转转。如果遇到较为剧烈的心理反应，自己可能解决不了，就要主动寻求别人的帮助，比如和父母面对面好好沟通交流一下，比如和知心朋友讲讲自己的烦恼，或者是和老师、长辈谈谈自己的人生规划。"当局者迷，旁观者清"，我们此时的困惑很可能是别人曾经经历过的，他们的一句话可能就会让我们醍醐灌顶，得以拥有"拨开云雾见青天"的畅快之感。

(4)静守己心，尽量不被他人影响。在准备考研的过程中，我们可能会遇到不怀好意的人，他们假意关心，实则是磋磨你的心态，甚至是讥讽、嘲笑。这样的人内心是灰暗的，他们见不得别人的优秀。遇到了这种人，我们要敬而远之，不被他们影响，坚持做自己，坚持到考试最后一刻。

(5)坚定信念，坚持到底。不经一番寒彻骨，怎得梅花扑鼻香？考研比的是选择和坚持。与其纠结时间够不够、考研人数暴增等无谓的问题，倒不如把这些零碎的时间利用起来多做题。你的担心不会让考研人数减少，可你多复习，就有可能拿更高的分数。要将时间用在刀刃上。别人吃不进的苦你吃了、别人做不下去的题你做了，拒绝懒散，你就可能比别人优秀。

漫长的一年，你很大可能会经历无助、失败、绝望。但我想，山高水长，怕什么来不及，慌什么到不了！天顺其然，地顺其性，一切都是刚刚好。加油吧！

问题 9　考研成绩不好，如何面对？

考研成绩公布以后，几家欢喜几家愁。有考得好的同学，也一定有考得不好的同学。考试不理想的同学该如何面对呢？请读完以下建议。

(1)联系学长学姐，主抓复试。若你的初试成绩处于劣势，那么一定要在复试中脱颖而出，给导师留下好的印象。比如拿出你的四六级考试成绩单、创新创业大赛获奖证书、实验室实习证明等。只有这样，你才能向导师证明你的初试只是一时失手，这样你"上岸"的概率才可能增大。

(2)抓调剂，不断尝试，宁滥勿缺。如果是过了国家线，没过目标院校的分数线，可以开始抓调剂，多去官方网站查找调剂信息。及时和导师联系，一般是通过邮箱，切记要注意礼貌用语和时间段。调剂过程中很重要的一点是打破信息差。如果觉得自己一个人的力量不够，并且家庭条件允许的话，可以去专业的考研机构报名调剂一对一指导，这样会大大增加你的录取概率。

(3)不忘初心，平常心对待，无论如何都有一定收获。先好好思考自己最初考研的目的是什么：是为了提升学历？抑或是为了体验不同的人生？不同的人有不同的选择。要明白，不论有没有考上，这一年的经历必将为未来人生道路奠定更加厚实的基础。尘埃落定之后，不计较得失，以平常心对待成绩，毕竟，考研只是你人生的许多岔路口之一。

（4）积极找工作。如果成绩不太理想，无法调剂，又不想"二战"，你要收拾好心情，抓住找工作的机会。这时候你身边考研的同学的大部分精力都倾注在复试上，此时正是你避开竞争大潮，通过校招找到好工作的最佳时机。很多人考研的目的也是为了将来能有更好的工作。如果你在本科阶段就找到了好工作，其实是殊途同归，何乐而不为呢？

（5）准备国家公务员、省公务员、事业单位、军队文职等考试。考研结束不久，就是一年一度的国家公务员考试了。如果有考公意愿的同学，要及时摒弃考研失败所带来的不佳状态，以最饱满的状态准备公务员考试。

（6）做好"二战"准备。如果已经确定自己连国家线都没过，又一心想读研，那么，抓紧时间准备"二战"才是王道。查漏补缺、找出不足、及时改正。失败一定会有失败的原因，失败不可怕，可怕的是在同一个地方失败两次。因此，要梳理自己这一年考研准备过程中欠缺的地方。是因为英语知识积累不足？还是数学思维混乱？抑或是政治的知识点不够熟练？又或是专业课基础不扎实？发现问题以后，就要在不足的地方下功夫，尽量弥补之前的短板。这里要特别注意，"二战"的压力会很大，所以要从实际出发，选一个自己能力范围之内的学校。如果依旧眼高手低，那么再次失败是极有可能的。

问题 10　考研复试、面试该如何准备？

如果你收到了学校的复试通知，首先恭喜你通过了初试，接下来的重要一环——复试，要如何去准备呢？请参考以下建议。

（1）联系导师。导师作为你未来研究生生涯的重要指路人，可谓是举足轻重。如果想提前联系导师，有很多方面需要注意。首先，从学校的研究生官网上找到导师的邮箱地址，尽量不要打电话甚至是加微信联系，那样会过于唐突，可能让老师感到不适。其次是在联系过程中一定要注意礼貌用语，措辞要得当。准备好材料，写好邮件静静等待导师回复即可，不要因为一时心急，频繁给导师发邮件，这样会降低你的印象分。

（2）联系同学校的学长学姐。如果你想知道你报考学校的导师们的研究方向、处事作风，建议联系往届的师兄师姐们。他们也曾经经历过这一套流程，会对学校和导师比较了解。另外,可以了解一下导师的成就及研究方向,这些可以让你对导师有所熟悉,在复试环节和导师交流的过程中更加得心应手,这样你就较容易得到导师的青睐。

(3)准备相关材料。荣誉证书、获奖证明、本科成绩单、四六级证书、身份证、学生证、档案信息等材料,包括政审材料,都要记得带上。以上资料最好做成简历,并且将复印件带给导师。让导师明白,你的大学四年过得非常充实且有意义,并且锻炼了读研必备的沟通、抗压能力等。这样的优秀学生谁不喜欢呢?

(4)不忘学习,养成习惯。即使成功通过了初试,没有了最大的压力,也同样不能松懈。养成时时学习的好习惯。复试更是这样,复试不仅考应变能力,还考专业素养、知识储备。如果你因为初试及格就沾沾自喜,忘记了继续复习,那么就很有可能在复试中被刷掉。要有居安思危的思想,不能将学习抛之脑后。

(5)练习英语口语。考研复试中占比很大的一部分是外语口语,一口流利的英语口语会让导师青睐有加。可以在手机上下载一些口语交流软件,浏览官方网站的口语复试建议。最好定时定量背诵英语文章,锻炼自己的口语能力。也可以找两个同学一起,让他们扮作你的导师进行一场模拟练习。

(6)提前做好面试准备工作。学习一些面试技巧,通过多种渠道了解面试的过程、可能会问到的题目,并事先进行准备。

(7)学习考场面试礼仪。对于考研复试考场礼仪,你们要记住四个原则:服装得体、礼貌尊重、谈吐谦逊、态度诚恳。在回答专业问题时,要注意时间,语言要简单精练、通俗易懂,切忌侃侃而谈,没完没了。太过滔滔不绝总会给人一种狂妄自大、逻辑思维混乱的印象。

(8)提前预订好酒店。如果是外省、外地的同学,必然会面临住宿问题。考研那几天考场周围的旅社都将处于爆满的状态,尽量提前准备好,未雨绸缪很有必要。

第二节　关于大学实习

　　实习，一个重要的过渡时期，是连接着学生与社会工作者的角色桥梁。即将踏入实习阶段，或者想提前为自己谋求一份实习经历的人，在面对未知，面对可能遇到的挫折与困扰时，也难免彷徨，难免不安。马上要实习了，不知道该怎么应对老师、应对同事；马上要实习了，人际交往还是很糟糕，没办法与人正常交流；马上要实习了，工作上遇到难题怎么办，能相信什么人；马上要实习了，可还得准备考研、准备考试，角色无法快速转换，顾虑很多，毫无准备，两手空空。该怎么办？无端的迷茫只会徒增情绪波动，不如对症下药，用一颗理性的心思考问题，解码属于自己的实习二三事。

> **问题1　我该如何选择实习点？轻松的还是动手机会多的？大城市还是小城市？**

　　对于大三学生来说，实习点的选择真的很重要，每个实习点所在的位置、工作强度、待遇等都不同。有的地方工作辛苦、老师严厉，有的地方工作轻松、老师随和，这些实习点各有优劣，我们应该怎么选择？

　　(1)尽量多了解各个实习点。对于实习点的选择，首要的是详细了解各个实习点的位置、具体工作、待遇等。以医院为例，你需要了解医院的所在位置、你要去的科室有哪些、你的带教老师可能是谁、带教老师的性格如何、科室的工作量大不大、你主要做哪些工作、动手操作的机会多不多、上下班时间是几点、自由支配的时间有多少、每周工作几天等，这些资料都是选择实习点的前提。至于获取资料的渠道也很多，可以去医院官网、医院公众号等线上平台查询，也可以询问正在实习或实习过的学长、学姐、老师等。最后可以将所有的资料汇总，以便参考。

　　(2)明确自己想在实习中学到什么。实习的目的主要是培养学生的实践能力，同时巩固专业知识，将理论知识与实际工作结合起来。实习点的选择不应该是盲目而随意的，应该结合各个实习点的具体情况和自身需求做出选择。以医院为例，不同医院、不同科室、不同的带教老师所擅长的方向都各有不同。你应该仔细思考，沉下心想想：自己的专业知识有什么需要加强的地方？想要在实习过程中学习到什么？对什么方向的内容比较感兴趣？以这些为标准去考虑自己想去的实习点。

（3）了解自身能力，明确自身定位。一份好的实习，必然是工作价值与自身价值相匹配的，同时自己的能力也可以在此得到最大的发挥。所以对于实习点的选择，正确评估自身的水平和能力很重要，例如自己的专业知识掌握程度、英语水平的高低、吸收消化知识的速度、实际操作的上手能力等。再根据实习点对于学生能力的要求，来选择能最大限度发挥出自身能力且能改进自身不足的实习点。

（4）从未来的规划出发。对于实习点的选择不仅要考虑到现状，还要顾及未来的规划，例如大四选择考研还是实习抑或是两者兼顾一直是亘古不变的艰难问题。如果你选择了二者兼顾，那在实习点的选择上，你可能需要选择相对来说可自由分配时间更多、平日工作较为轻松的实习点；若你选择工作，那这时候就需要考虑未来的就业方向及就业地点；若你选择考研，甚至可以在学校允许的情况下选择不去实习。

（5）遵从自己的内心，跟随自己的价值观走。有的人天生好强，喜欢竞争和拼搏；有的人天生喜欢安逸舒适，不喜欢竞争的工作环境。这些都是由我们的价值观所决定的。而每个人生阶段，价值观也是有所不同的。有的人在年轻的时候喜欢快节奏、奋力拼搏的工作氛围。步入中老年后，则喜欢安静闲适的生活状态。

问题2 不想从事与本专业相关的职业，不想去实习，怎么办？

有这么一类学生，对本专业不感兴趣，不想从事与本专业相关的工作，对未来缺乏一定的规划，萌生了不想去实习的想法，该怎么办呢？

（1）以顺利毕业为前提。不管你是否愿意从事与本专业相关的职业，顺利毕业是重中之重，即便你毕业后不想从事本专业工作，但学历仍是许多工作的敲门砖，实习是正常的教学活动安排，是毕业的基本要求。即便你不喜欢本专业的工作，但为了能够顺利毕业、拿到学历，你仍需参加实习。

（2）全面思考，明确不想从事本专业工作的原因。做出任何决定之前，你都应该全面了解自己的动机和做出该决定所带来的影响，这样才能尽可能地做出最适合自己的决定。对于这个问题，首先你必须要捋清自己的想法，明确自己不想从事本专业工作、不想参加实习的原因是什么，是不感兴趣、觉得不适合自己还是其他什么原因。除此之外还需要考虑做出此决定带来的影响，如没有参加实习是否能顺利毕业，所以不能随意，必须经过深思熟虑，这样才能做出一个完美的决定。

（3）对自己有明确的认知。在不考虑从事本专业工作的情况下，你应该对自己有个明确认知，搞清楚自己擅长什么、喜欢什么、想做什么，知道自己的能力有哪些，再以此为基点进行规划。如果是想做自己擅长的事情，就要对自己有明确认知，发现自己的闪光点，比方说逻辑思维强、擅长写作、善于与人沟通等，找到适合自己特性的工作；如果是做喜欢的事，就要让喜欢转化为动力，坚持做下去。

（4）面对现实，做好规划。不敢正视或逃避实习，主要原因可能不是你不愿意面对现实，而是不知道如何去应对现实。其实不用太过焦虑，立足现实，只要将现实带给你的问题理清楚，再将问题一步步拆分，逐个破解，试着去慢慢解决，在逐个破解的过程中你就能够正视且面对现实了。

（5）确定自己的真实想法。你是否真的不想从事本专业工作，如果是的话，要做好能接受其他工作所带来的辛苦的准备。如果你只是因为觉得现在专业的工作太过辛苦而选择放弃的，那么现实或许不能如你所愿，多劳多得是亘古不变的真理，想既轻松又有高回报是不可能的。当然，如果你发现自己真的不适合本专业工作或者是学艺不佳导致没有信心继续做下去，明确要放弃从事本专业工作，那么不要犹豫不决，下定决心，去做自己想做的工作。

（6）明确自己想干什么。如果已经确定自己不想从事本专业工作，那么现在就应该明确自己到底想干什么。你可以先拿出一张空白的纸放在桌上，然后坐在桌前沉下心来仔细思考，认真想想自己想做什么，只要是你想做的工作都可以写在纸上，哪怕这些事情天马行空，但只要是你想去尝试的都可以写在纸上，遵从自己的内心，一件一件地写下去，直到没有遗漏为止。写完之后，回归现实，将你写下的与现实一一对照和筛选。思考这项工作需要什么条件，而你是否具备相应的条件，按照这样的思路来筛选，便能选出你最适合、最想从事的工作。

问题 3　觉得自己在实习的时候什么都做不好，总是被带教老师批评，怎么办？

有不少实习生提出这样的疑惑：我为什么总觉得自己在实习的时候什么都做不好，总是被带教老师批评？这是刚参加实习的学生可能都会碰到的问题。实习实际上就是从学生角色转化为工作角色的一个过渡期，由于同学们心理上的调整不及时，可能会产生一些迷茫、失落、自我认同降低等情绪，这该怎么办呢？

（1）平复自己的情绪。首先你一定要平复自己的情绪，被带教老师批评不要紧，不要一直沉浸在悲伤的气氛当中，受到老师的批评这是非常正常的事情，老师也不是专门针对你，这是你成长过程中必须经历的事情。你可以先让自己放轻松，找一些自己喜欢做的事情，想一些开心的事情，平复自己的情绪，让批评留在今天，让不开心也放在今天。

（2）思考被批评的原因。带教老师必然是出于某些原因才会批评你，在平复完自己的情绪后，你就要开始思考自己被批评的原因：带教老师为什么批评你？是不是因为你没有做好工作？你没做好这个工作是因为什么？是你的失误还是其他不可控因素？是粗心还是真的不会？只有明确被批评的原因，才能加以改正，下次不再犯同样的错误，自然也不会再被带教老师批评了。

（3）诚恳承认自己的错误。在被带教老师批评后，你千万不能找借口推卸责任，一定要诚恳地承认自己的错误，尽量说明犯错误的客观原因、自己的不足以及自己下一步继续学习或者努力的方向，即使是其他不可控因素造成的失误也要当场及时道歉，事后再找机会说清楚。

（4）吸取教训，下次努力。失败乃成功之母，被批评不要紧，找对原因及时改正，吸取经验教训，下次努力做好更为重要。如果是因为上手操作失误，可以多练习几遍；如果是因为粗心大意，一定要端正态度，细心为上；如果是因为专业知识有欠缺，可以查缺补漏，巩固知识。一些容易犯错的常规性任务，可以用写便利贴等显眼的方式记下来提醒自己。总而言之，找到能够减少错误的方法，争取下次不再犯同样的错误。此外，作为实习生，要有责任心，把每件事做好做细，但不要给自己过大的压力。

（5）改变作息，适应工作节奏。学生和"打工人"的作息和生活方式截然不同，原本的生活节奏将会被彻底改变。在实习初期阶段，不适应是正常的，不必着急，随着时间的流逝，你可以主动去适应工作的节奏，改变原先的作息和生活方式，逐渐摸索到正确的属于你的工作节奏。

(6)不要否定自己。初入职场就好比一个从漆黑到光亮需要慢慢适应的过程，如果你拒绝睁眼时的不适，那你永远也看不到光线下的"世界"全貌。初来乍到，要自信一些，如果你胆怯、不发问、不寻求帮助，觉得面子重要，不去社交，那么你会与社会格格不入。更何况实习本就是"蹒跚学步"的过程，端正态度，步子慢点无所谓，每一个摔倒受挫都是你睁开眼看"世界"的一步缓冲！

问题4　对实习工作非常抵触，每天都没有干劲，不想去上班，怎么办？

有部分实习生，实习一段时间后难以适应实习生活，甚至越来越抵触，每天都没有干劲，做什么都觉得很无力，不想去上班，应该怎么办呢？

(1)充分认识实习的意义。实习是认识社会、适应社会的一个重要阶段。实习前我们都生活在校园，对社会的认知还停留在想象中，没有办法马上认清社会现实，对于步入社会还存在着恐惧、焦虑的心理，这是正常现象。但是，千万不要泄气，要明白实习对自身成长的重要意义，哪怕你抵触，它也是一种自我成长的经历，也有其特殊的意义。当你认识到实习对你的意义之后，或许你的抵触情绪就不会那么强烈了。

(2)花时间和精力去充分认识社会。除了实习工作外，多参加社会活动，不要让自己对社会的认知停留在想象中。通过社会实践活动去了解社会、认识社会、熟悉社会，社会并不可怕，只有充分认识，才能更好地适应社会。

(3)做好实习前的准备工作。实习前做好充足的心理准备和知识准备是必要的，这样在工作中遇到各种突发状况时能够很好地处理，也能对实习中可能出现的枯燥、疲惫等情况做好心理准备。除此之外，专业知识也要在实习前巩固完善，这样才能在实习中更好地将理论与实际相结合。

(4)避免期望过高。课本知识与实际操作相结合本身就十分困难，在实习过程中表现不好是非常正常的，你要为自己设立适当的期望与目标。工作上出现失误时不要立刻怀疑自己的能力，实习本就是学习的过程，一定要时刻充满自信，对工作抱以热情，有时候也需要宽以待己。

(5)提高抗挫折能力。首先要以平常心对待挫折，从另一方面来看，挫折也是个人发展的机遇，只要正视挫折，不逃避不放弃，就能战胜挫折。引起你的挫败感的可能并不是挫折本身，而是来自你自身的认知以及对待挫折的态度。因此，你要正确认识挫折产生的原因，以积极乐观的态度面对挫折。其次要勇于实践，只有不断地在生活中磨炼自己，才有抗击挫折的能力，在遇到挫折的时候不会被轻易打倒而能应对自如。

（6）找到愉快的实习方式。大家在实习的时候，多做一些让自己有成就感的事情，慢慢地提高自信心，自然也会对实习充满兴趣。可以在早上的时候，提前到达公司，把一天的工作任务安排写在纸上，完成一项任务之后，画一个钩，这样也可以让自己看到自己做了多少工作，等到下班之后看到纸上满满的钩，相信你会觉得特别充实与幸福。

（7）给自己放个假。在休息日时可以出去玩一玩，远离工作的烦恼，让自己真正地放松下来，做到张弛有道。

问题5　觉得实习就是打杂，根本学不到东西，很没意思，怎么办?

在刚踏入一个行业进行实习的时候，每个人都充满热情，富有志向，但是刚入门必定是从烦琐而枯燥的基础性工作做起，在日复一日的枯燥工作后，有些同学热情被消磨殆尽，觉得实习工作很没有意思，觉得自己在打杂。这该怎么办呢?

（1）区分打杂和基础性工作。区分打杂和基础性工作很重要，例如实习护士每天给患者打点滴、实习医生每天分析病历、文书人员每天整理文件，这些都是每个行业内的基础性工作，也是每个人要成为各行各业内的"熟练者"所必须要经历的事情。这些基础性工作简单但又烦琐，对做事的人要求较低，很好上手，比较适合各行各业内的新人用来作为入行的"敲门砖"。而打杂可能是为同事跑腿、给老板带孩子、打扫卫生等与行业内事务完全不相关的事情。区分基础性工作和打杂非常重要，虽然它们同样是烦琐的事情，但是背后所代表的意义、带来的效益完全不同。

（2）做好基础性工作。基础性工作虽然烦琐且无趣，但每天重复基础性工作并非没有提升的空间，你在实习中是否有所收获、收获多少并不仅仅取决于你做了什么，更多的是看你对这些事情的态度、你怎么去做这些事情、你是否能"举一反三"、你是否能从表面深入了解其背后的奥秘。基础性工作不仅仅只是机械性工作，你要带着思考做事情，要把重复性、基础性工作做出"新花样"，凡事多往前思考一步，例如让你收集数据，可以多做一步，将其做成表格总结归纳分析。除此之外要注意，不要犯可控因素内的错误，例如因为懒惰、粗心大意、沟通不顺等而导致的失误。只有将基础性工作做好了，别人才会信任你，让你接着做更重要或更多的工作。

（3）从基础性工作出发，顺藤摸瓜地去吸收知识。切忌"保守"思维，做一件事就只单单局限于这一件事，在做好这件事的同时，还可以顺藤摸瓜，摸清楚这件事情在整个"流水线"中处在哪个环节，起到什么作用，下一环节应该做什么，有什么办法能更有效率、更完美地完成这件事。在整个实习过程中，你要尽力"榨干"实习，充分利用这个工作去充实自己，去学习更多、收获更多。

（4）从小事做起。初入职场，领导对下属不了解，往往会通过杂活去考验下属，这时候如果你眼高手低，不屑于做这个，不齿于做那个，那你很有可能是会被淘汰的。常言道，一屋不扫何以扫天下，做大事之前，一定要从小事先证明你的能力，否则领导怎么放心把大事交给你呢。

（5）适当拒绝。对于那些同事推脱的杂活、乱活，可以直接拒绝，如果推脱不了，可以向上级领导反映，努力维护自己的权益。

问题6　实习的时候总是希望得到带教老师的夸奖，但是没有，很失落，怎么办？

有些实习生每天都很认真完成实习任务，也抱着十分好学的态度认真学习，有工作总是冲在第一个，但是总得不到带教老师的夸奖，很失落，甚至对自己产生怀疑。这要怎么办呢？

（1）进一步认识自我。对自我的认知不清可能导致两种不同的性格：自卑与自负。这种性格并不是因为实习而产生的，而是长期以来在自己身上一直存在的，只不过在职场的大环境下得到了强化，更进一步地显露出来。对于自己的长处避而不谈、视而不见，做得再多再好也没办法对自己产生认同，反而将自己的不足之处放大、夸大，怀疑自己的能力，在长期的怀疑中丧失了信心，从而导致了自己无法在带教老师面前完美地显示自己的实力，进而得不到老师的夸奖。

（2）正视自己的长处，给予自己信心。尺有所短，寸有所长。每个人都有自己的长处，每个人都应该重视自己的长处，充分发挥自己的长处。在实习的过程中，你的不自信会在职场中放大，当你觉得自己做得不好的时候，可以停下来想一想，为什么会做得不好、哪里做得不好，但是不要沉浸在其中，也不要过分夸大自己的失误。在完美完成一个任务后，可以适当地表扬自己、奖励自己，为自己打气，肯定自己所做出的努力。

(3)做好手头事。当你的情绪"拐进死胡同"后，你会将大部分时间用在想象、选择、尝试没有意义的事情上，剩余的精力连眼前的事都应付不了。在工作中，你要舍弃令你三心二意的想法，先专心致志、集中精力做好手头的工作，尽力完美地完成，至于夸奖，总会到来，不必太过在意。

(4)充分树立自信心。首先，你要发挥自己的特长，在实习的过程中要发挥出自己的价值。其次，实习中存在许多的挑战与机遇，你要牢牢把握机会，积极参与各项任务，克服困难，成功是获取自信心的捷径。

(5)保持乐观的态度，认同自己，接纳自己。第一，接纳自己的独一无二，接纳自己想要被夸奖的心，同时也要接纳自己的平凡。就像很多问题，只有正视它，把它当成问题，才有解决的可能。如果不正视问题，不愿意看到问题，逃避问题，那永远没有解决的可能。第二，调整自己的目标。不要制定一个对自己来说很高的目标。与其制定一个自己遥不可及的目标，不如多多结合自己的实际情况，立足当下来制定切合自己、更容易实现的目标。这样当你达到自己的目标后，就会很有成就感。第三，不去寻求他人的夸奖，做好自己应该做的，不断提升自我，自我的收获与提升才是最重要的。第四，不去寻求一定要达成目标，享受它的过程也很重要，不必过分在意有没有达到自己想要的结果，要更多地珍视旅途的收获。

问题7 身边的同学都表现很好，就我什么都不会，很焦虑，怎么办？

有这么一部分同学，实习期间操作能力比较差，实习表现也不是太好，老师问的问题也不能给出较好的答复，其他同学却表现很好，对比后心情很复杂，甚至产生强烈的失落感。这要怎么办呢？

(1)分析原因。第一，对自身能力产生怀疑。在实习过程中，实习生难免会出现失误，且每个人的学习能力不同，这很容易让一些同学对自己多年来所学的专业知识产生怀疑，对自身能力产生怀疑，从而造成一定程度的焦虑与恐惧。第二，职场环境变化莫测，带教老师给予的压力、同学或同事之间的竞争，这些都会给初进社会的实习生带来不小的心理负担与压力。第三，实习生们大多觉得自己定能在实习中崭露头角、表现优异，对自己抱以极高的期待，而现实却往往因缺少经验而表现不佳，期待与现实之间的落差常常导致实习生们对自己的能力产生怀疑，进而焦虑不堪。以上种种都是产生落差感的主要原因，找出原因，方能有效解决问题。

（2）学会自我激励。在实习的过程中，难免会遇到挫折，进而产生不良情绪，但是一味地沉浸在不良情绪中，而不采取任何措施去解决不是明智之举。在自信心受挫后，你可以通过回忆以往的成就与荣誉，用这些光辉经历来激励自己，与各种不良情绪做不懈斗争，给自己的内心重新垒起"防线"，重新建立起自信，勇敢地面对每一次挫折与挑战。

（3）适度宣泄不良情绪。实习中，实习生们往往会因为某些原因产生不良情绪，这时候应该尽早地进行调整或适度宣泄，进而缓解和改善心境。倾诉能很好地缓解不良情绪，你可以向你的老师、家人、朋友倾诉你近期所遇到的烦恼、你的茫然与无措、你的焦虑等，获得亲友的支持与理解，拥有继续努力下去的勇气。另外，你也可以在休息日进行一些适度的运动，例如跑步、打球等，宣泄不良情绪，恢复心理平衡。

（4）重新认识自己，制定合理目标。自身过高的期望与现实的落差往往会让你对自己产生怀疑，所以在认识到期望与现实的落差后，你应该舍弃过往不切实际的期望，重新认识自己，客观地审视自己的能力，为自己制定合理的目标与计划，并以此为导向，不畏各方压力，满怀热情与勇气，提高自己的专业自信与职业认可度，专注于提升自己的职业素养，自然而然地，自己也就能表现得越来越好。

（5）与其比较，不如提升自己。你的这种失落感是很常见的，很多人都有类似经历。一直在这种问题上纠结是没有意义的，你再优秀，总有人比你更优秀，你要更多地看到自己的长处，不要用别人表现出来的优秀和自己比，可能你觉得优秀的人，也在和你比，每个人都有自己的闪光点，与其与他人比较，不如努力提升自己，让自己的表现对得起自己的期许。

（6）学会自我排解，给予自己信心。当情绪不佳的时候，要学会排解，拒绝胡思乱想，可以给自己找一些简单的事情做，做出一点成绩来，安慰鼓励自己，提高自己的自信心，也告诉自己：我已经很棒了，我可以做得很好，能够为自己的未来负责。这种直接排解的方式能非常有效及时地调整自己的情绪。

问题8　实习期间其他人都很会处理人际关系，而我总是不行，怎么办？

有些同学在实习过程中处理不好与同学、带教老师之间的关系，非常害怕社交，看到其他同学在交际方面游刃有余，相比之下，心里就更加不是滋味了。

这该怎么解决呢?

(1)认清职场人际交往的本质。在实习中,我们的首要任务是学习专业知识,练习实操技能,而其他的职场人脉、同事评价、领导看法等,都是建立在干实事这个基础之上的。在职场中,适当的交际是必要的,但是不必花过多时间在这上面,只要脚踏实地地做事,专注提高自身职业素养,在职场中发挥出自己的价值,自然而然就能获得领导的青睐、同事的喜爱。

(2)学习沟通协调技巧。在实习中,首先,你要学会建立自己的职场人格。初入职场的人际关系本质上是你与别人相互适应的过程,如果你一开始就给自己确立底线和原则,形成自己的做事风格,这就有利于帮助别人适应你。其次,你要学会控制自己的情绪。职场与学校不同,在实习的过程中你可能会感受到前所未有的疲惫、不适应、焦虑等,但是情绪失控是职场大忌,你应当学会控制自己的情绪,找到应对方法。最后,时刻注意自己的言行,言行是职场发展的润滑剂,恪守基本的社交礼仪是最简单、最根本的要求,能给人以良好印象。

(3)脚踏实地,多做事。在工作的过程中,作为实习生,在完成本职工作的同时,你可以尽可能做些力所能及的基础性工作。若自己性格内向,不善社交,那就脚踏实地,一步一个脚印,多做事,树立起勤恳认真的好形象,即使不善言辞,也能与领导、同事有良好的社交往来。

(4)多参与集体活动。集体活动是社会生活中非常重要的交往方式,也是与别人建立起良好社交关系的桥梁。在工作中,通常会有促进同事间感情的集体活动,就是所谓的"团建"。在我看来,团建对于你是一个非常好的社交机会,在这个职场外的活动中,大家能放下工作压力,是一个非常好的交流感情的机会。所以,在不违背个人意愿的情况下,你可以多参加集体活动,促进大家之间的感情。

(5)以平等之心与人交往。在与人交往中,首先有一点自己要切记,任何人都没有高低贵贱之分,任何不平衡的心态都会影响人际关系的顺利发展。

(6)建立融洽的关系。人与人相处时,接纳、包容、宽容等这些特质都会让人际关系更加融洽。有一颗主动与人交往的心,方能广交挚友。当然,交友对象不应该仅仅局限于与自己性格相似的人,还要交那些与自己性格有差异的人,求同存异,和而不同。

(7)互惠互利。人际交往是一种双向行为,只有互利互惠,这种关系才能保持得更加长久。在这种互敬互爱、双方受益的关系中,无论是在物质还是在精神上,交往的双方都要有奉献精神。

除此之外,还要恪守信用,诚实守信是人际交往中的基石,古人言:"君子一言,驷马难追。"

问题 9　实习要按部就班，没有自由，有些不适应，怎么办?

实习和在学校上课真的很不一样，每天都按部就班，早上九点上班，下午五点下班，有时候还需要加班，下班后还要查资料、学习，感觉自己每天都很忙碌，没有自由，节假日也没有在学校的时候多，很难适应。这要怎么办呢?

(1)调整心态，适应节奏。你应该认识到学校生活已成过去，你现在正处于实习阶段，也可以说是学生到职业人的过渡阶段。在这个过渡阶段，你要调整心态，尽快适应工作的节奏，为以后的工作打下良好的基础。

(2)养成规律的作息。你可以根据实习的时间安排制定一个属于自己的每日作息安排表，比如每日七点起床、九点上班、下午五点下班、晚上九点做些喜欢的事情等。刚开始你要严格遵守作息安排表，同时可以根据实际情况适当修改安排表，逐渐养成良好的作息习惯。

(3)提高工作效率。个人自由时间减少有一部分原因是加班时间占据了休息时间，究其根本就是上班时间效率不够，任务无法完成，不得不占用下班后的休息时间。对于一个上班族来说，区分上班时间和下班时间非常重要，在上班的时间，你应该做到心无旁骛，认真做好工作，提高工作效率。在下班时间，你可以做自己喜欢的事情。

(4)保持好心态，认真对待目前的实习工作，有什么不懂的地方及时询问其他同事。给自己制订工作计划，每天按照工作计划表做事，明确的工作方向有利于自己快速适应新的工作。此外，重新给自己定位，想想自己的未来，为了自己的未来多加努力。

(5)更换实习工作。如果在尝试所有的方法后，你仍然无法适应现在的实习工作，甚至已经出现焦虑、抑郁的情绪，就应该及时止损，考虑换一个更适合自己的实习单位，不要再执着于目前的工作。

初入职场的时候，不适应是很正常的，可以说这是许多人都要经历的一个过程，在大学时你每天最早 8：00 上课，非满课的情况下基本上每天就上 6 个小时的课，课上偶尔还会玩一会手机，过着一种悠闲惬意的生活。但是工作后你的生活发生了翻天覆地的变化，一天的工作时间基本都在 8 个小时左右。忙的时候可能连喝水的时间都没有，所以说调整好心态是最重要的，这是每个人都必须经历的一个过程，你不能一味地躲避它、排斥它，如果一味地逃避和排斥，你以后还怎么进行实际的工作呢? 可以适当地给自己定下一些小目标或者说给自己一些物质上的激励，这样能够让自己更好地融入现在这个工作，为以后的生活做准备。

问题 10　我想考研，又要实习，怎么平衡两者的关系？

很多学生都面临既要实习又要考研的难题。实习工作时常让自己筋疲力尽，没有精力再去准备考研，很矛盾，也很焦虑，该怎么平衡考研和实习呢？

(1)调整心态，确定考研决心。决定考研需要经过深思熟虑，你可以从考研的目的、考研失败的后果、读研的原因等方面考虑，增强考研的动机，确定考研的决心。很多人与你的情况相同，需要同时准备考研和实习上班，并非只有你一人面临这种情况，所以不要觉得孤立无援。只要以平常心面对目前的情况，调整好心态，就不会有太大的问题。

(2)提前制订实习备考计划。由于实习任务会非常繁重，所以在实习之前，你可以向学长学姐了解每天大概需要做的事情、上班时间等，以此再制订你在实习期间的备考计划，提前规划时间。在实习前的半年，你可以开始在网上搜寻各种资料，确定想要考的学校及其所要求的考试科目，然后尽快开始着手备考复习。

(3)选择较轻松的实习岗位。每个实习岗位的工作强度不尽相同，如果你已经下定决心考研，可以提前向学长学姐了解各个实习岗位的工作情况，然后选实习点的时候尽量选择比较轻松、留给自己自由时间多的实习点。

(4)利用碎片化时间。实习工作占据了一天中大部分时间，仅仅凭借着下班后的时间备考远远不够，你可以利用碎片化的时间来背些英语单词、政治小考点等，类似吃饭时间、通勤时间、午休时间等，这些都可以利用起来，积少成多，毕竟时间就像海绵里的水，挤挤就有了。

(5)释放压力。同时面临备考和实习不仅会带给你身体上的疲劳，还会给你带来很大的心理压力，所以学会释放压力非常重要。在你的时间安排表中，应该适当安排一些时间做些你喜欢做的或者能让你放松心情的活动。例如，在休息的周末，你可以找个时间到街上逛逛；在备考时，听些舒缓的音乐放松心情；隔一段时间，与家人或者朋友打个电话，倾诉一下近期发生的事情及自己的心情等。

(6)自我激励。备考的周期非常长，很多人都"倒"在了路上，中途放弃，考研最难的并不是题目的难度，而是自身的坚持。与高考不同，很多时候考研对你来说更像是孤军奋战，在这个时候你需要自我激励，给自己加油打气，相信自己的实力，相信不管任何困难自己都能克服。

（7）正确看待实习。实习确实会耗费非常多的精力，但是你不能因此就想着放弃实习。考研仅仅是你个人的选择，如果学校规定必须实习的话，你不能要求学校和实习单位都为你让步，如果你因为备考而逃避实习，会给学校及你个人带来不小的麻烦。此外，在单位实习后，你能更好地将理论与实践相结合，从而对理论知识有更深刻的了解，这对你的备考也是有一定益处的。

第三节 关于大学就业

近年来，高校毕业生规模和增量屡创新高，学生就业形势越发严峻。毕业生考虑自身能力、专业前景的同时，又受到各种客观环境的影响，很难如愿。毕业生在就业岗位的选择、竞争中受到打击，不少人开始对未来迷茫、焦虑，担心自己毕业即失业，找不到合适、稳定、满意的工作，就业状态低迷。与其诚惶诚恐地顺应时代大浪淘沙，不如主动出击，揭下这份就业通知书，挖掘自身蒙尘的金子，积极寻找就业机会，调整就业心态，多一分权衡与思考，方可在不畏微茫中造炬成阳，顺利渡过就业难关。

问题1　毕业了，就业和创业如何选择？

当前，国家大力支持大众创业，创新创业的大环境也比较好，各级政府、社会团体、高校也为大学生创业提供了积极的政策支持，有些大学生想要投身创业大潮中，但是又害怕失败，面对这种矛盾心理，该怎么办呢？

在"大众创业、万众创新"的大背景下，大学生创业成为当前经济发展的一种新形势，是落实以创业带动就业，促进高校毕业生充分就业的重要措施之一。大学生是最具创新意识和创业潜力的群体之一，理应得到支持和鼓励。但由于创业是一项复杂的系统工程，对象牙塔里走出的大学生来说，将面临创业带来的诸多困难和挑战，所以在创业之前要做好充分的思想准备。

（1）认清自己，做好创业知识储备，提升创业技能。大学生想要创业，第一，要认清自己的个性、能力及社会支持系统，可利用相关的个性测评软件或者咨询就业创业指导人员，了解自己的个性是否适合创业，做好职业生涯规划；第二，要学习相关的创业理论知识，接受较为系统的创业培训，吸取成功者的创业经验，充分做好创业前准备；第三，要努力提升自己的创业素质，提升抗挫抗压本领；第四，要主动对接创业导师，在导师的指导下，借助学校的创新创业园区、创业孵化基地等实践平台进行先期的孵化。

（2）注重调查，脚踏实地。创业初期要对当地的经济发展水平，人们的消费水平和模式，行业、同类型企业的发展情况都有一个清晰的认识；要对政策方向有精准把握，对市场环境进行精密调研，对消费者需求进一步明晰，只有在清晰地了解了这些情况之后，才能更好地结合自己的能力状况，决定是否进行创业。盲目地凭一腔热血去创业，很可能会失败。

（3）咨询他人，汲取经验。你可以与学校里负责毕业生就业、创业的老师进行交流，听取他们的一些建议意见；也可以请教已经在创业路上奋斗、有经验的学长学姐等，他们的经验会给你带来一些有利的思路，前人的经验是十分宝贵的，应该有效地加以利用。

（4）获得家长的支持。虽然我们强调独立自主的重要性，但不可否认的是，对于刚步入社会的大学生们而言，家长的意见和建议还是十分重要的，特别是对于创业这种可能需要投入大量精力、财力的事情。如果家长持否定的意见，那么可以选择与他们进行交流，听听他们的想法，切不可因为意见的分歧而与家人产生不必要的隔阂。

（5）考虑实际情况。创业需要有一定的经济基础、可靠且有实力的团队成员、坚定的创业信念等条件，要切实考虑团队的情况是否可以支撑起一个企业发展，而不是随波逐流地进入创业的浪潮中。创业必备的资金、能力、信念、团队意识都是十分重要、缺一不可的，要在谨慎地分析思考后，充分结合当地的创业情况，再做出决定。

问题 2　就业过程中遇到性别歧视，怎么办？

近年来，人们就性别问题的讨论越发地深入和深刻。尽管在国家法律的约束和大众舆论的引导下，求职市场上的性别歧视现象已经大为减少，但并未完全消除。如果你在求职过程中遭遇了性别歧视，该怎么办呢？

（1）理解这种现象的存在。有些岗位可能会有性别偏好，这可能与该职业的岗位职责有关，也有可能与该岗位已有人员性别分布相关。这其中不全是性别歧视，或许还有职业性别保护的成分。因此，不要过分抱怨这种现象。

（2）积极寻求法律保护。如果你确定该岗位招聘存在性别歧视，面对非例外的性别特别需求的职业（如消防员等）设置岗位竞争歧视性录取条件，你可以也应该积极寻求法律保护，争取属于你自己的合法权益，如拨打劳动部门电话进行举报。维护两性平等不仅仅是我们共同的权利，也同样是我们的社会义务。

(3)多给自己机会。你不能因为一次的碰壁就否定自己，这样的性别歧视问题不在于你自己，对自己而言最重要的是给自己更多的选择，去寻求更多的机会，及时把自己从这个不幸的遭遇中抽离出来，不管是去寻求更多的面试机会、争取更多的岗位，还是揭露不公，都需要一个心态良好、处事沉稳、不卑不亢、沉着冷静的自己。

(4)勤勉致知。千里马常有而伯乐不常有，自己的才华虽然一时不为人所识，不为世所用，但终有其时，会一鸣惊人。在这个职业发展相对停滞的困难时期，也应当勉励自己奋发图强，增强自己的优势，扬长避短，寻伺机遇来一展才华，而不应自怨自艾、妄自菲薄，更不当愤世嫉俗、黯然失意、终日碌碌、怨天尤人。

(5)调整情绪。遭遇不公后，我们应当及时排遣自己的苦恼。疏泄自己的愤懑也是非常重要的事情，我们可以和身边的朋友、长辈或者是心理咨询师倾诉，也可以出门走走放松心情。

(6)放平心态。在面对这种社会上仍然存在的性别歧视时，除了尽到我们必要的义务之外，在心态上，我们要放平，沉稳对待。世间的不公比比皆是，尘世的磨难此起彼伏，个人在独自面对世界的阻拦的时候是很苍白无力的，我们要承认自己的力量有限这一点，然后再来正视整个问题，短期内我们无法改变世界，自然只有改变自己。要坚信天生我材必有用，此处不留人，自有留人处，只要保持住自己的优势，一定会找到一个满意的工作。

问题 3 所学专业就业前景不是很好，对就业感到焦虑，怎么办？

当前，劳动力市场存在着供需不匹配的情况，有些专业比较冷门，就业前景不好，专业岗位较少，许多毕业生面临就业困难的情况，对就业感到焦虑。面对这样的情况，应该怎么办呢？

(1)清楚当下的就业困难形势。2022 年，高校毕业生首次突破 1000 万人，当下经济面临下行压力，就业岗位不断缩减，大学生就业面临困难，这是摆在面前的现实情况，我们都要正视它。当然，有些专业本来就比较冷门，就业岗位更少，会有就业压力也很正常。

(2)转变观念。你今后要从事的工作不一定与现在所学专业对口，这已经是一种非常普遍的现象。大学阶段注重提升素质和能力，很多单位看中的是你的素质和能力，并非你的专业。所以，你需要转变观念，不是学了什么专业，找工作时就一定要与所学专业对口。当你这样想时，你可以参与应聘的岗位就多了。

（3）拓宽就业面。现在社会上从事专业不对口工作的人数并不少，如果专业的就业前景确实不佳，并且自己对该行业也没有较大的热情，那么可以学习一些其他领域的知识，比如修读第二学位、考研，或者提升某方面素质，这样就可以拓宽自己的就业面。也可以看看与本专业相近的岗位有哪些，尽早做些了解和准备，毕业时去应聘一些与专业较为接近的、自己较为擅长的和感兴趣的职位，相信你能在这样的职位中发光发热。

（4）在实践中慢慢探索。凡事都不能靠空想，只有在实践中才能够更好地得出结论。积极在实习或者工作中去感受了解这个职位的前景，如果工作了一段时间后，还是觉得和自己的期待大相径庭，那么就可以考虑换一个更加适合自己的职位。

（5）多咨询，积累经验。可以向本专业的学长学姐、辅导员、班主任或者自己家中的长辈询问相关的就业问题，并且与他们多多交流自己的想法。向这些社会经验丰富的人多多学习，可以帮助你更好地去面对未来的就业问题。

（6）提升自我，保持信心。争取在大学期间努力提高自身的能力，相信你一定能在人群中脱颖而出，获得一份理想的工作。虽然现在就业压力大，但是也不能就此对就业丧失希望，多投简历、多面试、多多争取机会，相信功夫不负有心人，即便是就业前景不理想的专业，也能够争得一席之地，切不可在一切还未有定论的时候就否定自己，这样只会让自己故步自封，难以前进。

（7）积极应聘。要积极地准备好自己的简历、推荐信等相关的资料，多关注学校里的招聘信息。在重要的招聘阶段，积极应聘，多多争取机会，不要担心失败，这样才能够更好地争取到属于自己的职位。

问题4　家里条件一般，我想继续学习，但父母希望我早点工作，怎么办？

对于家庭条件一般的大学毕业生而言，选择继续深造还是出来工作的确是一个非常重要并难以抉择的问题，继续深造要考虑家庭条件及家人是否支持，不继续深造意味着从事一份满意的工作的概率可能小一点，梦想与现实总是影响着我们前行的脚步。如果你想深造，而父母希望你早点工作，怎么办呢？

（1）了解继续深造的好处。继续深造意味着你可能可以获取更加优质的就业岗位，获得更好的发展前景和未来；继续深造能使自己在喜欢的领域进一步研究，可以在这方面做出一定的成绩；对于不喜欢本科专业及学校的学生，通过考研可以选择其他专业，改变不如意的现状，"名校梦"也可以通过考研来实现；继续深造还能获得更多资源和人脉，为未来发展铺路；此外，考研对个人的成长和心智是一种磨炼。

（2）重视与父母的沟通。父母的意见对于你的未来发展是十分重要的。在面对这样重要的人生抉择时刻，一定不能固执己见，应该与父母多多交流，在切实了解父母的想法后把你的想法表达出来，让他们知道你的打算，再根据父母的想法和家庭的经济状况慎重做出选择。

（3）具体情况具体讨论。如果家里拮据，负担不起学费，但在没有负债且不需要急用钱的情况下，不妨和父母商量申请助学贷款和补助，再考虑是否深造学习。因为现在国家在教育方面投入了较多的资源和经费，并出台了许多优惠政策，如果自己同时勤工俭学，是可以做到自食其力，不给家庭增加负担的。如果家里条件确实很差，急需用钱，不妨暂时放弃继续深造的想法，先找一份工作，和家人一起渡过难关。有时为了家庭，我们不得不暂时放下理想和学业，背负起生活的担子，和家人携手并进。等家庭状况稳定之后，还可以考研，或者攻读在职研究生，继续深造。

（4）考虑专业状况。要深入地了解一下自己所学专业考研和不考研是否有巨大的差距，由于市场需求、专业设置等原因，并不是所有的专业都适合考研，也不是所有的专业考研都能带来较大的改变和较高的竞争力，同学们可以咨询自己的老师、学长、学姐或者相关行业从业人员，认真考量考研深造和工作哪个方向更适合自己。

（5）下定决心。在选择读研或者参加工作时，你要认真、仔细地进行比对、考量，再选择出最合适的道路。当你做出选择后，就不应该再犹犹豫豫，也不应该在未来道路上受挫时后悔、埋怨他人。有了良好的心态，无论你选择哪一条道路，都能有一个美好的未来。

问题 5　想去基层或者西部锻炼，家人反对，怎么办？

时代的发展造就个人的成长，随着我国教育水平的提升，青年大学生对于理想信念的追求也越发强烈起来，坚定信仰，响应国家和人民的号召，投身国家建设大潮，寻求自我价值的实现。有些大学生涌现出想去基层或者西部贡献自己力量的念头，但是经常会遇到父母的阻拦，怎么办呢?

(1)认清时代形势。当前，基层及西部急需各类人才，国家号召广大青年大学生投身基层，在基层做贡献，在基层中成长锻炼。基层及西部地区对大学生就业也出台了很多政策措施，可以给青年大学生提供必要的社会保障和良好的发展前景。在基层和西部地区工作，你可以有更多的成长机会，同时生活压力相对较轻，生活幸福感会大大提升。

(2)做好规划，多方了解。先做好自己的职业发展规划，明确自己的能力、优势及将要面对的困难。要将自己现有的能力和条件与基层或者西部职位进行匹配，衡量自己的胜任力，也要知道自己可以为这些地区带来哪些改变和进步。要清楚自己的内心，是一时兴起，还是做好了面对现实与艰难险阻的准备。届时也要多听听已在基层或者西部工作的学长、学姐们的意见和建议，甚至可以先到基层或者西部去调研考察。摆正心态，先思考好这些现实问题，才能心无旁骛、一往无前地去追求自己的理想。

(3)重视与家人的沟通。多和家人交流沟通，争取家人的支持。家人反对可能是担心你在外面吃苦，或是年少轻狂不谙世事，只凭一腔热血做事，到头来一事无成，空自蹉跎。面对家人的疑虑，最好的办法是开诚布公地同他们讨论，而非搞对立。可以和家人谈论基层及西部的发展前景，以及自己的优势和理想等，试着去说服家人。如果连家人都无法说服，将来在工作中又如何服众呢?

(4)表达决心。如果采取了一切方式方法都无法说服家人，可以适当地表达自己的决心。家人的支持固然重要，但是有时候你需要独立自主地做出决定。家人也许并不能完全理解你的想法，但你作为一个具备独立能力的成年人，也应当有自己的想法和理想，向家人表达出你的决心，让他们知道你已经真正长大，可以独立自主地做出重要的决定，相信看到你的决心之后，他们还是会选择支持你的。

(5)转换思路。如果确实无法与家人达成一致意见，同时自己去基层或西部的信念并没有很坚定，或许我们可以改变想法，我们在任何岗位都可以为国家为人民做贡献，不一定非要把自己局限在某一个地区或者领域，在一个更大的选择尺度里来寻求自己和家人的交集，找到一个双方都满意的契合点，这样我们的理想与现实的隔阂就会小很多。

问题 6 自己能力不强，很担心毕业就失业，怎么办？

面对即将到来的毕业，不少大学生觉得自己的能力不足，总是认为自己什么才能也没有，考试面试也不行，担心毕业后找不到工作，面临毕业就失业的困境。面对这样的情况，应该怎么办呢？

（1）对自己有信心非常重要。面对激烈的竞争，很多涉世未深的大学生有信心不足的心理现象也是非常正常且普遍存在的。导致信心不足的原因非常多，有生理、环境、家庭或是社会层面的原因等，要时刻鼓励自己、相信自己，善于在失败中反思和总结经验，有针对性地去弥补自己的不足。就业的过程也是大学生重新认识自我、认识社会，并主动调整自我适应社会的过程。如果能通过求职而增强自我心理调节与承受能力，对大学生今后的职业发展和生活都是非常有用的。

（2）利用大学时间，多充实自己。有选择性地参与班级、学生会、社团事务管理，提升自己的管理能力；有选择性地参加学校举办的各种活动，通过参与活动锻炼自己的能力；有时间的话可以考取各种证书，增加自己的就业机会；参与创新创业或者社会实践活动，尽早了解社会，参与社会活动，为就业做准备。在大学所接触的事物越多，你的经历越丰富，用人单位就可以通过更多维度看到你的优秀，求职成功率就越高。

（3）多参加项目，多与他人合作。多参与各种研究项目，包括创新创业项目、挑战杯项目、教师科研项目等，可以较好地提升自身的综合能力，而且多多与他人合作有利于你更好地适应社会、提高交际能力，同时也是积累人脉的一个途径。

（4）多实习，多争取机会。利用好大学平台，大学里常常会有一些公司、单位发布实习、实践信息，在还没有毕业前就应当多多参加一些实习、实践活动，积累工作经验。同时要拓宽自己的信息来源，多多打听，看看有没有哪些项目或者企业还需要人手，哪怕是打打下手、干点杂活也能够为你积累经验，为你提供一个宝贵的实习经历。

（5）做好求职准备。这是成功求职的关键。首先，一定要做好自己的职业定位，尤其是要知道自己适合什么岗位、地域选择是什么，这样才能在找工作时有目的性，不至于迷茫无措；其次，制作一份优质的简历，简历会影响用人单位对你的第一印象，如果缺乏制作简历的经验，可以通过网络学习或者找老师指导；最后，做好笔试、面试前的准备工作，查询相关单位的基本信息，尽早地与相关单位接触，甚至可以主动上门推荐自己，除此之外，还需要学习一些基本的面试技巧和相关礼仪。

（6）树立信心，脚踏实地。做任何事都不能妄自菲薄，过多地贬低自己其实只是逃避的一种表现。要相信自己有一定的能力可以胜任某些工作，不应该从一开始就产生畏惧心理，这种心理不利于你的个人发展。如果确确实实临近毕业并且直面求职难题，这个时候你就应该脚踏实地，客观坦然地承认自己的不足，可以先放低自己的就业标准，待积累一定工作经验后，再选择自己心仪的职位。

问题7　找工作没有方向，感到很迷茫，怎么办？

临近毕业，仍然有不少毕业生不知道自己到底要找什么工作。要考公务员吗？要留在大城市吗？要到中小企业打拼吗？还有不少毕业生根本不知道自己适合什么样的职业，自己到底能从事什么样的职业，心里十分迷茫。面对这样的情况，应该怎么办呢？

（1）尽早做好职业规划。大一开始你就要慢慢地去探索自己的职业兴趣，并初步确定未来要保研、考研、留学还是四年后马上求职。如果求职的话要知道未来可能从事哪些行业、哪些工作，并对未来工作内容及能力要求有个初步了解。同时，大三这年要多参加招聘会，明晰自身专业的主要就业方向和就业单位，这些单位和岗位都有哪些要求，你与这些岗位的差距在哪里。大三的假期如果有机会，可以试着去相关单位实习或者见习。大四时，更多的是根据自身的能力和条件来匹配自己的工作岗位和工作单位，同时还要根据实际情况确定自己的职业地域。

（2）请教学长学姐及老师。多向本专业的学长、学姐、辅导员、班主任或者就业指导老师进行就业相关问题的咨询，多与他们沟通，咨询他们对你未来工作的建议，相信他们的经验会在一定程度上帮助你更好地选择适合自己的岗位。尤其是学长、学姐们的工作单位及工作感受，将会对你有较大的启发，一定要想办法多了解。

（3）利用好实习机会，找到自己的方向。实习非常重要，通过实习，能够更好地发现自己的能力能否胜任这份工作，又或者自己的能力是否适应这样的工作强度。同时，实习也能让你更进一步地了解这份工作。这份工作是不是自己感兴趣的，是不是自己擅长的，这些具体的问题都可以通过实习做出判断。

（4）多多收集资料。锁定三到五家适宜的就业单位，了解其具体的工作环境、福利待遇、发展空间以及业务经营情况。积极参加招聘活动，在实践中检验自己的积累和准备，并了解实际的人才市场情况，更多地进行不同工作之间以及同一工作不同公司之间的比较，这样能够更好地扩大你的选择范围，从而增加你找到好工作的可能性。

（5）结合自身，谨慎考虑。结合自身的专业情况、兴趣爱好、性格特点、家庭背景等因素，经过多方考量之后，再选择出最合适自己的职业，并且在选择时要多参考家人特别是父母的意见，切记不可一时兴起，冲动地进行选择。

（6）放平心态，保持谦逊。有一个成语叫作"登高自卑"，说的是如果要登上高耸的山顶，须得从低平的山脚下开始。在职场上也是如此，很多同学都对未来的工作有一个过高的要求，但是这样的希望在现实中往往是难以实现的，特别是对于刚刚毕业的大学生而言。因此你需要放平心态，不可好高骛远，更应当注重一个前期积累的过程，这样才能够更好地成就未来的事业。

问题 8　一份完美的简历应该是怎样的？

很多毕业生都会在解忧信箱问我这样一个问题："如何制作出一份完美的简历？"简历是你获得面试机会的敲门砖，那么，一份完美的简历应该是怎样的呢？

一份相对完美的简历应该包含以下几个方面。

（1）基本信息。这是用人单位了解你的第一步，包括姓名、性别、出生年月、籍贯、政治面貌、学历学位、所学专业、联系电话、邮箱、求职意向等信息，同时要在基本信息的右上角插入你精心准备的证件照，这个照片也是很关键的因素，好的证件照能让用人单位透过照片看到你良好的精神面貌。

（2）求职意向。这是非常重要的板块，主要介绍你对未来职业的目标定位。求职意向不仅仅可以向公司表露你的个人想法和意图，面试官和招聘单位也能够通过这一板块来明确你的发展方向是否与公司招聘的职位相吻合。在这一板块中，语言组织上需要你提炼关键字以突出表露你的内心想法，不要使用过于平淡的语气。

（3）学业水平。要突出你的专业能力水平以及知识性相关的技能，包含本科、研究生期间的学习成绩、论文发表、专利获得、专业技能竞赛成绩、奖学金的获得、专业实习见习、英语四六级成绩、计算机水平等信息。

（4）主要经历。这个部分我认为是最重要的，也是最能吸引用人单位的，因为其通过主要经历可以了解到你的综合素质。因此你要认真梳理大学以来的主要经历，用一条一条列举的方式写出来。包含本科、研究生期间担任过的学生干部职务，策划或者参与过的各种校级以上的比赛、社会实践活动、志愿服务活动、创新创业活动、老师的科研活动，以及做过的很有意义的或者很少人能完成的事情等能反映个人综合素质的信息。这里要特别强调一下，切记不能记流水账，重点要写出做了什么，获得了什么，每条信息简略地写两行突出重点即可。另外，一定不要写太多，5 到 8 条最好，按照重要性排序，突出与职位的匹配度。有些同学可能担忧自己的经历不是特别丰富，那你可以从一些细节入手，突出自己的闪光点，但是千万不要造假。

（5）证书、获奖情况。可以将你获得的证书，如学位证书、岗位合格证书、专业职位聘用证书、外语等级证书甚至驾照等证书以及获得过的如三好学生、优秀班干部、优秀团员等荣誉都列在简历上，这不仅可以丰富简历，还可以增加面试者的认可度。记得按照重要性排列，一条一条显示，如果你证书、获奖很多，择优选择与职业匹配度高、具有重要性的，最好不要超过 8 条。此外，不建议大家在简历最后写一大堆自我评价。

对于简历还需要说明的是：简历一页纸最佳，确实有很多内容的可以正反面两页；排版一定要简洁明了、条理清晰，千万不要有错别字或者语句不通顺的错误，颜色搭配应得当，配色不超过 3 种；同时，记得根据职位不同调整简历内容，突出个人能力与职位的匹配性，可以多准备几个版本。简历能看出你的态度、责任心、细致程度，用人单位也能根据简历的设计风格、排列逻辑等判读出撰写者的气质、内涵。所以，抓紧时间动手哦，相信你一定能制作出完美的简历，被自己心仪的岗位录取。

问题 9　如何做好面试的准备工作?

大学生毕业前后都面临找工作这一重要任务，而找工作期间又不得不参加各种面试。面试是一个展示自我的机会，也是对方进一步了解你并评估你是否适合这个岗位的过程，面试非常重要。那么，要如何做好面试的准备工作呢?

（1）确认面试时间、形式与所需资料。和对方招聘人员沟通确认面试的时间与形式，明确面试流程所对应的环节，如果是线上面试还要确认面试软件，并提前下载好，在面试开始前提前登录设备测试，还需确认是否需要准备纸、笔或其他材料。

（2）做好面试前的准备工作。面试前要做好以下几项重要工作：第一，充分了解目标单位的信息，了解目标职位的要求、现状、发展方向等。第二，充分准备自我介绍，这是非常关键的一步。如何在自我介绍中突出自己，让别人记住你并愿意和你继续聊下去，是非常重要的。记得，要突出你的优势以及该优势与你面试职位的匹配性，同时还要展现自己的诚意。第三，熟悉自己简历的详细内容，并做好问答准备。第四，注意塑造自己的形象，你的着装、形态、礼仪等外在形象都很重要，衣着须大方得体，以显示自己对面试的尊重与重视。着装需要根据应聘单位情况做调整，一般情况下，商务装或商务休闲装比较稳妥。面试前休息好，做到精神饱满、整洁大方，女生可以适当化妆，男生头发一定要修理得干净利落，确保给面试官留下较好的第一印象。第五，掌握一些面试答题的基本技巧，这点可以通过网络等途径学习，做到心中有数，应对自如。第六，可以找身边人帮你模拟面试，身临其境地感受面试场景，消除紧张心理。

（3）谨记面试的注意事项。这里给大家几个非常重要的提示：第一，一定要提早15分钟到场，如果可以的话，提前半小时也无伤大雅，切勿迟到或者匆匆忙忙赶到，这会给面试单位留下很糟糕的印象。注意提前到场后就要开始注意你的言行举止，很可能这个时候面试官就在你的身边，或者就是那个不经意和你聊天的人，你的说话方式、站姿、坐姿、是否主动与别人交流都可能成为考核项目。第二，现场面试一定要注意自己的着装和基本礼仪，这点要多加准备，同时，注意自己的身体语言，进入考场主动敲门，主动和面试官打招呼，面试时记得目光扫视所有面试官，有不会的问题主动说不会，没做过的事情不要瞎编，诚实守信很重要。离开现场时记得说声谢谢，面对着面试官关门等。第三，自我介绍请勿直接背诵，要突出亮点和优势，敢于认同自己，敢于夸自己。没重点、自爆短处都是不智之举。第四，如果是结构化面试，面试主要根据特定职位的胜任特征要求，遵循固定程序，采用专门的题库、评价标准和方法，那么，要注意自我规范。在面试的整个过程中，面试官是纯粹的观察者，观察面试者各方面的能力：如逻辑思维、语言表达、计划、决策、组织协调、创新、应变、人际沟通等能力，以及面试者个人的情绪稳定性、自我认知以及气质风度等特征，这个时候你的临场应变能力显得格外重要。

问题10　找工作的渠道有哪些?

不少毕业生不是很清楚有哪些渠道可以获取招聘信息，这里特意为大家整理了几个信息渠道，希望对大家有所帮助。

（1）公务员或者事业单位的招聘信息渠道。如果你是福建考生或者打算报考福建公务员或者事业单位，你可以登录福建省公务员考试网（http：//gwy. rst. fujian. gov. cn/）、福建省人力资源与社会保障厅事业单位考试网（http：// rst. fujian. gov. cn/zt/sydwrczp/）。全国考生可以登录高校人才网（http：//www. gaoxiaojob. com/），点击你所在的省份，公务员考试、事业单位考试、教师招考等信息都有发布，而且非常全面。你也可以直接查询单位的人才招聘栏目获取信息。此外，你可以通过学校就业网站和公众号提供的信息寻找相关职位信息。在招聘信息还没有正式公布的情况下，你可以先了解去年的招聘简章，衡量你的专业与岗位的匹配情况，做到心中有数，并有针对性地提前准备。

（2）参军入伍或国家地方基层就业项目的信息渠道。参军入伍或者国家地方基层就业项目也是非常不错的选择。大学生参军享受"四个优先"政策：优先报名应征、优先体检政考、优先审批定兵、优先分配去向。大学毕业生参军符合条件的可直接提干，大学生士兵退役后3年内参加全国硕士生招考，初试总分加10分，同时还享受教育部"退役大学生士兵"专项硕士生招生计划。大学生参军还享受学费补偿、优待金发放、退役安置等优惠政策。福建省还推出更吸引人的优惠政策，如发放一次性奖励金，退役大学生士兵参加事业单位公开招考还享受笔试成绩加分的福利，还可以参加福建省公务员"专门职位"招考。具体优惠政策可详见微信公众号"福建征兵"和全国征兵网（https：//www. gfbzb. gov. cn/）。另外，国家地方基层就业项目也是不错的选择，包括服务西部计划、服务社区计划、服务欠发达地区计划、"三支一扶"等政策，这些项目都有不少的优惠政策，大家可以先到基层去历练几年，获得成长机会后，再来选择未来职业。这方面的信息要多关注学校辅导员的通知。

（3）如果你准备去企业工作，可以通过以下途径获取招聘信息：中国海峡人才网（http：//www. hxrc. com/）；各高校大学生就业指导中心网站；省（市）人社厅（局）、公共服务人才网；新职业–教育部大学生就业网（http：//www. ncss. org. cn）；智联招聘；前程无忧；Boss直聘等。企业的选择面比较广，你们可以根据自己的职业定位进行信息搜索。

（4）校园招聘会及宣讲会。这是最为直接可靠的找工作渠道，这个主要针对大学毕业生，招聘单位直接到学校参加由学校举办的双选会。很多大型企业还会入校开展宣讲会，可以把握住这些机会，多多参加相关的招聘活动，多投简历，多参加面试，积累经验的同时争取更多的工作机会。想要了解更多就业动态，一定要关注学校就业网站或者微信公众号，这里的信息最安全有效。

（5）相关人员推荐。学校老师、辅导员会向相关用人单位推荐毕业生，你可以多与老师沟通，表达你的求职想法；家人及亲戚朋友推荐也是很大一部分毕业生找工作的渠道，要利用好这个渠道，给自己多一种选择与保障。

问题11　我是留在大城市还是回自己的家乡，该如何选择？

毕业时，很多学生要面临的第一个问题便是未来职业地域的选择。有些同学的家乡在比较偏远的地方，很是纠结是留在大城市还是回到自己的家乡，是在更广阔的天地拼搏一场还是去基层寻求稳定。如果你也面临这样的问题，你会做何选择呢？这个时候该怎么办呢？

（1）分析两种选择的利弊。一方面，大城市发展机会多，薪资待遇好，如果你能在大城市找到不错的工作，你有理想、有向往、愿意拼搏，这或许能够成为你的机遇。当然，留在城市发展也面临远离家乡亲人、生活压力大、房价高等一系列的问题。另一方面，家乡基层就业也是不错的选择。当前，基层急需各类人才，各基层单位都给出了很多很好的优惠政策来吸引人才，大学毕业生到基层就业是大趋势。回到家乡的基层单位就业也有许多好处，你的亲人都在身边，你的生活成本会更低。总之，在基层工作，生活压力会减轻，生活幸福感会大大提升。所以，你要根据自己的现实情况选择，综合考虑家庭、个人、环境、发展等因素。

（2）分析自身情况。认真地审视一下自己的内心，到底是更加向往快节奏的都市生活还是更希望有一个安静平和的生活节奏，在个人发展和家庭陪伴中更倾向于哪一方，人生有舍必有得，而遵从内心才能更好地做出选择。因此在做出选择之前，先问问自己的内心。除了遵从内心之外，还要考虑一下自身的条件，自己是否具备在大城市生活下去的能力，是否能扛得住城市生活的压力，家里是否需要你在身边支持陪伴，这些情况都是需要考虑的。

（3）询问父母朋友的意见。父母朋友是你生活中很重要的人，你可以向他们多询问一下意见，多参考一下他们的想法，并且也可以将你自己的想法跟他们分享，从而更好地得出结论，做出更加妥善的选择。

（4）咨询前人的经验。相信留在城市或者是回到自己的家乡是许多人曾经面临的艰难抉择，不妨问问那些有过这类选择经验的学长学姐，或者是与学生联系较密切的辅导员、班主任等，了解一下不同选择所带来的挑战和享受到的快乐。这些前人的经验更加真实，可以让你更好地做出选择和判断。

（5）记住：不必一条路走到黑。在你做出选择之后，如果发现城市的生活或者是家乡的生活环境不如你想象中的那般，或者你并不满意这样的选择，可以再进行尝试，可以从大城市回到家乡，也可以从家乡再次返回大城市。人生的丰富多彩来源于它的无限可能，你不应该被拘束，可以勇于改变、勇于挑战，用亲身经历来选择出更加适合你的发展地点。

问题 12　父母的希望和我的规划有冲突，怎么办？

在我们的成长过程中，父母总是对我们寄予厚望，而有时候这份期望会与自己的规划有所冲突。那么在父母的希望和自己的规划有冲突时，应该怎么办才好呢？

（1）梳理和接纳自己的情绪。先感受一下自己的情绪：对于父母的态度你的感觉是怎样的？会不会因为他们希望你按他们的安排走而愤怒？会不会因为没有得到他们的支持而难过？会不会因为自己没有选择离家近的工作而心里隐隐地内疚？在与父母的冲突中，我们情绪的演化常常是很复杂的，会觉得父母不支持自己，会觉得自己的想法被否定，甚至会觉得自己很无能，这时候你要学会去觉察这些情绪，接纳自己有这样复杂的情绪，这样我们就可以通过不断梳理这些情绪，化解冲突。

（2）与父母谈心。等你自己的情绪平复后，选择一个合适的时间与父母交流，让彼此以一种平和的心态去面对这个冲突。你可以与父母坐下来好好聊聊天，告诉他们你的想法、你的规划、你对未来的向往以及为此你所付出过的努力，并且也应当听取他们的想法。父母与你的视角和价值取向难免会存在着一些分歧，但父母的经验和对你的爱不会让他们做出不利于你的选择，他们的选择可能让你一时之间难以接受，不要在一开始就以激烈的态度去反对父母的意见，而应当在相互的交谈交往中去进一步了解彼此的看法，这样才能更好地缓解冲突。你既要真诚地表达出自己内心的真实想法，也要充分尊重并且仔细倾听父母的意见。

（3）给双方一些时间。冲突发生后不要急于去解决冲突，先各自平静一段时间，然后再来商量解决办法。你可以用平和的语气向父母说明自己的选择和决心，并且耐心地劝说他们理解并且接受你的想法，避免态度强硬、恶劣。凡事都要有耐心，才能有满意的结果。你要相信你的决心最终能够赢得父母的支持。

（4）请求他人帮助。如果父母与你无法解决这个问题，可以寻求家中的其他长辈或者一些比较有经验的好友老师们来帮助解决这个冲突。所谓当局者迷，旁观者清，相信他人的意见和分析可以缓解你们双方之间的矛盾。

（5）把眼光往前放一些。当你的决定和父母的意见不合时，请各自都向前看长远一些。比如，想想这些问题：这样的选择在未来 5 年或者 10 年会怎样？可能的发展机会在哪里？面临的困难有哪些？想清楚之后，你们可能各自都会有新的想法。

（6）自己做出决定。如果你和父母无法达成一致意见，你也下定了决心，那就按照自己的意愿去做，毕竟你是成年人，你可以自己做出选择，当然也应该为自己的选择负责。

问题 13　毕业生有哪些心理困惑？该怎么办？

临近毕业，许多毕业生会因为种种遭遇出现一些心理困惑。我们一起来分析下主要有哪几种心理困惑。

（1）挫折心理。学生毕业时手里都有专业文凭和各种资格证书，对自己的评价总体是较高的，但学生在校时，学校的传统教育模式制约了学生的个性发展和素质培养，导致毕业生的主体意识、参与意识、竞争意识缺乏。由于他们缺乏社会经验，忽视了社会对人才要求的变化，并且现在用人单位越来越注重毕业生的能力和素质，学生的自我预估与用人单位选择人才的标准之间存在一定的差异。在择业就业期间，有些同学觉得没有适合自己的岗位，且自己所学专业的工作岗位相对较少，在招聘会上总是受到打击，简历投了十几份，纷纷石沉大海；笔试、面试总是失败，觉得自己干什么都不行，什么才能也没有，甚至对找工作丧失了信心。

（2）依赖心理。就业制度的改革和国家对毕业生就业创业相关扶持政策的出台给毕业生提供了良好的基础，但家庭的过度保护、学校旧的教育模式使一部分学生缺乏相应的独立自主能力和抗压能力，每当他们要为自己的未来进行选择时，要对自己的未来负责时，强烈的依赖心理和竞争意识的缺乏往往使其不知所措，从而产生一系列心理问题。有的学生甚至出现推迟就业或不就业的逃避状态。还有的学生总想等着学校、老师、家人、亲戚的帮助，而自己不去了解就业市场，不主动去找工作，也不愿意去尝试，临近毕业都还没有写简历，甚至根本不懂简历怎么写。

（3）焦虑心理。焦虑心理在高校毕业生中表现比较明显，他们普遍担心自己的就业，担心未来，担心自己不能适应社会，因而不想毕业，不想面对社会。这种对未来的担心就是焦虑心理的表现。

（4）自卑心理。自卑是一种轻视自己或低估自己能力的心理倾向。表现为：信心不足，对自己的评价过低，认为自己没有就业的希望；在求职时胆怯、害羞，怕别人瞧不起自己，更怕竞争失败的打击，采取退缩性的自我防御对策。

（5）从众心理。同学们都说考公务员、要留在大城市、要进大医院，我也要，我也不想回家乡。这种没有规划、没有主见、人云亦云的心理状态就是从众心理。

（6）嫉妒心理。连他那么差的人都有那么好的工作，他明明能力不够且态度不端正，凭什么他被录用，肯定有关系，这个社会也太不公平了吧，这就是嫉妒心理。

（7）盲目攀比心理。他的工作怎么这么好，在大医院，我的工作在小县城，我还是先解约吧，或者先不签协议，我也要找更好的工作，这就是盲目攀比心理。

面对这种种心理困惑，该怎么办呢？首先大家不用太过担心，这是大家普遍都会产生的心理现象，也是毕业生的一种正常心理表现。只要没有超出自身的承受范围，就顺其自然，尝试自我排解，如果超出了自己的承受范围，建议寻求专业心理老师的帮助。

第五篇章

认识自我，守护心灵

每个人都是独立的个体，在思维逐渐成熟的阶段，会出现自我怀疑、自我保护；或是不够自信自如，自认道边苦李，害怕自己做得不够好，过分在意自己的形象和别人的评价，怕自己配不上所获得的一切；或是对世界不够信任，常常怀疑他人对自己的真心。大学生正处于走向成熟的过渡阶段，对情绪的感知更为敏感脆弱，容易出现精神内耗、自我认知偏差，抓不住快乐的尾巴，产生焦躁等负面情绪，开始探寻调节情绪的阀口，试图控制它们以实现身心的健康，殊不知泄洪的堤坝已摇摇欲坠。实现身心的自我调节，应当摆正心态，给自我疗愈一段充分的时间，倾听心底最真切的声音，让自由的灵魂得以浮出水面。

第一节　关于认识自我

《世说新语》潇洒一句"我与我周旋久，宁作我"，让无数人为之倾叹。与自己打交道已久，还是愿意做自己，每个人都是独立的个体，存在自我的人格，在思维逐渐成熟的阶段，也会出现自我怀疑、自我保护心理。其实，每日审视自己的过程就是一步步接纳自己的过程。学着多爱自己一点，多肯定自己，多夸赞自己，在生活面前骄傲地挺起胸膛，让自信的灵魂浮出水面。

问题1　我总觉得自己不够好，习惯性地贬低自己，怎么办？

或因原生家庭，或因生活经历，许多人不仅觉得自己什么都做不好，而且在碰到想尝试的事情时，会在一遍又一遍的自我贬低、自我怀疑下，搞砸或者放弃，这该怎么办？

（1）放下对原生家庭的抱怨。我知道原生家庭对你的影响很大，但是总是抱怨就是在为自己的逃避找借口。当你陷入某一困境时，"原生家庭"这个代名词成了痛苦的根源。你觉得抓住原生家庭不放就是抓住糟糕现状的原因。你利用这一既定事实告诉全世界："你看我这么不好，都是他们导致的，都怪他们。"你认为自己没有办法做出改变。其实你有办法，不要忘记，你有改变的能力。原生家庭对我们一定有影响，但是不管原生家庭是何种模样，未来的路全凭个人决心，无论如何，只要自己愿意改变，你都有充分的机会成为想要成为的人。

（2）建立自己对自己的评价体系。很多时候我们的烦恼来源于我们用一套错误的标准评价自己，你可以复盘过去的人生，写下自己觉得最重要的价值观，你也可以写下那些你所崇拜的人物身上所拥有的共同特质，当你形成了一套对自己有充分认识的评价体系时，你的内心会逐渐明朗，周围的纷纷扰扰便不再能够阻挠你向前。

（3）尝试做你喜欢而且容易有正反馈的事情。把生活的重心放在那些自己喜爱并且具有正反馈和收获成就感的事情上。因为你需要外界的正反馈去滋养你自己，去建立你的信心，这些正反馈不仅会让我们越来越喜欢自己，同时也可以帮助我们更好地接纳自己的缺陷和不足。

（4）对自己有耐心，并且行动起来。在疗愈自己的过程中会出现情绪反复的现象，这是很正常的，所以不用担心。我们想要寻找到一个最为舒适的状态，这需要花费很长时间。我们的生活总是被惯性推着走，这个惯性需要用很长的时间去积累，而非一朝一夕之功，不喜欢自己身上的某些特质的时候，最重要的就是行动起来，主动做出改变，这才是真正接纳自己。

（5）停止自责。不要再责怪和攻击自己，这很重要。也许身边的人曾经对你做出"笨孩子""坏孩子""真没用"等负面评价，甚至最后自己也无意识地被动接受。自证预言告诉我们，我们为自己创设的情景塑造了我们现在的样子，当我们周遭都被负面词汇所充斥时，我们会不由自主地陷入恶性循环，随着我们的不断否定，那些属于我们的闪光点也随之消逝，所以，停止自责，请记住，你也很好！

（6）给恐惧分级，逐一攻克。很多时候，习惯性地贬低自己是因为害怕，是因为恐惧，通过贬低自己来提前找好退路。我们要给自己所害怕的事情分级，从你能接受的第一步迈出去，做好承受这件事情最差后果的准备。做好自己的心理建设，慢慢去接受，慢慢去克服。

（7）找到自己擅长的领域。事实上，一个普通人绝大部分的自信，往往只来自一个地方——他最擅长、最熟悉的领域。去寻找一个能够发挥自己特长、让自己开心的乐园。

问题 2　我总是不自觉地想太多，觉得别人在议论我、嘲笑我，怎么办？

因为童年经历或者是原生家庭的影响，一部分大学生出现了认知失衡的情况，具体表现为不自觉地胡思乱想、总觉得别人在嘲笑自己。这样的心理在一定程度上影响了这部分学生的学习生活，该怎么办？

（1）关注当下。改变自己能改变的，接受自己不能改变的。你无法控制别人的想法，但是你能在当下活出最好的自己。将自己的注意力逐渐从外界收回，关注自己的内心，感受自己的情绪。我知道有时候你总是无法控制自己胡思乱想，没关系，慢慢来，从感受自己的呼吸开始，逐渐找回内心的平静。

（2）用对待朋友的方式对待自己。这样的方法旨在从第三方的角度去看待自己，囿于自我视角的局限，你所感受到的自我是片面、狭窄的。从朋友的角度出发，你会发现高敏感的自己原来也有很多优点。你的心思细腻，很容易发现生活中别人发现不到的美好；你的思维敏锐，总能第一时间关注到自己和别人的需求，并且尽可能地做出行动。如果我们能够正确认识高敏感人格的优缺点，就能以平和的心态与内心的自我沟通，了解内心真正的需求。

（3）学会接纳自己。很多时候，我们越想摆脱一个想法，这个想法就越根深蒂固于自己脑海。同样的道理，我们不必总是抓住自己的缺陷不放，接受自己，正是这些不完美才造就了独一无二的你，而生命的意义在于活出自己的精彩和个性。

（4）做到主客体分离。行为认知疗法将事件、情绪和行为做出了边界的区分，通过重建思维架构，帮助我们看到正面信息。重建思维的要点在于提供了一个多样的解读视角。在遇到问题时，先不要着急做情绪判断，你可以问自己几个问题：我是否将其过度夸大、将失败灾难化？我是否将其过度缩小，因为一次的失败忽略了生活其他的美好？我是否无中生有，对自己并无一个客观评价标准？

（5）尝试做镜子练习。可以跟着喜马拉雅 FM 里面的《镜子练习》，进行自我修炼，通过和自己对话，鼓励自己，真正做到爱自己，从自己身上找到力量。自信的本质是，无论对方如何看待自己，我们心中都对自己充满希望，并且坚定自己认为对的事情。因为我们自己才是自己生活的主宰者，他人的意见可以成为一个参考，但却不能成为阻拦我们前进的教条。

（6）积极沟通。想太多的背后，是未表达的情绪。很多时候误会是因为相顾无言引起的。而想太多的背后其实也可能是个"误会"，当你觉得被议论、被嘲笑时，你可以委婉地表达一下自己的想法。若是个误会，解释事情的原委即可。愿意倾听你的解释，并对你表示理解的人值得成为朋友；相反，如果解释之后依旧有人不依不饶地责怪你，那我们大可不必在意。不要把所有的情绪都堆积在心里，我们的情绪需要发泄，需要被理解。

（7）快速地行动起来，不给大脑过多的犹豫时间。一旦决定一件事，那就拿出你的行动力来，不要给自己犹豫的时间、胡思乱想的空间。当你踌躇不定时，一切早已尘埃落定。越是犹豫，就越得不到想要的结果，无论如何，行动起来！

问题3　特别在意别人对自己的评价，怎么办？

有些大学生因为各种原因在接受别人对其的赞美后，表现得异常珍惜，常常反复回忆，而这种自我怀疑的表现背后是病态心理在作祟，这该怎么办？

（1）建立自己对自己的评价体系。富兰克林曾经为了摆脱对他人评价的依赖，列举了十几个他所珍视的品德，以此为参照，重新建立了一套属于自己的评价体系。通过这样的方式，富兰克林不仅不为别人的一点夸赞而沾沾自喜，也不再为别人的批评而肆意否定自己，换句话说，他已经足够了解自己，并且利用自己独有的评价体系完成了对自己的认知，不再需要他人的评价。而在这个时候，一个人自信心的源头，就逐渐建立起来了。老师相信你也一定能做到，你会发现不知不觉中你已经找到一个支点，你自己也可以站起来。

（2）尝试做镜子练习。自信的本质是，不在意别人如何看待你，也不向谁去证明自己，因为最了解你的人是你自己，你对自己的看法最重要。归根结底，自信是无关他人的自我评价，是对自我的清晰认知，别人的优秀不会影响自己的优秀，别人的不足也不能证明自己的优秀。但是我们常常会不自知地建立一个错误的参照系，并且深陷其中。你可以和周围自信的朋友多聊聊，你也可以利用网络平台学习相关课程，例如喜马拉雅 FM 里的《镜子练习》就是一个不错的选择，这个课程旨在通过和自己对话，鼓励自己，真正做到爱自己，从自己身上找到力量。

（3）进入自己的不适区。做简单容易的事情，你并不会进步，不会更自信；而当你克服自己的弱点时，你才会更加自信。走出舒适区，是挑战，也是机遇，跨过心中的坎，你会发现那些遥不可及的远方并没有那么触不可及，而蹚过泥泞带给自己的荣光也会重新建构你对自己的认知：原来我也可以做到。

（4）运用大脑的奖励系统。运用奖励系统，通过这个系统引导我们向有益于我们生存与发展的目标前进。尝试追随大脑的奖励系统，从中获得乐趣，这是成就感的来源，也是活着有归属感和有意义的基础。完成大脑中的既定目标后，你会发现自己由内而外地变得更好，你不断地进步和提升，挑战自我，克服所有让自己变得更好的阻力。

（5）接受自卑情绪。面对他人的优秀，我们会产生自卑情绪，但这是正常的心理反应。面对自卑情绪，我们要学会接受，而不是谴责自我。自卑情绪并不等同于自卑情结，自卑情绪可以让我们认识到自己的不足，而自卑情结只会让我们陷入负面情绪的旋涡中。面对自卑情绪，我们要勇于承认自己的不足，积极进取，努力成为自己心目中的样子，汲取正能量，避免陷入自卑的死循环中。

问题4 我总觉得别人对我的赞美都不是真的，是客套话，怎么办？

一些大学生过于在乎他人的评价，当他人持续对其输出一些负面的评价时，这些同学便将自己自动代入，不仅构建了一个错误的认知，也不再相信别人的赞美，这怎么办？

（1）相信自己值得这些夸奖。你的行为让老师觉得你是一个渴望变得更好的孩子，告诉自己你很棒。反过来想想，如果是客套话，别人为什么要对你客套？如果你是一个没有价值的人，别人也没有客套的动机。去相信别人的赞美，去接受别人的赞美，赞美是建立自信的重要力量，赞美形成的正反馈能帮助我们成为更好的自己。

（2）着眼于自己的积极面。当我们过多地关注我们的弱点时，就很可能导致自身的优点在不断自我谴责中磨灭。问题创造现实，着眼于积极面，不仅能够帮助我们提高自我效能，也给我们创设一个积极情景，在这个情景中我们有力量重塑自我，我们相信自己能做到，而在积极面上所创造的成就也能反过来培养我们的自信，这便是自信的不竭之源。

（3）自我认同。老师认为你出现这种情况的一部分原因是你不够自信。自信的本质是，不用过度在意别人如何看待你，他人善意的评价能够让我们从不同角度更加充分地了解自己，但这并不是了解自己的唯一方式；也不用向谁去证明自己，因为最了解你的人是你自己，你对自己的看法最重要。归根结底，自信是对自我的清晰认知，别人的优秀不会影响自己的优秀，别人的不足也不能证明自己的优秀。通过比较得来的"自信"只是浮于表面的、不堪一击的。我们要形成自我评价体系，客观、正确地评价自我，基于自身优点逐步培养发自内心认可自我的自信。可能因为各种原因，我们误将别人的评价奉为定义自我的权威，而当他人习惯于对自己进行打击时，我们便不再相信自己值得夸耀和赞美。当我们陷入自我否定的时刻时，我们要主动走出去。

（4）减少对外界认可的需求。当我们足够了解自己，并且能利用自己独有的评价体系完成对自己的规划，就不再那么在意他人的评价了。

（5）明白夸奖赞美别人是基本的社交礼仪，寻求夸奖赞美是一种愉悦的心理诉求这一道理。人作为一种社会性动物，需要在社会中得到他人的正反馈，这是天性使然。赞美的话可以让一场对话愉快地进行下去，也能增加彼此的好感。但是，并不是所有的赞美都是真实的，我们要自己去分辨这些赞美，肯定适当的赞美，夸大其词的赞美则一笑置之，只有这样才不至于被他人的赞美冲昏头脑，陷入对自己的错误认知中。

问题5　当别人有说有笑时，想要加入谈话，但总是觉得自己一开口就会冷场，怎么办？

一些大学生不善社交，总觉得自己一开口就会打破别人有说有笑的和谐局面，从而羞于表达，对社交产生了退缩畏惧的心理，这该怎么办？

(1)不要把过多的责任压在自己身上。不要给自己那么多的负担和压力，不要因为曾经有过一次没有处理好人际关系的经历就揪住自己不放。过去的所谓经验并不足以成为如今处理事情的枷锁，以示弱的心态面对新鲜事物注定会走向与过去相同的结局。敞开胸怀，你会发现其实大家都没有那么在意别人，耿耿于怀的只有自己。先让自己过得自在，当自己处在一种轻松的磁场时，你才能真正影响到周围的人。当你真正感到快乐时，你会发现大家都被你周遭轻松愉快的氛围所感染，自然而然地向你靠拢。

(2)接纳你自己。去选择属于你的生活方式，自得其乐是人生最美好的状态。不要将生活中所有的不如意都归结于高敏感，这是你的特质，也是不可多得的天赋。例如你能够很敏感地感受到周围人情绪的变化，拥有同理心的你说话做事总是能考虑到别人。我知道这个特质给你带来挺多压力，但是这种特质也给你带来了很多令人羡慕的优点：强大的共情能力让你能够与周遭发生的一切感同身受，并且更加深入地了解事情的本质，从而迅速找到解决方法。所以，最重要的是接纳你自己，之后你才能更加自如地运用自己的天赋，而不是将这种天赋当作一种负担。

(3)锻炼语言表达能力。由于你可能特别在意别人的想法，你会担心他人难堪，因此很少开那种令人难堪的玩笑。这种细腻是高敏感赋予你的天赋。小到一句话的自我介绍，大到答辩、辩论、面试，都足以令你焦虑不已。如果想要改变这种状态，就要勇于踏出第一步。首先构想出你要说的所有话，接下来反复读，试着去表达你的观点。语言表达能力提升了，你也就能更加自信地说出自己的观点。

(4)学会就事论事。可能你曾经在与他人沟通时遇到过冷场的情况，但不必放大结果，不要因此觉得自己不行、否定自己。出现冷场有多方面的原因，与所谈论的话题有很大关系，谈论者们也需要时间思考某个观点，这并不是你所能决定的，也不是你的错误。因为一次冷场的尴尬就否定自己社交的能力，实在是失之偏颇。大胆表达，老师相信你一定能够吸引到和你同频共振的朋友。

（5）改变心理误区。与人打交道、互动是一种本能的需要，和日常生活里许多自然而然的行为是一样的，每个人都需要。在表达观点时，别人并不会时刻评判你，况且最后的评判权其实是掌握在你自己的手里。反过来我们也不能总是以排斥和挑剔的眼光去看待别人，交流的本质是基于全然接纳别人的心理。当我们能够接受不同人的意见，尊重各自的看法时，你会发现大家的沟通也会更加顺利。

同时，我们会发现，大部分人都会有"怎么我一开口就冷场了呢"的疑惑，只是没有表达出来而已。所以，这是正常的心理现象，不用太过在意，慢慢锻炼自己的承受能力，终有一天，你能够从容地解决这些问题。

问题6　我觉得自己配不上一切好的东西，怎么办？

由于各种原因，一些大学生形成了一个错误的自我评价，觉得自己配不上一切好的东西，没有勇气追求上进，也没有信心发挥自己的优点，这该怎么办？

（1）用暗示的力量去重塑你的价值观。你可以拿出一张白纸，分成两栏，在左边列出自己的缺点或者不擅长的地方，右边列出对应的优点和强项。你可以在每天睡觉前，或者这种自卑感来临的时候，来一场和自己的对话。不要混淆想法和现实，告诉自己，你没有自己想象的那么差，你有很多优点，也有自己的价值。根据自己的情况，不断地激励自己。有些话你第一遍和自己说的时候，可能激不起任何涟漪，但是多次重复后，一定会产生你自己都无法预估的力量。

（2）每周阅读一本书。看书可以拓宽你的认知，扩大你的格局，踩在巨人的肩膀上仰望星空可以让你看到世界多元的一面。当你的思维上升一个层次的时候，你就会发现自己充满了力量，你可以更加客观地看待自己，你能接纳自己的缺点，也能够赞美自己的优点。很多生活中遇到的难题都可以通过阅读和思考解决。

（3）每天对镜子说一些肯定自己的话，学着去爱自己。可以学习喜马拉雅FM里的《镜子练习》，进行自我修炼，通过和自己对话，鼓励自己，真正做到爱自己。我们要学会从自己身上找到力量，安全感是自我给予的。我们要坚定地相信自己的存在是美好的，不配得到的感觉就会慢慢消失。慢慢地，你会发现自己配得上一切美好的事物。

(4)开始行动。做出改变是很重要的，你可以尝试去做自己一直想做但是一直不敢去做的事情。从完成不同的小事开始感受对自我人生的掌控感，告诉自己：我有掌控我人生的能力，我有能力去选择我想要的生活。一旦你真正开始做了，并且为之努力，当事情有所成就时，当下的满足感可以不断疗愈过去被掩埋的不愉快情绪，你的不配得到的感觉就会慢慢减弱。

(5)提升自我价值感。通过写日记的方式，记录下生活中被爱的瞬间。去发现和感受他人对自己的关爱，日积累月，这种"我配拥有"的信念会不断强化，你会发现你的存在就是最美好的事情，你配得上一切美好事物。当这种不配得到的感觉涌上来的时候，就翻翻日记，过去积攒的美好可以在一定程度上减轻心中的郁闷。

(6)做赶走"我不配"的冥想练习。当你觉得我不配的时候，请找一个安全的、不被打扰的舒适空间，做好准备。把自我怀疑想象成一个有形的存在，当你看到它时，就告诉它："我看到你了，你是我身体中的一部分，这很正常，我接受你安全地在我的生命里，并允许你安全地待在我身边。我现在仍然要做我该做的事。"通过这样的练习，你可以更专注，通过集中注意力的方式，你的内心会慢慢感受到笃定、扎实。

腹有诗书气自华，多出去走走，多见见世面，丰富自己的阅历，增长自己的见识，千千世界，多姿多彩，需要你去欣赏。

问题 7　我太过于在意别人的看法，怎么办？

一些大学生可能由于原生家庭的影响，或者后天成长的阴影，过度地在意别人对自己的看法。这一类同学建立了一个错误的参照系，这不但扭曲了对自己的评价，而且还阻碍了自我提升的步伐，该怎么办？

(1)努力提升自己。有一个著名的故事：乌鸦是唯一敢啄鹰的鸟，乌鸦落到鹰的身上啄它的脖子，鹰没有回应，鹰选择了扇动翅膀飞翔，而不是战斗。一只鹰可以轻轻松松飞到五六千米的高空，鹰飞得越高，乌鸦就越艰难，到最后乌鸦就会自己掉下来。你生命中的乌鸦也一样。如果你正处在周围都是乌鸦的环境，别担心，你只要做到心无旁骛，朝着前方不断努力，那些坎壈终将会如同乌鸦一般掉落在地，再也无法阻拦你的步伐。

(2)从宇宙的视角看自己。想做一件事，却又担心别人的看法时，你可以把自己的视角拉到宇宙中，这时你会发现自己非常渺小，宇宙无垠，你我均如沧海一粟，人类历史纵横千万年，万事终将归于尘埃。当你将自己置于一个更广阔的时空时，你会发现你不再为自己面前的那一亩三分田而烦忧了，相反，那份豁达藏于心胸，让你有底气坦然面对未来、面对他人，获得源源不断的勇气。

（3）降低对别人的期待。你可能是这样的：无论他人的反应是否满足自己的期待，自己都常常为此耿耿于怀，并且他人的行为常常左右自己的情绪。但是每个人看待问题的视角都是不一样的，我们无法强求每个人对同样的事情都能持有相同的意见。在做每一件事情之前，我们都要学会降低期待，将精力投入到事情本身，而不是一味地期盼得到他人的回应，这样你也会更加自信地去做自己，然后坚定自己的想法。当我们真正投入到事情本身时，也许更能收获到意想不到的结果。

（4）找到你真正想做的事情。过分在意他人看法其实是对自己过分关注的表现，你内心深处觉得自己很迷茫，无所适从，长期处于困顿的状态使你不得不通过关注他人来为自己寻求未来的方向。但是，如果你有一个清晰的目标和方向，那周围的声音和他人的评价对你来说就变得不那么重要了。你要学会执着于实现自己的追求，而不是满足别人的期待。做自己生活的主宰者而不是附庸者，更不是他人心中的"最佳模特"。

（5）想明白这几个问题：别人的看法从哪来？自己的在意从哪来？要如何解决问题？别人说的一些话是出于对价值认同的渴望，还是在找存在感？对他人产生看法是人际交往中很正常的表现，这些看法或好或差，我们都要学会坦然接受。在意他人评价本质上是对自己不自信，我们要鼓励自己，相信自己，在人际交往的过程中逐渐培养信心，形成良性循环。当然，对于故意做出某些出格的事情来凸显存在感的人，我们不需要理会，做好自己即可。

（6）交对朋友很重要。交友时，多跟心智比较成熟的朋友来往。他们会顾全大局，照顾我们敏感的性格，交往的同时我们也能学习到更多的东西，心态也会慢慢地变好。多社交，会如同照镜子一般，在别人的眼中看到不一样的自己，记住一句话"我不需要所有人喜欢我，每个人也不可能让所有人喜欢"。

问题8 我总是对自己很没有信心，感觉自己什么也做不好，怎么办？

有一部分大学生因为认知的偏差总是不够自信，这种心理造成这部分大学生面对生活或者学习上的困难时，无法迎难而上，总是缩手缩脚；同样，在面对自己的进步时也无法正确地予以肯定。这种心理在一定程度上阻碍了学生的身心发展，这该怎么办？

（1）尝试做你喜欢而且容易收获正反馈的事情。把生活的主线放在那些自己喜爱并且能有正反馈和收获成就感的事情里。我们的关注点决定了我们改变的方向，当我们将目光投向生活的正面，我们会发现不知不觉中周围的一切都在变好。外界的正反馈在滋养你的同时也在建立着你的自信心。

（2）尝试做镜子练习。自信的本质是，不用过度在意别人如何看待你，他人善意的评价能够让我们从不同角度更加充分地了解自己，但这并不是了解自己的唯一方式；也不用向谁去证明自己，因为最了解你的人是你自己，你对自己的看法最重要。当我们陷入自我否定的泥沼时，我们要主动走出去。可以和让你感到善意的朋友多聊聊，也可以利用网络平台系统学习相关课程，例如喜马拉雅 FM 里的《镜子练习》就是一个不错的选择，这个课程旨在通过和自己对话，鼓励自己，真正做到爱自己，从自己身上找到力量。

（3）停止自责，为自己创造价值感。在面对挫折时，持悲观心态的同学常常谴责自己，认为是自己做得不够好才导致事情的失误。这种日复一日的自我内耗不仅无法让我们在下一次行动中更加周全，反而会让我们陷入思维怪圈，不敢轻易踏出舒适区。无论如何，请停止自我谴责，多多倾听自己内心的声音，为自己加油鼓劲！

（4）耐心呵护自己。耐心是一项很重要的品质。许多人喜欢指责自己不够完美，以极其严苛的条件要求自己，且强迫自己在短时间内要收获成效，这是不可能的！我们要遵循事物发展的客观规律，要知道任何事物的改变都要时间，你的成长也是这样。静下来，再耐心一点，在每一个日夜慢慢成长，终有一日，我们会成长为心目中的模样。

（5）接纳自己的不完美。太阳表面尚且有黑点，人又怎么能做到完美呢？你的不完美就是你的完美。所以要先学会接纳自己，面对自己最真实的模样。温柔的人也会发脾气，乐观的人也有抑郁的时候，自律的人也会放纵自己，这些都是正常的，我们不用过分苛责自己，要求自己毫无瑕疵，瑕疵本身就是一种美。接纳自己，变得自信，极度坦诚，就会无坚不摧。

（6）活在当下。面对不如意时，给足自己勇气，让自己立马行动起来，减少无谓的焦虑时间。付出行动后带来的正反馈能够让我们更加有信心地前进。

（7）养成写日记的习惯。不要把日记写成流水账，可以记录一些让自己增长信心的瞬间。不断地复盘生活中的小确幸，让"爱意"环绕自身，这些零碎的欢喜在某一时刻可能给予你意想不到的力量。当我们焦躁时，可以从中汲取力量，拾取自信，踊跃前行。

问题 9 遇到别人向自己表白，第一反应是自己配不上别人，怎么办？

一部分大学生因为自我认知的缺陷，无法客观地看待自己，一味贬低自我，在这种自卑心理作祟下，这部分学生对新事物总是有一些畏惧心理，在他们的情感生活中，就表现为他们很少能够主动开启一段感情，而面对他人的表白，又因为自卑心理的作祟，总觉得自己配不上，这该怎么办？

（1）调整自己不值得被爱的想法。我知道这个观念困扰你很久了，你感觉自己没有价值，那现在我们试着采用苏格拉底提问法：首先把"我很差劲"看成是一个结论，然后告诉自己支持这个结论的观点是什么，最后像打辩论赛一样去思考有哪些证据可以推翻这些观点。这样的方式旨在发掘自己值得被爱的证据，老师相信它一定能够减少你在两性关系里的自卑感。

（2）运用心理距离法。老师觉得问题的根本在于你受制于思维的桎梏，无法对自己有一个客观的认识。那现在我们假设自己的好朋友也有类似的情况，他总是认为对方很优秀的，自己配不上，你会怎么对他说呢？试着跳出你个人的视角，从旁观者的角度去看这个问题，你会发现原来对方也并非完美，自己也不是那么糟糕。先摒弃自己一无是处的想法，这是一切改变的前提。

（3）提升自我价值感。写"我配得"日记，去发现和感受他人对自己的关爱，随着长期积累，这种我配拥有的信念就会不断强化，你会接受你的存在就是最美好的事情的观点。当不配得到的感觉再次涌上心头时，就翻翻日记，和自己进行一场对话，你会发现自己值得一切美好。

（4）给自己做凡人的权利。允许自己犯错，错误是一个契机，能够让我们找到变好的突破口。允许负面情绪涌入，负面情绪不是妖魔鬼怪，是我们生而为人的一种正常情绪。我知道总是达不到自己心目中的要求的巨大失落，但别灰心，从失败中汲取的经验、重塑的认知和成功一样重要。给自己做凡人的权利，允许自己犯错，给自己休息的机会，你已经做得很好了。

（5）换一个视角看问题。我们会看到几乎所有人都是有伴侣的，也会看到我们眼中觉得不般配的情侣。就因为我们觉得不般配，他们就不应该在一起了吗？有句话这么说："如人饮水，冷暖自知。"爱情也是如此，为什么会在一起呢？因为喜欢，因为觉得开心，没有什么"配不配"一说。所以不要觉得自己配不上，我们只是太过关注自己的缺点了，以至于忽视了优点，也许在他人心中，我们也是十分优秀的！

(6)在实践中寻求支持。我们要勇敢地迈出新的一步，走向自我改变的道路。我们不妨尝试一段从未接触过的情感，在实践中积累经验，获得勇气，双向成长，并且找到与伴侣相处的最佳方式。

问题 10　我该怎么去接纳自己、认同自己?

因为各种原因，一些大学生缺乏自我认同感，无论成功与否，总是对自己没有信心，这样的心理导致这部分学生陷入自我否定的怪圈中，这该怎么办?

(1)找到自己的独特性。你总是会忽略自己优秀的地方，拿自己的缺点和别人的优点比较，否定自己。你身上所拥有的，就是你的优点。比如说，一个女孩子觉得自己的眼睛小，不好看，或者曾经因为眼睛小被人嘲笑，可以换一种思维，让自己的小眼睛成为自己高辨识度的一部分。现代审美趋于多元化，而对于自我的认识更不应该拘泥于单一标准，生命的意义在于活出自己的精彩和独特性。

(2)接纳自己的不完美。太阳表面尚且有黑点，人又怎么能做到完美呢?你的不完美就是你的完美。所以要先学会接纳自己，面对自己最真实的模样。温柔的人也会发脾气，乐观的人也有抑郁的时候，自律的人也会放纵自己，这些都是正常的，我们不用过分苛责自己，要求自己毫无瑕疵，瑕疵本身就是一种美。接纳自己，变得自信，极度坦诚，就会无坚不摧。

(3)写成功日记。我们可以通过写日记对一整天的事情进行复盘。将自己在一天中所遇到的令人开心、快乐的事情详细描述，同时内心不断对自己进行鼓励，使自己逐渐养成积极乐观的心态。当负面情绪或者自卑感涌上来的时候，试着翻阅你的成功日记，与自己进行一场对话，告诉自己，你其实很棒。

(4)行动起来。意识到自己身上的某些缺点后，最重要的是行动起来，这是接纳自己的核心。态度是内在表达，而行动则是我们的外在表达，我们的大脑具有保持一致的特性，也就是说，外在和内在表达是相辅相成的，外在的行为引导内在态度的改变，或许现在你依旧不够自信，但是没关系，昂首挺胸向前走，当你的大脑不断接受自信行为的反馈时，自己内心的看法已悄然改变。

(5)做一些自己喜欢做的事情。那些真正热爱的事情就像是生命中的光，那束光照向深陷泥泞中的我们，做自己喜欢的事情能够让我们不囿于当下的胡思乱想。通过在兴趣上付诸努力，收获的成功可以反过来激励自己：原来我也可以做到。是的，你可以做到，这份信心从自己的兴趣出发，延伸至生活的方方面面，照亮自己的同时也帮助我们成为更好的自己。

（6）学会反向思考，向自己提问。"为什么需要别人的同意，你才能做自己？""为什么要去比较，然后觉得失望呢？""为什么不坚定地相信自我呢？"根据答案一点一滴去寻找线索，然后改变自己。同时，把这些问题放在别人身上，你会发现自己的双重标准。不要过度地关注自我，不卑不亢才是人际交往的黄金法则。

地球是圆的，没有一片乌云总是遮住一个地方，上帝给你关上一扇门，一定会给你再开一扇窗的。

第二节　关于心理健康

　　每一位大学生都在对生活进行实验：天平的一端已然倾倒，那里驮伏着身体发出的各项警报；另一端轻如鸿毛，那里混乱地排列着各类情志的名字，却无人在意。显然，大学生正处于走向成熟的过渡阶段，对情绪的感知更为敏感脆弱，容易出现精神内耗，抓不住快乐的尾巴，只剩下焦虑、抑郁等负面情绪作祟。关爱自己、悦纳自己，注重身体与心理的双重保障，哪一边失衡都是对生命的漠视与不尊重。可心理健康的标准是什么，又该如何维持心理健康？天平没有答案，更不会告诉你答案，需要你自己走出来寻找，一次再一次，一步再一步，与漫长、琐碎的日子对抗。

问题1　心理健康的标准是什么？

　　心理健康是指人的心理活动和社会适应良好的一种状态，是人基本心理活动协调一致的过程，即认识、情感、意志、行为和人格完整协调，能顺应社会，与社会同步的过程。日常生活工作中总有人问：心理健康的标准是什么？如果不符合心理健康的标准就是有心理问题吗？以下几点可以回答上述问题。

　　(1)世界卫生组织关于心理健康的标准：智力正常(智商在70分以上)、情绪健康、意志健全、人格完整、自我评价正确、人际关系和谐、社会适应正常、心理行为符合年龄特征。

　　(2)国内心理学专家把它们进行了一些细化：有适度的安全感、有自尊心、对自我有价值感；适度地自我批评，不过分夸耀自己，也不过分苛责自己；在日常生活中，具有适度的主动性，不为环境左右；理智、客观，与现实有良好的接触，能容忍生活中的挫折与打击、无过度的幻想，适度地接受自我/个人需要，并具有满足此种需要的能力；有自知之明，了解自己的动机和目的，能对自己的能力做客观的估计；能保持人格的完整与和谐，个人的价值观能适应社会的标准，对自己的工作能集中注意力，有切合实际的生活目标；具有从经验中学习的能力，能根据环境的需要改变自己；有良好的人际关系，有爱人的能力和被爱的能力；在不违背社会标准的前提下，能保持自己的个性。既不过分阿谀奉承，也不过分寻求社会赞许，有独立的思考方式，有判断是非的标准。

（3）有学者认为心理健康标准主要包含以下四个方面：一是有充分的安全感。人类是群居动物，安全感是人的基本需要之一。如果我们每天都处于惴惴不安的状态，这会加快我们身体衰老的进程。同时，也会催生出抑郁、焦虑等负面心理情绪，进而引发身体的病变。二是充分了解自己。对自己有充分的认知，并做出恰如其分的判断。倘若对自己认知不足，勉强去做超越自己能力的工作，就会力不从心、身心俱疲。长期超负荷的工作甚至会给身体带来不可逆的损伤。三是与外界环境保持接触并有确切的生活目标。人的精神需求是多层次的，当我们与外界保持接触时，一方面可以给我们带来丰富多彩的精神生活，另一方面可以让我们及时调整自己的行为状态，以便让我们更好地适应环境的变化。在与外界接触的同时要有确切的生活目标。有了明确的目标我们才能更好地去适应社会。四是能适度地表达和控制自己的情绪。人有七情六欲，每一种情绪带给人的体验都是不一样的。能够调节自己的情绪，又能克制自己的冲动，这有助于我们在现实生活中达到更高级的目标。

（4）要明白一个简单的道理：心理健康的人并非没有痛苦和烦恼，而是他们能适时地从痛苦和烦恼中解脱出来，积极地寻求改变不利现状的新途径。他们能够深切领悟人生冲突的不可回避性和严峻性，也能深刻体察人性的阴阳善恶。他们是那些能够自由、适度地表达、展现自己个性，并且和环境和谐相处的人。他们善于不断学习，利用各种资源，不断地充实自己。他们也会享受美好人生，同时也明白知足常乐的道理。他们不会钻牛角尖，而是从不同角度看待问题。

问题2　身心真的会互相影响吗?

世界卫生组织给健康下的定义："健康是一种身体上、精神上和社会适应上的完好状态，而不是没有疾病及虚弱。"从世界卫生组织对健康的定义中可以看出，健康与我们传统的理解有明显区别。健康包含三个基本要素：躯体健康、心理健康、具有社会适应能力。具有社会适应能力是国际上心理健康的重要标准，健康包括躯体健康和心理健康两大部分，二者密切相关，缺一不可，无法分割。这是健康的精髓。

（1）健康的一半是心理健康，心理健康会影响身体健康，身体健康又会影响心理健康。不少人认为生理健康和心理健康是两个没有关系的概念。这是不正确的。在现实生活中，心理健康和生理健康是互相联系、互相作用的，心理健康每时每刻都在影响人的生理健康。如果一个人性格孤僻，心理长期处于一种抑郁状态，内分泌系统就会受到影响，人的抵抗力下降，疾病就会乘虚而入。一个原本身体健康的人，如果老是怀疑自己得了什么疾病，就会整天郁郁寡欢，最后真的一病不起。同样，如果长期身体不好也会影响到心理状态，甚至会产生心理问题。

（2）身体健康是心理健康的基础和载体，心理健康又是身体健康的条件和保证。人是由大脑皮层统一指挥、各生理系统协调活动的有机体，生理活动与心理活动互相联系、互相影响、互相制约。积极健康的心理状态，有益于身体健康；消极不健康的心理状态，使人容易患生理疾病。同样，生理机能的异常状态也会导致心理的变化。一般来说，身体健康的人，心理出现问题的概率比较小。有一些身体生理病症会直接影响到情绪稳定，例如高血压患者大多有容易焦虑、易激动、行为冲动、求全责备、刻板主观等特点。甲状腺功能亢进患者容易激动、生气、暴躁。如果一个身体健康的人时常情绪起伏很大，或者时常怀着悲观的情绪，就会影响心理的健康，抑郁症、焦虑症等病症发生的概率就会大大提高，进而影响身体生理机能的正常运转，可以说身体健康和心理健康是互为因果的关系。古人云：喜伤心，怒伤肝，思伤脾，忧伤肺，恐伤肾。意思是说，喜、怒、哀、乐、思、忧、恐是人类最基本的情绪情感体验，但如果太过强烈，就会伤及身体。对于自己的心理健康有疑问的话，可以通过"晓析心理测评"知晓结果，结果准确率相对较高。

（3）注意身心共同调养。在日常生活中一方面应该注意合理饮食和身体锻炼，另一方面更要陶冶自己的情操，开阔自己的心胸，避免长时间处在紧张的情绪状态中。如果感到自己的心情持续不快时，要及时进行自我调适，必要时到心理门诊或心理咨询中心接受帮助，以确保心理和生理的全面健康。

问题3　我总是担心自己有心理问题，怎么办？

每个人在成长过程中都会遇到这样或者那样的挫折和烦恼，总会有伤心、难过的时候。其实，心理的"正常"和"异常"之间并没有明确或绝对的界限。生活在现实社会中的人都存在着一定程度的心理问题，即人的心理问题是普遍存在的，只是程度不同。如果你很担心自己的心理健康状况，你可以这么做：

（1）了解自己，正确认识和看待心理健康问题。对于自己是否有心理问题，千万不要随便给自己下结论，这样会形成心理暗示，你需要正确看待心理健康，用正确的方式寻求帮助。每个人在人生中都可能存在一定的心理问题，有心理问题一点都不丢人，就像每个人都可能会感冒一样，只要我们正确地认识它、面对它，它就会悄悄地离开。每一个人都要提高对心理健康的认识，掌握一定的心理健康知识，具备一定的心理健康素养，这样才能更好地面对困难和挫折。

（2）通过症状对自己进行评估。心理问题往往会导致生理、心理、行为三个方面表现异常，同学们可以根据自己近两周内的表现进行一次自我评估。自我评估主要看自己是否能够承受当下的生理、心理、行为变化，如果自己能够承受，只是状态和效率不够好，你可以先努力调适。如果你觉得自己难以承受，生活受到了很大影响，那就需要及时寻求专业帮助了。当然，如果你的问题你自己完全无法处理，甚至寻求专业心理咨询帮助也不能见效，这时候一定要及时到精神专科医院治疗。如果担心自我评估不够准确，也可以通过学校专业的心理老师帮助评估，还可以通过精神专科医院的医生进行评估。

（3）心理评估后，你可以这样做：如果感觉问题比较轻，自己能应对，就学着自己去调适，比如通过运动、倾诉、情绪宣泄、写感恩日记等形式；如果感觉对自己已经有较大的影响，并且影响到了正常的学习生活，可以寻求学校或者社会心理咨询机构专业人士的帮助，通过他们的评估和帮助减轻压力，获得调整方法。如果问题已经超出了自己能够承受的范畴，已经明显感觉到自己无法应对，通过心理咨询也无法产生较好的效果，这时候要到精神专科医院去就诊，并积极配合治疗。

（4）积极寻找社会支持。如果感觉自己有心理问题，一定要积极寻求社会支持，比如父母、兄弟姐妹、亲戚、好朋友、老师、同学等，他们的心理支持能够给你更多安全感，让你更有勇气去面对自身的问题。这时候的你需要被理解和支持，也请你大胆接受社会支持。

问题4　怎么判断自己的心理是否健康？

有很多同学出现了一些心理症状之后很担心，不知道自己是不是有心理问题，会上网去搜索相关信息，这时候因为自身缺乏一定的判断能力，往往会被网络上的信息误导，导致病情延误，还可能出现误判，自我暗示过度，增加心理负担。那么，有没有一些简易的方法来评估自己的心理状态呢？答案是有的。

（1）从生理症状来判断：睡眠障碍，表现为入睡困难（1 小时以上），早醒，醒后睡不着；消化功能异常，经常没有胃口或者暴饮暴食，经常说自己的胃或者肚子不舒服，检查无异常；经常感觉头晕、心慌、心悸、胸闷气短、呼吸困难、头部不适，甚至感觉自己有心脏病或者脑肿瘤；全身尤其是两腿无力、颈腰椎无名痛、个别内脏功能轻度或者中度障碍；女性表现为月经紊乱、内分泌失调等，而男性则表现为性功能异常等；检查无异常，吃药不见好，感觉哪都不舒服。

（2）从心理症状来判断：出现幻觉、妄想等精神疾病的症状表现；莫名其妙的情绪异常低落或者情绪异常高涨，或者情绪失控，甚至有濒死感；敏感多疑，常说难受，觉得活着没意思；常常感到紧张、焦虑、害怕、担心，过分关注过去或者未来；记忆力下降，注意力不能集中，感觉力不从心；认知异常，感到很孤独无助，无价值感、自我贬低，有自杀想法。

（3）从行为症状来判断：兴趣减退或消失，什么也不想做；孤独、不合群、不想说话，不愿意与人交往，只想一个人待着；易激惹，过分依赖他人，持续不断地悲伤或焦虑，常常流泪；旷课、睡觉，不参加任何活动，不注意个人卫生，不修边幅；出现成瘾性饮食、喝酒、游戏等行为；容易情绪失控或者产生冲突；控制不住自己，一直重复某种行为。

通过对以上三个方面的对比，你可能有了一些自己的初步判断。但是一定要记住，不是有其中一两个症状就觉得自己有心理问题，需要进行综合考量，尤其是要注意时间问题，这些症状是偶尔出现还是持续性地存在。如果这些症状是持续性的且达到两周以上，这时候要引起重视；如果只是偶尔出现，那还不能被认定为心理问题症状。另外还要看这些症状的发生是否与你当前遇到的重要事件有关，如果你当前遇到了重要事件，出现了以上一些情绪，这些是正常的心理表现，这点一定要学会区分。

如果你通过以上的方法判断自己可能存在一定的心理问题，但是你有很好的自我调适能力，你可以应对，那也不用太过担心，甚至可以不认为它是一个心理问题。如果你不能应对，那就要想办法寻求专业人士帮助。

问题5　学习心理健康知识真的很重要吗?

作为大学生，学习心理健康知识非常重要。学习心理健康知识不仅是为了解决自己的问题，更重要的是提升自己的心理健康素养，增强应对困难和挫折的能力。为什么说学习心理健康知识很重要呢? 有如下几个重要原因。

(1)心理健康双因素理论告诉我们学习心理健康知识很重要。心理健康与不健康，不仅与个人面对压力、挫折经历有关，还与其主观幸福感有很大关系。根据以上两点可以将人划分为这四种类型：一是心理健康者。没有什么压力，没有心理疾病的症状，或者心理疾病症状很弱，但是主观幸福感强。综合来说就是生活满意度高、心理素质好，有应对困难挫折的能力，有积极心态，社会支持体系良好。二是心理问题易感者。没有什么压力，没有心理疾病的症状，或者心理疾病症状很弱，但是主观幸福感弱，即生活满意度不高、心理素质不好，没有应对困难挫折的能力，没有积极心态，没有良好的社会支持体系。三是心理问题倾向者。有各种压力，有心理疾病的症状，或者心理疾病症状较强，但是主观幸福感强，即生活满意度高、心理素质好，有应对困难挫折的能力，有积极心态，社会支持体系良好。四是心理问题患者。有各种压力，有心理疾病的症状，或者心理疾病症状较强，主观幸福感弱，即生活满意度不高、心理素质不好，没有应对困难挫折的能力，没有积极心态，没有良好的社会支持体系。以上论述说明了主观幸福感的重要性，而主观幸福感是可以通过后天学习获得的。因此，学习心理健康知识非常重要。

(2)我们都要面对生活中的压力。自改革开放以来，我国在政治、经济、文化等方面都发生了巨大的变化。这给人们带来机遇的同时，也向人们提出了新的挑战，人们面对的压力越来越大。此外，受家庭教育、成长环境、童年经历等影响，我们或多或少存在心理困惑，这就需要我们有一定的心理健康知识来应对自身存在的问题。面对社会发展的挑战，我们必须拥有一个健康的心理。要做到这一点，就必须学习和了解有关心理健康的知识，知道怎样保持心理健康，以及出现了心理问题该怎样去解决。

(3)生活中的困惑需要我们积极学习心理健康知识，提升心理健康素养。我收到的1000多封求助信中，涉及的问题大部分是生活琐事，这也反映出同学们的心理困惑主要来源于生活中的琐事，真正需要心理咨询和治疗的比例很小。这些困惑的解决并不难。大学生要主动学习心理健康知识，主动提升心理健康素养，学习保持心理健康的方法和技巧，懂得如何应对困难和挫折。学着自己解决自己的问题，自己寻找解决问题的途径，这是解决你心理问题最好的方式，同时也是你成长发展的根本。

希望你们全面提升自身的心理健康素养，让自己拥有正确的心理健康理念、基本的心理健康知识、促进心理健康的技能、对待心理疾病患者的正确观念、助人的基本知识和技能，从而全面了解自己，接纳自己，完善自己，发现自身的潜能，增强应对困难和挫折的能力，提高心理素质和自愈水平，塑造健全人格，利用自身的心理健康知识帮助和服务身边需要帮助的人。

问题 6　我要相信心理测试结果吗?

不少同学出现心理困惑后会到网络上找相关资料，还会做一些心理测试，以此来判断自己的心理状态。另外，学校也会对学生进行心理测试。测试完成后，我们要相信心理测试结果吗？应该如何正确看待心理测试结果呢？请明白以下几点。

(1)心理测试的基本概念。心理测试是一种比较先进的测试方法，是指通过一系列手段，将人的某些心理特征数量化，来衡量个体心理因素水平和个体心理差异的一种科学测量方法。但是，心理测试自问世以来，人们对其褒贬不一，存在两种极端的看法：测验完美论及测验无用论。测验完美论者高估测验的效能，单纯依靠测验做出决策，而忽略其他信息，他们过分夸大分数的意义，认为分数能说明一切。另一种极端的态度——测验无用论。测验无用论完全否定测验的功效，认为测验对实际工作毫无帮助。上述两种极端看法都是错误的，作为心理测试的使用者，应当端正态度，正确地对待心理测试。

(2)心理测试是心理学研究的一种重要方法，也是用来做决策的辅助工具。心理测试采用客观的量化技术将心理现象量化，这无疑是十分科学的，但并不是在任何场合心理测试都是最有效的。因此，应将其看作一种辅助工具，同时还应考虑其他方法的可行性，而不应盲目信奉心理测试。

(3)心理测试作为一个研究手段和测量工具尚不完善。心理测试发展至今，在理论和方法上都存在不少问题。它的精确度同物理测量相比远远不够，这是由测量对象的复杂性、主观性所决定的。同时，心理学本身理论体系的薄弱也是心理测试尚不完善的原因。作为测验的使用者，应当看到这一点，不能认为测验分数绝对可靠和绝对准确，它只是对一般水平的最佳估计而已。

（4）心理测试结果的有效性受到很多因素的影响。比如：选择的测试量表本身是否权威、是否得到有效验证，测试者可能夸大自己的症状，测试环境是否安全。因此，在做心理测试之前，务必确认测试量表的可靠性，务必听从测试人员的解说，切勿盲目做心理测试。

（5）心理测试只是心理评估的一种方式。心理评估需要联合症状表现、日常观察、社会功能受损程度、自我认知等多种因素综合评估。因此，如果你的心理测试结果为阳性，不要被心理暗示，要寻求专业人士帮助你综合评估判断。尤其要提醒大家的是，网络上不明来历的心理测试一定不要轻易相信。

（6）学会消除心理测试给自己带来的心理暗示。很多同学因为心理测试结果阳性，就会对自己产生消极的心理暗示，认为自己有严重的心理疾病。如果有这种心理暗示，一定要及时调整，如果自己无法调整，要积极寻求专业人员帮助。

问题7 哪些人容易患心理疾病?

很多人都会问这样的一个问题：哪些人容易患心理疾病？这有没有一定的规律呢？应该是有的，这里和大家分享几个观点，看看是否对你有帮助。

（1）心理疾病具有较高的遗传概率。大部分精神疾病，遗传率都较高，尤其是严重的精神疾病，比如精神分裂症、双相情感障碍等，遗传率都非常高。如果你的父母或者直系亲属里面，有这样的一些心理疾病，你得这种疾病的概率就比较高。当然，这并不是说有心理疾病家族遗传史的就一定会得心理疾病。

（2）成长环境的好坏会直接关系到心理疾病的发生、发展。成长环境分两种，一种是我们生活的物理环境，另一种是我们的心理环境。家庭环境、父母的教养方式、孩童时代的特殊经历都会影响一个人的心理状态，尤其是对个体成年后的心理会产生较大的影响。如果从小成长环境没有安全感、被忽视或者被欺凌，那么患心理疾病的概率就很大。

（3）个人的性格特点也会影响心理疾病的发生、发展。中外临床心理学的经验表明，以下人员易患心理疾病：性格孤僻、内向、执着、偏执者；脾气暴躁者；从小家教严格、做事过于认真、追求完美者；循规蹈矩、对自己要求过于严格者。

（4）童年经历及特殊生活事件没有处理好也会导致心理疾病。有些人经历童年不幸，父母离异，或者父母伤亡，没有得到足够的爱；有些人经历较多特殊生活事件，如被欺凌、被网暴、被性侵等。这些人可能会因为无法承受如此大的心理压力，而产生心理疾病。还有就是一连串的生活事件没有得到有效解决，会逐步增加一个人的压力，比如个体一年中连续遭受了失业、离婚、亲人离世的打击，这种压力一旦超过人的承受范围，就容易产生精神疾病。

（5）意外可能导致心理疾病。正所谓天有不测风云，人有旦夕祸福，意外往往在不经意间发生。对于有些家庭而言，一次意外，就可以让原本幸福美满的家庭发生翻天覆地的变化，而人内心的接受能力是有限度的，超出了承受的极限，内心就无法接受意外带来的痛苦，从而导致个人无法从伤痛中走出。如果个体长期处于这种不健康的状态，很容易造成精神疾病，这属于过度的压力、过度的情绪所产生的变异而导致的心理疾病。

（6）过度偏激，情绪两极化容易导致心理疾病。每个人都会有情绪，但每个人对情绪的发泄控制程度不尽相同，有的人总是把情绪隐藏起来，也有的人在发泄情绪时总是非常激动、过于偏激，动不动就发怒。产生这种情况的原因有很多，如有的人是因内心自卑心理在作祟，有些人是因为自恋因素，还有的人是一味地想要逃避现实等。

（7）急功近利的心理倾向容易导致心理疾病。一些人在学习生活中，或者在对事业的追求上，总是急功近利，这种人往往经不住失败的打击，其原因在于他们对成功的期望值太高了，在想获得成功的同时，又不愿意付出太多的精力，总是想着以小博大，事半功倍。也有些人通过不断地给自己增加压力，追求所谓的完美，但却是心有余而力不足，最后诱发了一系列的心理问题。

问题 8 我就是身体不舒服，为什么医生说我有心理问题？

有这么一种现象，有一些人会经常莫名其妙地出现身体不适、肠胃功能紊乱、心跳异常、胸闷、头晕、头痛、颈腰椎不舒服等症状，甚至有几次出现濒死感。去医院看病，医生让做了各种检查，基本没有器质性问题，医生就说可能有心理问题，让他去看心理医生。这时有人就会说：我就是身体不舒服，为什么医生说我有心理问题？以下内容或许可以解释一二。

（1）这是一种典型的身心疾病。身心疾病存在明显的躯体症状，这些躯体症状对患者来说有明显的不适表现，这种不适感难以描述原因。患者会经常向家人及朋友表达不适感，也常常因为身体不适而限制了社会活动并四处求医，甚至产生了对死亡的恐惧。身心疾病的躯体症状有些没有典型的病理特征，在具体临床中，往往有这样一些患者，有大量的躯体症状主诉，但是经过详细的体格检查或辅助检查，其检查结果却无明显异常或仅有微小的异常，但四处求医。其实，身心疾病发病原因以心理、社会因素为主，药物治疗效果并不明显。

（2）身心疾病产生的原因主要有哪些呢？一是遗传因素。如果家族中有此类疾病的人，其本人也比较容易患此病。二是心理社会因素。生存压力、家庭关系及其他各式各样的社会矛盾都会导致人的压力不断增大，这些压力又得不到有效的释放，长期积压就会通过躯体症状表现出来。三是身体本身原因。大脑神经有一些神经递质，比如多巴胺、去甲肾上腺素、5-羟色胺等，这些物质的变化也会导致身心疾病的发生。四是认知原因。不良认知过程或者思维模式更容易导致身心疾病。五是应激事件。在有应激事件发生的情况下，更有可能出现身心疾病。六是家庭、学校教育。从小到大的家庭、学校教育以及后来的生活经验，会造成当事人内心自卑，缺乏自信心和安全感，遇到事情容易焦虑，渴望成功和优秀，害怕失败和犯错。七是过分追求完美的性格。过分追求完美的人，由于对自己和他人都要求过高，时间长了，就会出现各种各样的焦虑症状，如紧张不安、身体僵硬、遇事退缩、挫败、自责……最后，逐渐演变成身心疾病。八是长期累积的压力。长期累积的压力，会导致个体陷入慢性压力和疲惫状态，从而诱发身心疾病。

（3）身心疾病如何应对呢？如果你觉得自己可能患有身心疾病，那就做一次全面的检查，当医生告诉你没有器质性疾病的时候，请你学着接受这样的结果。同时，更重要的是，请你学着接受自身的躯体症状。通过运动改善情绪，消除躯体症状，宣泄情绪，找到躯体症状的释放口。这里主要给大家提供两种方法：枕头法和撕纸法。正念静心，觉察自己的身体，学会放松，日常生活中我们要顺应自然，起居有度，遵循自然规律，该休息时休息，该活动的时候活动。身心疾病患者可以在康复过程中，多做好事善事，助人为乐。经常帮助别人，可以使自己常处在一种良好的心境中，感受到自己存在的价值。

问题9　心理健康问题如何分类？

心理健康是我们常常提及的一个词，近年来大家对心理健康也更加关注了，那么大家对心理健康究竟了解多少、认识多少呢？尤其是心理健康问题的分类大家是否知道呢？心理健康问题一般分为以下几类。

（1）一般心理问题。一般心理问题是由现实因素激发，持续时间较短，情绪反应能在理智控制之下，不严重破坏社会功能，情绪反应尚未泛化的心理不健康状态。大学生常见的学习压力、考试焦虑、人际冲突、恋爱中的失恋、就业焦虑、自我意识发展滞后等都属于一般心理问题。一般心理问题只是暂时的情绪烦恼，自己可以识别、调节，一般不会持续影响社会功能，不影响他人，大多在一周以内缓解。一般不使用药物治疗，即使需要也是短期的，但如果当事人有良好的社会支持系统，则不一定需要专业帮助。

（2）严重心理问题。严重心理问题是由相对强烈的现实因素激发，初始情绪反应强烈，持续时间较长，内容充分泛化的心理不健康状态。严重心理问题有时会伴有某一方面的人格缺陷。因为强烈刺激出现暂时或局部的情绪问题，自己可以识别但是难以摆脱，必须依靠旁人或者心理医生调节。它在一定程度上影响社会功能，一般在半年以内缓解，也有可能长期遗留少许症状，这种情况寻求心理咨询帮助是最佳选择。

（3）神经症性心理问题。神经症是一种精神障碍。主要表现为持久的心理冲突，患者觉察到或体验到这种冲突并因之而深感痛苦且妨碍心理功能、社会功能，但没有任何可证实的器质性病理基础。患者对症状有自知力，精神痛苦持久，心理功能和社会功能严重受损，并伴有一系列躯体症状。抑郁症、焦虑症、恐怖症、疑病症、强迫症等都属于神经症类疾病。出现持久的、较大范围的情绪障碍，自己可以识别但是无法摆脱，在主动求助过程中，普通人难以提供帮助，一般需要心理医生调节。身边人可以发现异样但是难以理解，正常人在相同处境下不会出现类似问题。患者的社会功能受到比较大的影响，有中枢神经系统神经递质障碍，目前治疗效果尚可，但部分损害有可能不可逆，因此，程度较轻时，药物治疗和心理治疗同样重要。

（4）精神病性心理问题。最严重的当数精神病（如精神分裂症），即我们常人说的"疯子""发癫"。精神病是功能性疾病，目前的医学水平尚未能发现患者神经系统与常人有何变异，但他们的言语、行为、思维、情绪等各方面的表现与常人不一样。以出现幻觉、妄想、情感高涨或情感低落、没有自知力、拒绝求医、精神活动的不协调和脱离现实为特征。精神病性心理问题有明显的生物学因素，会出现认知、情感和意志行为等心理障碍，精神活动和环境不协调，影响严重、广泛而持久，一般患者自己无法识别和调节，也拒绝治疗，严重影响社会功能，并且会影响他人。普通人可以很容易地识别这种异常，但是非专业的帮助可能无效甚至是有害的。

问题10　日常生活很情绪化，怎么办?

有这么一些大学生，生活过得很情绪化，那这是不是一种心理问题呢？如何看待经常性的情绪化？如何化解这种情绪呢？这里有些方法大家可以试试。

(1)理解日常生活有情绪是正常心理表现。每个人都有一些时间会情绪化，这是正常人的正常心理表现，不用太过关注这种短暂的情绪波动，反而我们要学会去体验这种情绪波动，这是生命中的一部分。每天都积极向上，每天都跟打鸡血似的并不一定就好。所以，学会接纳自己短暂的情绪波动，体验这种感觉。

(2)学会爱己、爱人，提升心理能量。学会爱自己，接纳自己，活在当下，接受自己的平凡，把自己的优点写下来，经常看一看，赞美自己、奖赏自己并对自己表示肯定，做自己喜欢的事情，对于不想做却不得不做的事情，尽量从中找到自己喜欢的一面。爱别人，爱这个世界，感恩你所拥有和经历的一切。经常赞美身边的人，特别是父母、孩子、伴侣。赞美你所看到、经历的美好的事物和人物。经常跟所爱的人在一起，并告诉他们你的爱，因为爱是需要表达的，对自己不知道、不了解的事物保持中立和理性的态度，保持开放和好奇心，愿意尝试、了解，而不是急着否定。

(3)学会调节情绪，感受情绪，提升心理能量。通过运动、阅读、歌唱、跳舞、绘画、写作、种植、看电影等方式调节情绪；通过冥想祈祷，经常与细胞对话、与身体对话，聆听身体的提示和需求，感恩身体；在吃饭前，对你吃的食物表示感恩，谢谢它们滋养你的身体；在家中布置鲜花，经常闻一闻花香，让自己心情愉悦；安静独处，感受美好的事物；看日出，或者看日落，接受太阳的恩典；周末多去大自然中走走，与大自然亲密接触，躺在草地上，听听鸟儿悦耳的鸣叫；整理居室，搞清洁卫生，把多余的物品，如衣物、书籍、生活用品赠送给有需要的人；保持快乐，多看正能量的喜剧影视节目，少看负能量信息；阅读积极、有激励作用的书籍、文章，关注、传播正能量的微信公众号；和天真活泼的孩子一起玩耍，跟积极向上乐观的人在一起。

(4)做善良人，行善良事，提升心理能量。合理抒发自己的情绪，但不要对身边的人发脾气，以温和委婉的方式表达自己的意见；宽恕曾经伤害过自己的人；向自己曾经伤害过的人主动道歉，学会说一句"对不起"；孝顺父母，常常回家陪伴父母或者经常打电话给他们；对寻求我们帮助的人伸出援助之手；写感恩日记，经常性做些公益事业，无条件奉献自己的爱。

第三节　关于心理调适

世事纷扰，学业繁重，为荣誉而战、为获得生活满足、为实现情感升华，层层叠叠的压力频繁打击着大学生的情绪"结界"。一方面，迎接挑战的期待与喜悦化作动力推着人们不断前进；另一方面，困扰顿生时萦绕不散的哀愁与幽怨也让负重的枷锁又沉重了几分。实现身心的自我调节，应当摆正心态，给自我一个充分的疗愈时间，倾听心底最真切的声音，慢慢回收自己外放的情绪与心声。情绪从来不是"假想敌"，只有认真对待，才能让自己不至于"失重"。

问题1　如何在日常生活中保持心理健康？

很多大学生缺乏对心理健康的正确观念，缺乏必要的保持心理健康的方法，以至于在遇到困难和挫折的时候无法调节情绪，因而导致心理困扰。那么，在日常生活中应该如何保持心理健康呢？

（1）健康生活，规律作息。身心是相互影响的，养成早睡早起有规律的作息习惯是十分必要的。有规律的作息可以促使我们形成良好的"生物钟"，修复我们的身体机能，提高免疫力，通过规律作息达到身体健康、情志调和，从而促进心理健康。

（2）坚持运动，长期锻炼。运动是促进心理健康的最优选项之一。研究人员发现在经过30分钟的踩脚踏车的锻炼后，被测试者的压力水平下降了25%。由此可见，运动有助于纾解压力，调适心理状态。在健身房或者户外快走30分钟，或者在起床时进行一些伸展、力量练习都行。徒步、骑行、打羽毛球、打篮球、游泳、潜水、跳健身操、做瑜伽、骑马、打高尔夫等，丰富多彩的运动方式，任选一二，持之以恒地练习，你不但可以收获拿手的技能，培养特长，还能从运动中感受生命的活力与跃动，对心理健康大有裨益。

（3）合理宣泄，利己利人。生活中我们难免会产生一些愤怒、郁闷、难过、焦虑等这样的负面情绪，此时应该学会选择合适的方法宣泄，不要把情绪憋在心里，负面情绪的长期累积会造成积重难返的心理问题，更有甚者患上心理疾病；可以把它写下来、吼出来，或尽情大哭一场或尽情运动等，学会倾诉也是非常明智的选择哦。宣泄过程中要注意自己的宣泄方式是否合适，是否会影响到他人，切记不要因为情绪宣泄伤害到自己和他人哦，如果是这样的话，你会增加另一层压力。

（4）强大内心。要明白治愈自己的最佳方法是自己的内心强大，学着用积极的心态面对身边的人和事，学会积极心理暗示，时刻提醒自己可以帮助自己，这点非常重要。换个角度思考，面对困难和挑战时，不妨将之当作炼金石，每一次的问题背后或许就藏着机遇，"世之奇伟、瑰怪，非常之观，常在于险远，而人之所罕至焉，故非有志者不能至也"，挑战自己，战胜自己，你就比原来的自己更优秀！

（5）人贵自知，扬长避短。正确认识自己，清楚自己的优点与缺点，知道自己擅长的领域在哪里，将其研究精深，便能成为你的竞争力和优势。清楚自己的弱点，加以改正，不但可以避免缺点带来的诸如自卑等负面情绪，逆风翻盘的你也是超酷的！

问题2　遇到负面情绪，心理调适的方法有哪些？

负面情绪很正常，找对方法是关键！大学生在日常生活中遇到困难、挫折的时候，常常会产生一些负面情绪，而这些负面的情绪会使人感到沮丧、闷闷不乐、焦虑、生气、急躁等。面对负面情绪时，很多大学生缺乏正确的心理调适技巧，以至于陷入情绪的困扰中。有什么办法呢？且听我细细道来！

（1）正确认识负面情绪。遇到负面情绪是很正常的事，没有谁的人生无忧无虑，一帆风顺，更何况，一眼看到头的坦途便失去了跋山涉水、遇见不同风景的机会了。要知道每个人都会有心情不好、情绪低落的时候，暴躁、焦虑、难过等都是人正常的情绪。福祸相依，我们辩证来看，有时候负面情绪还可以激励我们进步，让我们不断超越自己，所以，下次别再把负面情绪想得那么糟糕了。

（2）记录问题，直面解决。你可以把自己遇到的问题写下来，在记录的过程中，把整个事情的前因后果再梳理一次，还可以将自己内心想说的话写下来，写完之后可以将纸条撕掉，意味着这件事情就过去了，暗示自己负面情绪随着碎屑一起扔到垃圾桶里了，烦恼随风而散，飘到九霄云外了。

（3）运动发泄，一举两得。你也可以选择去运动发泄一下，越是难过、郁闷、焦躁的时候，就越需要运动来将负能量发泄出去，你的坏情绪会随着汗珠一起排出体外，自己会逐渐冷静下来，同时还可以收获运动带来的成就感与快乐。

（4）向朋友倾诉。当局者迷，旁观者清。向朋友倾诉也是一个好的选择，当你把苦恼倾诉出去时，坏情绪也随着一起发泄出去了，还可以听听旁观者对于这件事情的看法，或许会有不一样的收获。

（5）觉察情绪，了解负面情绪的正面价值。塞翁失马，焉知非福。其实，负面情绪有时是一种善意的提示，提醒我们本性中爱的流动被阻碍了。我们要学会觉察情绪，分解情绪，接纳正常的情绪。健康情绪并不是指时刻处于阳光状态，而是你所表现出的情绪与你所处的情境呈现一致性。此外，了解负面情绪的正面价值，例如：痛苦——很有用，它告诉我们这条路走不通，建议你换个方向；恐惧——很有用，它告诉我们这个事情很危险，建议赶紧逃跑；焦虑——很有用，它告诉我们这个事情有点麻烦，需要引起高度重视，同时也提示我们也许某些时候过于关注结果，而忽视了沿途的美好。

（6）热爱生活，乐在其中。保持良好情绪并不是要求你凡事都要保持开心的状态，而是希望你能在生活中自洽，在平凡而琐碎的日常中自得其乐。去奔跑，感受风吹过耳畔的快乐；去交友，感受友情治愈人心的美好；去生活，感受藏在点点滴滴中的情趣，让自己成为一个快乐幸福的人。

有些时候你坚持着坚持着，突然看不到光了，但只要你遵从本心，坚持做对的事，下一刻，你会邂逅春暖花开，你会遇见灯火通明，时光会告诉你每一步都算数，岁月会承认你的付出。过去的喜乐和忧愁，曾经对自己所有的怀疑、忐忑、无奈、痛苦都将化作谈笑风生时回忆往昔的甜蜜，成为你人生图景的绝妙一笔。正如普希金所说："过去了的，都将成为亲切的怀念！"

问题 3　怎么和抑郁情绪和平共处?

受成长环境、日常生活事件的影响，很多大学生会有抑郁情绪，这是很正常的现象。为什么有些同学最终会由抑郁情绪发展成抑郁症呢？这就和日常生活中不会调节抑郁情绪有关。那我们该怎么与抑郁情绪和平共处呢？

（1）学会区分抑郁情绪和抑郁症。人们在遇到不如意的事情时短期内会情绪低落，对平时所喜爱的事情失去兴趣和热情，遇到一些好玩的、开心的事情也高兴不起来，这种情绪通常是抑郁情绪，适度的抑郁情绪是正常的。而抑郁症是一种精神疾病，主要表现为情绪抑郁，是一种病理性的抑郁障碍。抑郁症有明显的心境低落、兴趣和愉快感丧失、疲惫感增加和参与活动的精力减退，还常常伴有注意力障碍及思维迟钝、自我评价低、无望感等负性认知体验，食欲、性欲、体重方面的变化，以及各种躯体症状，情况严重者还会出现自伤、自杀行为，并且一般会反复发作。

（2）进行简单的心理测试。通常情况下，可以做一个抑郁自评量表（SDS）测试，通过量表得分情况来了解心理状态以及疾病的严重程度。或者寻求专业帮助，比如：到学校心理中心约老师咨询，让他们帮助你评估；也可以到精神专科医院，让那里的心理医生帮助你评估。当然，如果只是抑郁情绪，可以学着自行调整，如果是抑郁症，一定要到正规的医疗机构寻求专业的治疗。

（3）接纳自己的抑郁情绪。当你或他人产生抑郁情绪时，请一定不要把问题严重化，不要给自己、他人贴标签，以平常心去面对抑郁情绪，要知道正是这样起起落落的情绪才使我们的生活变得鲜活，也正是因为此时的"不开心"，才会让我们的"开心"显得弥足珍贵。抑郁情绪会让人很难受，但是，你一旦接纳了它的存在，学会了与它和平共处，那么这种抑郁情绪就减轻了一半。

（4）平和心态，正常生活。要以平常心来对待抑郁情绪，坚持学习和工作、维持正常规律化的生活，通过运动、情绪宣泄、放松训练等自我调节或者寻求帮助来改善，很快就能慢慢好起来。

（5）进行积极的心理暗示。适当给自己积极、正面的心理暗示，不把问题复杂化，尽量避免一个人的独处时间，不让自己陷在抑郁情绪中。

（6）接受治疗，积极行动。如果你的抑郁情绪一直好转不了，持续时间很长了，自己努力已无法应对，请你立即到精神专科医院请专业医生进行规范化的诊断和治疗。如果你已经被诊断为抑郁症，首先，要学会接受它，抑郁症就像感冒发烧一样，是普通、正常的疾病；其次，请积极接受治疗，遵医嘱服药，在服药的同时，让自己行动起来，去接触一些能让你感到快乐的事物。

问题4　焦虑情绪的调节方法有哪些？

大学生活不总是那么尽如人意，不少大学生情绪波动大、易激惹、容易发脾气、紧张烦躁、敏感多疑、担心害怕等。这是焦虑情绪在作怪。不少大学生无法正确认识焦虑情绪，缺乏调节焦虑情绪的技巧与方法，于是产生心理困感，怎么办呢？下面我们为大家整理了一些行之有效的小妙招。

（1）学会接受并面对焦虑情绪。要知道焦虑是把双刃剑：在应激面前，适度的焦虑具有积极的意义，它可以充分地调动身体各脏器的功能，适度提高大脑的反应速度和警觉性，从而提高我们的积极性。但如果处理不好，它也可能导致心神不定、注意力不集中，甚至影响工作生活。但只有具备某些病理性特征，同时对正常的社会功能造成影响时，它才会成为病理性焦虑。所以对于焦虑情绪不必太过担心，要勇敢接受并面对它。

（2）认识自己，接纳自己。通常具有以下特点的人更容易焦虑：做事追求完美、非常在意他人对自己的看法、对自己要求很高、经常有危机感、给自己设的条条框框很多、什么事都会做好最坏的打算、不喜欢改变或尽量避免突然的变化、凡事注重细节。当你觉得自己还是那个不令人满意的、暴露缺点的自己时，便会产生焦虑情绪。所以首先要认清自己，并且接纳自己的缺点，如实、客观地评估自己。之后可以反思自己的需要，不盲目跟风，再制订出简单的、切合实际的、可以完成的短时计划和不强制化的长期期望。

（3）制订计划。焦虑源于不确定性。对于这种不确定，人们通常的反应是接近和回避，有可能通过不断确认或与他人比较的方式来接近，而回避则可能表现为拖延、故意找理由和借口或直接假定一个极差的结果并不去理会真实结果。那么对于这类焦虑，我们可以先客观描述自己所处的环境，制订切实可行的计划，并且不要关注那些不可控的东西，试着从小目标和手头可以做的事情做起。通过这样的方式，增强对生活的主动性，做生活的主人。

（4）尝试正念静心疗法。静心就是要学会觉察自我，了解自我，凝视内心中的自我。通过静心把越来越多的注意力放在当前状态，给予自己一些同情，给自己一段空闲的时间，不要去想那些只能让自己更痛苦的负面事情。让自己静下来，反省内心，全然沉浸在当下，觉知到本体，去感受由内而外的祥和与宁静。

（5）在忙碌的一天中做一些简单而快乐的小事。例如播放舒缓的音乐，闻你喜爱的味道，看一部喜欢的电影等，让这些事情带动你的情绪走向积极的方向。在这些细碎的美好中舒缓焦虑，感受生命本身的确幸。

问题5　大学生活感觉很孤独，怎么办？

孤独感是大学生心理咨询中常见的问题。要怎么面对这种孤独感呢？有没有一些方法？

（1）了解自己属于哪一种类型。有些学生本来性格内向，却强迫自己装得很外向的样子，戴着自己的笑容面具去开着根本无法理解的玩笑；有些学生本来就不太善于人际交往，也不喜欢热闹，可是害怕自己被孤立，强迫自己融入也许并不适合自己的圈子，把自己弄得遍体鳞伤；有些学生明明不喜欢聚会，不喜欢逛街，不喜欢人多的地方，但为了合群，即使身处那个环境很难受，却还是会逼着自己去参加；有些学生明明可以自己一个人过得潇洒自在，却又纠结于别人的目光与评价，担心会被误会成不合群、孤僻奇怪的人；有些学生总是在一个群体里插不上话，鼓起勇气发出的两句话回头再看仿佛漏洞百出，更加暴露了自己的无知，于是总是小心翼翼却又耿耿于怀；有些学生总想改变自己，让自己变得和其他人一样，可是又像是在东施效颦，最终活得自己不像自己。那么当我们在生活中感受到孤独到底应该怎么办呢？

（2）接纳自我，学会欣赏自己的优缺点。每个人有不同的成长环境和成长经历，因此，世界造就了独一无二的我们，我们拥有不同的生活方式和不同的处事原则，既然大家都不一样，我们为什么要追随别人，为什么要委屈自己去迎合别人，为什么我们不可以有自己的样子？我可以不那么优秀，可以不善于人际交往，可以不那么合群，可以不那么在意别人的眼光。我们要学会接受它、欣赏它，把它当作上帝给我们的恩赐。在独处中，学会品味自我，享受孤独！

（3）和自己和平相处，享受独特的自己。看清并接纳事情当下的本来样貌，高兴就是高兴，不高兴就是不高兴，喜欢交往就去，不喜欢就不去，不必急于否认，也不用强迫自己，把更多的力气留给自我成长和内心发展。

（4）了解孤独的好处。独处时，才有时间思考；静思时，才有机会感悟；深潜专注，方能深入。耐住寂寞、忍受孤独，也许才有奇迹的诞生；只有一个人的世界，才能真正袒露活脱脱的自我，不会享受孤独，就不会享受人生；独处能更好地思考未来。所以学会享受孤独，是我们每个人的必修课。

（5）享受孤独。应该如何享受孤独的感觉呢？一个人独自坐在公园的长椅上、坐在绿茵茵的草地上，看着那些来往忙碌的人们，想想属于自己的这份安静，心中也许更为踏实与豁然。特别是忙碌、奔波了一天的人们，回到家之后一个人独守一盏灯静静地坐在寂静的夜晚，透着窗外遥望夜空中的那轮明月与繁星，也许心中泛起更多的美好回忆与曾经。一个人、一本书、一杯茶，就这么静静地坐着，静静地看着，自己仿佛与这个夜晚融为一体，摆脱一天的束缚，让孤独唤醒内心深处的自己。

问题6 很容易被周围的人和事影响，怎么办？

经常有这样的同学来咨询，说自己非常在意别人的看法，非常在意自己的表现，好像自己活在别人的世界里，感到不知所措，十分苦恼。这种情况源于缺乏正确的自我认知，常常与过去的成长经历有关，那要怎么办呢？

（1）接纳自己，欣赏自己。日常生活中应养成自我欣赏的好习惯，悦然接受自己的一切，进行积极的自我暗示，可以尝试对着镜子夸奖自己，取得小进步和成果的时候奖励自己。另外，学会发现自己的优点非常重要，每个人的身上总有闪光点，找到自己的闪光点，并放大自己的闪光点，就会给自己带来自信。

（2）积极关注自己的内心感受。做事情的时候要积极感受自己的内心，体会自己的情感表达，把注意力从他人身上转移到自己身上，要知道你的任何情绪都是合理的，是被允许存在的，你可以感到开心、感到难过、感到为难等。"征于色，发于声，而后喻"，当自己觉得不开心或者为难的时候，也要勇敢地表达自己的感受，勇敢开口向别人说"不"，在该拒绝的时候学会开口拒绝。

（3）专注于事情本身，让自己忙起来。当你专注于当下自己的事情，并积极投入到自己的事情当中，让自己忙碌起来的时候，你就不会那么容易被别人干扰，情绪也不容易被影响。因此，学会把精力放在自己的事情上，并让自己积极投入。

（4）在心理层面树立跟他人的边界感。没有人是一座孤岛，但也没有谁能真正与你感同身受。要知道你自己是一个独立的个体，你可以有自己的任何情绪，可以有跟他人没有关联的独立情感体会。哪怕是在最亲密的父母、恋人面前，你都是一个独立、完整的个体，他们的情绪、看法其实并没有那么重要，做好自己才最重要。

（5）分析自己的性格。是不是因为你的性格比较随和，让别人觉得你比较善意，也比较可靠，别人愿意主动向你倾诉，或者会不自主地把情绪往你身上推，并试图获得你的帮助？如果是自己的个性问题，那么就要主动去适应了，这比较难改变。不过，可以换一种思路，虽然自己情绪受到了影响，但是，你通过语言的安慰和开导，让他人冷静、开朗起来的同时，也给了自己积极的心理暗示。你在帮助别人，同时也获得一种情感体验。

（6）及时调整。如果你的情绪受到很大影响，建议你及时调整，可以通过运动、倾诉、正念等方法让自己快速从不良情绪中走出来。

（7）积极寻求专业人员的帮助。如果你的这种感觉持续存在，自己也无法摆脱，你可以试着去咨询专业的心理老师，或许你有一些过去的生活事件一直在影响着你，通过心理老师的分析可以帮助你更好认识自己，认识现在的问题，找到更好的解决办法，与原生家庭和解，与过去的自己和解。

问题7　总是感觉不到快乐，怎么办?

在咨询中，有这么一类大学生，总是感觉自己很普通，感觉自己很平凡，好像世界上幸运、开心的事情总是与自己无关，仿佛失去了让自己开心的能力，生活总是感觉不到快乐，不知道怎样才能让自己开心起来，觉得很无助。

（1）调整对自我的认知与定位。你要知道，就算作为普通的平凡人，也拥有幸福与快乐的权利，我们大部分人都是默默发光的个体，我们也可以让平凡的生活变得丰富多彩，让普通的日子熠熠生辉、开心快乐。我们心情是否愉悦取决于我们的认知，而并非我们取得的成就，当自己认同自己时，才会感到发自内心的快乐。

（2）拒绝消极的心理暗示。你在心里总认为自己是个不容易开心的人，总是给自己这样的心理暗示和心理定位，久而久之，你会习惯性地逃避真正开心的瞬间，来让自己符合内心"不容易开心"的设定，在这样的过程中，你会逐渐丢失很多真正开心的时刻。你可以给自己一些积极正面的心理建设，去发觉与享受开心的时光，逐渐习惯快乐。

（3）积极寻找生活中的小幸福。生活中并不缺少幸福，但缺少发现幸福享受幸福的心境。只要你善于观察、善于寻找，相信你一定会感受到很多幸福的瞬间。当你认真专注于自己的生活，留心观察身边的小事，你会注意到很多平时忽视的细节，相信你会觉得自己的世界变得不一样了，当你感受到这些温暖之后，自然也会发自内心地快乐起来。

（4）放慢脚步，舒缓压力，享受生活。如果长期处于高压状态中，我们的心态会变得焦虑，做事会急于求成，甚至急功近利，焦虑的情绪会掩盖掉生活中的很多美好，也会使人十分多虑，害怕失去。这个时候应该适当放慢脚步，让自己休息一下，也给内心一个喘息的机会，让自己愉快地享受当下。

（5）每天坚持撰写让你快乐的三件事。希望大家每天对今天的学习、生活进行复盘，然后写出让你快乐的三件事，用日记或者朋友圈记录。久而久之，你就会形成习惯，然后形成快乐思维。

（6）做一做让自己更加幸福的小事。这里给大家推荐提升幸福感的 15 件小事：学习一项新技能、偶尔奖励自己小礼物、每天抽出半小时读书、定期坚持锻炼身体、定期看一部好电影、给家人做顿美味的饭菜、随手拍下美丽的风景、把房间收拾得整洁干净、每天保持充足睡眠、疲劳时洗一个热水澡、享受独处的轻松自在、整理一份个人歌单、睡前花 10 分钟复盘、记录一天的快乐瞬间、找到可以坚持下去的爱好。

问题 8　难道就不能允许自己有几天情绪失控吗？

有些大学生会问这样的问题：难道我每天都要跟打鸡血一样积极向上，每天都要乐呵呵的吗？我不可以有自己的消极情绪吗？我不可以情绪失控几天吗？

（1）允许自己有情绪困扰。我们都是拥有七情六欲的人，没有人能够无坚不摧，我们当然可以有自己的消极情绪，也可以允许自己情绪失控几天，这都是正常的心理表现，是每个人心理发展必须经历的事情，也是我们学会管理情绪的一种方法。

（2）正确认识消极情绪。每一种情绪都有其积极意义，包括消极情绪亦是如此，有时候负面情绪也会带给我们帮助，给我们一些警示、提醒。要知道，控制情绪并不是为了时时刻刻保持开心，而是为了让坏情绪不影响到正常的人际交往、工作、学习、生活等。我们并非不能有负面情绪，我们要允许自己有低潮期，学会接受自己的坏情绪。

（3）明白情绪是我们与生俱来的，人有心，自然也会生情。无论是喜怒哀乐忧思恐还是平静祥和，都是我们的情绪，哪怕你认为自己没有情绪的情绪也是一种情绪。情绪和我们的血肉一样，是我们的一部分，我们应当正视自己的情绪。情绪需要被看到、被允许存在。如果把平和状态下的情绪比作是一根弹簧，情绪有波动时，比如生气、不满、害怕等，就相当于弹簧被拉长了，超出了正常的范围。你希望这个弹簧能够回到正常的状态，于是便不断地往下按，一次、两次……那么弹簧终会绷断，同理我们可以想到，不断压抑、控制的情绪带来的杀伤力也会更大。

（4）给自己一些机会消化情绪。当你被坏情绪困扰时，试着去接纳它，体验消极情绪带来的感受，让它更好地滋养你的人生。你可以找个安静的地方静静地感受，也可以尽情地哭泣、发泄，让情绪有消化的渠道。情绪消化了，你自然就轻松了。

（5）运动起来。运动是缓解不良情绪的良药。当你感到情绪低落时，不妨换上跑鞋，拿上运动装备，走出去，正好利用这段时间来锻炼身体。当你锻炼后，身体会释放一种让人愉悦的东西——内啡肽，有益于提升情绪状态。研究发现，经常运动的人与不常运动的人相比，焦虑发病率降低 25%，睡眠质量更好，睡得更香更沉。睡眠不足或睡眠质量不好也是容易导致人情绪变化的重要原因。

（6）培养爱好。你可以做些快乐、有意义的事情。比如阅读，阅读一本好书，可以让自己很快平复情绪。又或者找知心朋友或家人谈谈心，亲密社交有助于缓解焦虑。如果时间允许的话，"世界那么大"，你可以出去旅行一次，痛痛快快地玩一趟，感受一下祖国的大好河山，心胸也会豁然开阔。

问题 9　总是被父母影响情绪，怎么办？

"幸福的原生家庭治愈一生，不幸福的原生家庭要用一生来治愈。"很多大学生不能很好地处理与父母之间的关系，有时候会因为与父母的意见不合而争吵，有时候担心父母在家吵架而心情不好，有时候会因为父母的不认可而失落。当你的情绪极易被父母影响时，该怎么办呢？

（1）尽量从一开始避免争吵。当你察觉到家里的气氛开始产生微妙变化的时候，记得克制自己的情绪，不要被情绪牵着鼻子走。跟家里人争吵时，大多数情况是失去理智的，"说最狠的话伤最爱的人"这样的行为非常不明智，甚至可以说是徒劳无益的。当你情绪冲动想要反击的时候，可以在心里默数 3 个数，让自己恢复冷静，告诉自己这样的争吵只会浪费时间，尽量避免跟父母发生正面冲突。

（2）在情绪激发之后，尽力去缓和情绪，不要过度反刍。当与家人发生争执后，请做到争执完之后就停止思考这件事，避免回忆自己受到的委屈以及愤怒等，家庭不是一定要分出对错的地方，而且在你回想的过程中，会导致情绪第二次被点燃，你回忆的次数和细节越多，情绪会一次一次被刺激，不利于舒缓情绪、释放压力，严重的话还会伤及自己的身体。

（3）有效沟通，拉近距离。可以找机会多跟父母沟通。跟父母沟通是需要时间和耐心的，把期望值降低。父母与我们成长的环境相差很多，所以很多时候会存在无法逾越的代沟，我们要做的不是让父母完全理解我们，而是让父母接受我们的不同。"亲有过，谏使更。怡吾色，柔吾声"，你一定要有耐心，循序渐进地跟父母沟通，在他们心情好的时候，用他们可以接受的方式，慢慢地表达自己的观点，这开始可能有些困难，但这是拉近你们心理距离的机会，我相信你一定可以做到。

（4）增加社交活动，完善自己的人格。你可以通过社交、娱乐，避免自己沉浸在焦虑中，同时增加积极的经历，在跟更多人相处、打交道的同时，你会发现自己身上存在的问题以及他人的优点，此时积极取长补短，来建立自己独立的人格。

（5）反思自己，避免同化。你的观点和行为往往不可避免地带有原生家庭的烙印，很多时候你自己甚至毫无察觉。当你逐渐焦虑、暴躁、压抑，跟父母争吵的时候，可以反思一下自己是不是也变成了父母那样的人。我们被父母养大，难免受到潜移默化的影响，你可以经常停下脚步来反思一下自己，是不是逐渐变成了自己不喜欢的样子。父母身上让我们难以接受的问题也可以成为我们的"鉴身镜"，让我们及时三省吾身。

问题 10　经常因为小事而闷闷不乐，怎么办?

有一部分大学生很容易因为小事而闷闷不乐，会因为一些小事一直念念不忘，纠结很久，造成难以摆脱的情绪内耗。这个问题的造成与每个人的个性特点离不开干系，我们也应该学会用科学的方法走出这种困境。

（1）学会建立自信心。你容易受到别人的影响，容易纠结在小事情上走不出来，主要原因是自己不够自信。你可以多尝试一些方法，或者是在专业心理工作者的帮助下建立自己的自信心。比如可以练习对着镜子夸奖自己、大声说话、把自己的优点写下来、经常微笑等，通过这些专业的训练，提升自己的信心，强大自己的内心。

（2）善交益友，博览群书。你要试着打开自己的内心，多进行人际交往，认识不同领域、不同圈子里的人，当你的眼界宽了，你的包容性也就更强了，格局也会更大。博览群书，阅读海内外古往今来优秀的书籍，体会人生百态。当你见识到了足够多的"不同"，当你的眼光从四角天空望向世界和宇宙的时候，眼下的这些小事就变得不足一提了。

（3）接受自己的"玻璃心"。当你自己接受自己的"玻璃心"之后，你再陷入这样的回忆时，至少不会因为自己改不掉这样的习惯而懊恼，只有你自己真正接受之后，才有可能找到解决问题的办法，从根本上摆脱掉它。

（4）找到适合自己的发泄方法。当你再次陷入低落的时候，可以尝试着发泄自己的情绪，可以跑步、登山、大哭等，通过这些方式把身体里的能量宣泄出去，想象着这件事情和所有的坏情绪都随着身体里的能量发泄出去了，筋疲力尽的时候再好好睡一觉，等你醒来，这件事就过去了，醒来依旧元气满满，积极向上。

（5）降低心理预期。心理预期值比较低的话就不容易失望，从而避免产生低落的情绪，反而有时候还会收获到意外的惊喜。不要太完美主义、太注重细节，在意的细节越多，就越难做到让自己满意，从而导致负面情绪的累积。试着把要求降低，对人对己都宽容一点。

（6）注重自己的心理需求。"菩提本无树，明镜亦非台。本来无一物，何处惹尘埃。"明白自己想要的到底是什么，所有的事情都尽量专注于一个点去努力，自己越是专注于一方面，越认真投入，事情就会做得越好，与此同时就不会在意其他的方面，从而避免庸人自扰、落入恶性循环的窠臼。

守住安全，玫瑰有刺

目前，各高校虽为大学生营造了一个较为舒适、安心的学习环境，但安全隐患仍时时刻刻威胁着学生们的日常生活。我们被出行安全所牵绊，受网络安全的威胁，为身心安全而困扰，也为交往安全、两性安全而担忧。这场个人安全战的博弈，需要自我意识的警觉。这时候，请暂时停下脚步歇一歇，用一点心理"特效药"治愈疲惫的灵魂。不能因为保守便避开不谈，不能因为无知就选择自欺欺人，试着了解，试着接纳，才能真正保护自己的身心健康。

第一节　关于大学安全

入学第一课，当属大学安全教育。从高中到大学，你会发现身边的环境发生了巨大改变，从高中时封闭的环境到了一个相对自由、开放的大学生活环境，随之而来的还有各种潜在的校园安全隐患。你是不是也有所担心？是不是也希望知道可能会遇到哪些安全事件？是不是感觉身边到处都充斥着危险隐患，安全难以得到保障？这时候，请暂时停下脚步，歇一歇，看看下面的问答，给自己提个醒。

问题1　没钱了，想要校园贷，怎么办？

从高中到大学，你会发现身边的环境发生了巨大改变，从高中时封闭的环境到了一个相对自由、开放的大学生活环境，与之而来的还有各种潜在的校园安全隐患。你可能会因为第一次拿到生活费而没有规划地大肆挥霍，早早地用完了这些钱，因为不敢跟父母要而陷入一种窘迫的境地。在这种情况下，你可能会遭到校园贷的诱惑，但是我们都知道，很多校园贷都是非法的，那怎么样才能避免这种情况发生呢？以下几点或许对你有帮助。

（1）远离校园贷。对于还在学校学习的同学们，必须把这个问题重视起来。在读大学的这个阶段，校园贷带来的危害是大多数人无法承受的，为了避免酿成不可挽回的后果，最好的方法就是要远离校园贷，防患于未然。

（2）增强对校园贷危害的认识。从以往很多大学生校园贷的例子来看，办理了校园贷的同学往往会背负沉重的还贷负担，贷款的利息往往很高，会造成较大的经济压力。而且有些办理校园贷的平台，如果贷款学生未能按照要求归还贷款本金、贷款利息、手续费、逾期费、评估费、中介费等欠款，他们就会安排一些人员进行暴力催收。所以老师希望你们要积极学习金融和网络安全知识，远离不良网贷行为。

（3）树立正确价值观。大学生要充分认识网络借款平台的隐患和风险，要增强自己的金融风险防范意识；树立理性科学的消费观念，在自己能力范围内购买所需的东西，避免超前消费，要有计划地使用自己的生活费，在购买不必要的物品时要好好考虑清楚，避免冲动消费，买回来一堆没有用的物品。老师希望你们有正确的价值观，不盲目跟风、攀比，在自己力所能及的范围内享受大学生活。

（4）提高自我防范意识。老师希望你们时刻保护好自己的个人身份信息。尤其是在超市、商场门口的一些扫码就送礼品的活动，不要为了蝇头小利泄露个人信息，要保护好自己的信息，不要被一些不法分子利用。

（5）尝试勤工俭学。可以通过学校勤工俭学岗位或者正规的兼职工作来获取一定的报酬，减轻生活压力的同时还锻炼了能力，一举多得！不要为了解决一时的经济危机选择校园贷，近年来媒体关于校园贷导致学生受到伤害的报道层出不穷，将眼光放得长远一些，选择勤工俭学，勤工俭学是可以长期获得收益的方式，同时也是缓解经济压力的最佳方式。

问题 2　想要找兼职，如何识别兼职信息的真假？

对于很多刚进入大学的同学来说，会想通过兼职来减轻生活负担或者提升实践能力，这本是非常好的想法。但是，很多同学因为缺乏社会经验，往往在找兼职工作的时候被骗，经常不懂得如何辨别兼职信息的真假。以下几点建议或许对你有所帮助。

（1）通过正规渠道寻找兼职。在现在这个大数据时代，如果你想找一份兼职，网上各种兼职信息就会让你看得眼花缭乱，这些兼职信息的可信度也很低，反而被骗的概率很高。老师建议想要找兼职的同学通过一些正规的渠道，比如一些正规的 App，可以在上面完善自己的简历，寻找适合自己的兼职，最好是寻找家或学校附近的兼职，如果需要面试的话，要确认好面试的地址和公司、企业的地址是否一致，如果不一致，老师建议最好不要去，这种情况下存在诈骗的可能性很大。如果地址一致，可以跟同伴结伴前往，同时要保护好自己的安全。当然，老师更希望你通过亲戚朋友、学校老师、学长学姐、朋友等寻找兼职机会，这样会比较安全可靠。

（2）不要被"高薪"所骗，要擦亮双眼。很多兼职在招人时会抛出高薪的"橄榄枝"，但从现实因素考虑，在大学阶段我们找到相对轻松且高薪的工作是基本不太可能的，所以要擦亮眼睛，不要被所谓的高薪诱惑，老师希望你可以根据实际情况选择适合你的工作。

（3）记住收费、办卡兼职不可信。现在很多兼职在一开始会要求缴纳中介费、会费、办兼职卡费、购买服装费之类的费用，这些都是不可靠的，还没有工作就要交一笔不小的费用，在实际工作时又不知道会出现怎样的变数，这种情况老师是不建议你们继续的，正规的兼职不会一开始就收费，遇到这种情况就要及时止损了。

（4）最好做校内兼职。网络上的信息真假参半，一些单纯的同学稍有不慎就可能进入网络骗局，这时候最好去寻找一些校内兼职的岗位，接触人群比较单纯，也不会出现拖欠工资的现象。老师希望你能提前多做功课，充分地了解情况，为兼职做好准备，以便能有一个难忘的工作经历。

（5）请他人判断兼职的可靠性。老师还希望你去找兼职工作之前与家长或者辅导员联系，他们的经验比较丰富，辨别信息的能力更强，让他们帮助你判断兼职信息的可靠性，可以有效地规避潜在的危险，这点真的非常重要。

（6）发现被骗及时报警。一定记住，如果发现自己被骗，要立即告知辅导员、家长，同时报警处理，切勿冲动地自己去处理，以免造成人身伤害，让事情再度恶化。

问题3　恋爱有哪些安全隐患？

进入大学之后，沉重的学习压力突然减轻，你有了更多的时间去享受美好的大学生活，一段浪漫且健康的大学恋爱一定会给大学生活增加亮色。正值最好的年华，谈一场恋爱肯定是件美好的事情，但是老师希望你在这个过程中不要受到伤害，恋爱中也存在很多安全隐患。以下几个建议希望对你有所帮助。

（1）网恋需谨慎，奔现易被骗。对于现在的年轻人来说，网恋成了一种潮流，在屏幕两边，两个完全不认识的陌生人通过网络结缘，逐渐一步步了解、相识、相爱，这也不妨是一种现代新型的恋爱方式。但是在甜蜜恋爱的同时，也要保护好自己，尤其是女孩子，现实中各种网恋奔现失败的例子比比皆是，一定要擦亮眼睛，看清对方是个什么样的人，有了足够的了解和认识之后再见面也不迟，老师希望你们都能理智、清醒地对待网恋，能够收获一段美好的恋爱经历。

（2）仔细了解对方是否有身体、心理疾病。恋爱是两个人维持一种健康、亲密的关系，并互相陪伴、成长的过程。但在恋爱时，有些东西要确认好，比如对方是否有某些传染性疾病或隐疾，在恋爱过程中两个人要做到坦诚相待，如果心理上存在一些问题，也要及时说出来，不然对双方都会有影响。

（3）保护好自己的人身、财产安全。不是每一场恋爱关系都是健康的，遇到的那个人也不一定都是真诚的，在不确定或者不够了解对方的情况下，不要轻信对方的话，当涉及大额金钱或人身安全时，就要谨慎了。老师希望你在恋爱过程中，能够保护好自己的人身和财产安全，避免受到不必要、可避免的伤害。

（4）失恋后要学会心理疏导。一段恋情的结束造成的打击是巨大的，你可能会号啕大哭，在悲伤的情绪中迟迟走不出来。更极端的，会酗酒、暴饮暴食，甚至产生轻生的念头。所以心理疏导是很重要的，恋爱重在过程而不是结果，生活要向前看，经过了一段时间后，你就能用淡然的心态看待过去了。

（5）女生要保护好自己。在恋爱过程中不要轻易与对方发生性关系，如果遇到类似于 PUA 的情况要想办法脱身。在恋爱过程中应谨记自尊自爱，不要给别人伤害你的机会。老师希望你能有美好的恋爱经历，而不是留下不好的回忆。

（6）不要让你的大学只剩下恋爱。有些同学开始谈恋爱后，人际交往圈子缩小至只有男朋友或女朋友，荒废学业，大学生活只剩花前月下，把"浪漫"变成"慢慢浪费"。衡量一段恋情的最好标准是看它是否让彼此变得更好，老师希望恋爱中的你切勿掉入"温柔的陷阱"，应把重心放在如何让自己变得更好上。

（7）拒绝三角恋。最后提醒，请不要插足别人的家庭，或者破坏别人的恋爱关系，这样的话，可能不仅你会受到伤害，也有可能伤害到别人。如果不小心卷入其中，一定要选择勇敢地结束这段关系，倘若你受到了一定的伤害，也千万不能自暴自弃，应该积极地寻求帮助。

问题 4　我该了解哪些诈骗信息？

在这个互联网高度发达的时代，大数据带来了各种各样的信息，这个时候对信息的甄别能力就显得尤为重要。骗子会通过各种渠道、方式发送诈骗信息，对于涉世未深的大学生，能够识别出诈骗信息是防止被诈骗很重要的技能。老师列举一些常见的诈骗信息，希望对你有帮助。

（1）盗号冒充熟人诈骗。骗子通过盗取微信账号、QQ 号码以及手机号码等方式，冒充当事人与通讯记录中的人联系，并以各种理由要钱。如果遇到这种情况一定要提高警惕。

（2）利用代购诈骗。诈骗者声称能"海外代购"，价格非常优惠，以此为诱饵，待顾客付了代购款之后，诈骗分子会以"商品被海关扣下，要加缴关税"等类似的理由要求加钱，等顾客钱付了之后，货品也收不到。

（3）以银行、通信公司号码发送积分兑换链接的。诈骗分子总是利用很多人爱占小便宜的弱点，发送诈骗链接到你的手机或其他通信设备上，所以提醒大家不要随意点击陌生的链接。最好的方法是直接把这种号码拉黑，如果打电话给你也不要接，那种让你给银行卡汇款的消息就更加不需要理会了。

（4）通知中奖、领取补贴要您先交钱的。现在无论是短信、电话，只要涉及中奖事宜，一定要提高警惕，切记天上不会掉馅饼。一般正常的兑奖过程是无须收费的，只要是提到收费，就要警惕了，大概率是骗子。现在国家推出了反诈骗 App，老师建议同学们响应号召，每个人都下载一个，降低被电信诈骗的风险，更好地保护自己的财产安全。

（5）冒充客服诈骗。犯罪分子通过非法手段获取网民购物信息和个人信息，以订单异常等理由，要求事主登录假冒的购物网站或银行网站进行操作，套取事主银行卡号码和密码，向事主索要验证码后，将事主卡内资金划走或消费。各大银行不会通过电话、短信、微信的形式向任何人提供账号要求汇款，出现上述情况请就近到营业网点向银行工作人员询问，或拨打银行客服电话进行确认。无论何种订单出现异常，均不会要求客户向指定账户汇款解决，因此请不要向任何未知账户汇款转账。

（6）有些不法分子还会利用学校相关人员来诈骗。比如：假扮学校工作人员（如教务处老师、任课老师、辅导员等）要求转账、借钱，或者以学校发放贫困补助等方式实施诈骗等。有些同学一看是老师，容易轻易相信，从而上当受骗。同学们谨记，目前几乎所有学校的收费及发放补助金等都是直接通过学生关联的银行卡，不会由学校工作人员单独向你收取。

问题 5　找工作如何保障安全?

对于即将要毕业的大学生，找工作是一个迫在眉睫同时又很重要的事情，而对于在校大学生来说，课余时间和寒暑假期也是找工作挣零花钱的好时机。但在找工作的过程中，大家会遇到各种各样的问题，如何保障自己的安全? 老师在这里有几点建议，希望对你们有帮助。

（1）多方面、多渠道详细了解公司情况及背景。主要查看公司是否正规，业务是否合法，单位是否拥有合法的营业执照和经营许可证，是否有投诉或不良记录等。只要是来校现场招聘的单位，学校就业办公室都会认真核实公司情况，请毕业生放心应聘。同学们了解单位情况的方法有很多，在网上搜索查询是了解单位情况的有效方法之一。

（2）防止网上求职上当受骗。找工作时通过学校相关网站、政府部门提供的就业网、大型并受到信任的企业招聘网站、企业官网等平台获取就业信息。一般情况下，这些网站提供的信息比较安全可靠。尤其是政府部门主办的就业网站最值得信赖。

（3）小心驶得万年船。警惕卷入任何形式的传销活动，防止钱财被骗，保护好个人各种有效证件。一些单位或个人打着招聘的旗号，收取高额报名费、培训费、考试费、体检费等，甚至要求必须购买一定数量的产品；还有一些企业以便于管理为由向求职者收取押金，或抵押身份证。毕业生遇到这种情况的时候一定要加强自我保护意识，提高警惕，国家劳动部门早就明文规定，任何企业在招聘员工时，不得以任何理由、任何形式收取求职者的押金，或者以身份证、毕业证等作抵押。一旦上当受骗，求职者可向当地劳动保障监察部门或公安部门报警，寻求法律保护。

（4）面试需小心。无论哪种形式的面试或预约，切记：在出门前，一定要给家人、老师或亲朋好友留下你应聘单位的详细地址和联系电话（包括固定电话），以防万一，以备查用。正规的单位一般都有固定的办公场所，若招聘单位面试地点选择宾馆等临时租借来的地方，要高度注意，谨防上当受骗。接到面试通知时，要问清对方的办公地址和固定电话，若招聘单位只有手机单一联系方式，要高度警惕，谨防上当受骗。

（5）警惕特殊要求的招聘信息。比如只接受女生，且对专业没有什么要求的招聘信息。女生遇到这种情况一定要提高警惕了，只有在对公司确切可信的前提下才可去应聘，尤其是女生要避免到私人场所或晚上去面试。

问题 6 结伴出行很重要吗？

对于在校大学生这个接触社会比较少的群体来说，在外出游玩或者旅行过程中，如果是一个人的话，被骗和受害的概率较高。所以老师在这里提出建议，希望大家外出的时候尽量结伴而行，这样不但会有更多有趣的想法和计划，还能更好地保障彼此的安全。

（1）增加乐趣。和同学、朋友一起出门，这意味着你有个可以交流、商量的人，在外出途中，有小伙伴的陪伴，你不再感到孤独；另外，你可以和他或她合力完成许多一个人无法做到的事情，这是非常重要且实际的一点，朋友间的陪伴可以增加很多快乐，而且很多游玩项目是要多人一起完成的，这样会有更好的游戏体验。当然，多人出行还可以互相拍照，定格美好的记忆。

（2）互相照应。在结伴出行的过程中，你可以获得倍增的安全感。伙伴可以让你有更强的安全感。你可能听不懂当地的语言，不懂当地的路标，找不到当地的某处，而如果有一个伙伴在身边，跟你商量，为你壮胆，你便能更加愉悦地度过这次旅行。结伴出行会比一个人出门更安全，身边有个照应，也会安心很多。

（3）一起规划游玩路线并分摊费用。结伴出行意味着你可以有一个平摊费用的人。大家都是尚未经济独立的大学生，平摊费用会省下很多开支，比如，一起住宿、一起去打卡美食，费用的平摊会给游玩过程减少压力。再者，在出行之前一起规划好路线，大家的想法碰撞在一起，说不定会起奇妙的化学反应。

（4）互相提醒，降低意外事件发生的概率。多一个人就多一份保障，你可以有一个提醒你的人。当你在外地，你不可能永远都是安全的，你可能不会知道当地的习俗或某种奇怪的习惯，所以这时候你很可能会做出极其错误的决定。但和一个朋友一起，就能获得宝贵的意见，从而做出更明智的选择。另外，有伙伴在旁边，可以互相提醒需要携带或者带回的东西，谨防忘带必备物品或者物品丢失，在购买旅游产品或服务时，也有人帮忙提建议。

（5）更深入了解，增进感情。在一次次出去玩的过程中，你将会充分了解你的朋友，可能你们价值观相同，又或者有共同的一些兴趣或爱好，你可以学习到他（她）身上的优点，发现自己的缺点。和一个伙伴一起旅游将让你获得一个终生的朋友，你能够看到无数的在旅行中找到终生益友的例子，而你要相信，这也能发生在你的身上。一份好的友谊可以抚平生活中的伤痛并给生活添姿加彩。

问题 7　发现自己被骗了，怎么办?

现在无论是在生活中还是网络上，各种虚假诈骗信息铺天盖地，再加上有的人存在占小便宜的心理，就有可能会上当受骗，使个人或集体的财产受到损失。那当你发现自己上当受骗了，第一时间应该怎么做呢？老师有以下几点建议，希望能给你带来实质性的帮助。

（1）增强警惕意识，学习相关法律知识。俗话说，防患于未然，你无法预料到下一刻会发生什么，骗子有各种各样的方式骗人，令人防不胜防，但并不是不能够避免。首要就是要提高自身的警惕意识，对各种来路不明的短信、电话都要保持高度警惕，不要轻信骗子的话，尤其是涉及钱财时，心中一定要响起警铃。平时也要多学习法律知识，必要的时候利用法律武器保护好自己。

（2）保持冷静，及时报警。在确认自己被骗以后，不要惊慌失措，也不要寻死觅活，钱财已经被骗了，哭闹也是解决不了问题的。要保持冷静，想办法解决问题。及时回顾一下整个事件过程，把被骗的来龙去脉搞清楚，迅速和当地警方联系，可以拨打 110 或者到附近派出所报案。将自己被骗的过程告知警方，将自己搜集的证据交给警察。等待警察的传唤，随时准备配合。

（3）及时补救，法律维权。采取一些紧急措施，尽量补救被骗的损失。如果被骗的钱财被骗子转入银行卡，就与银行联系，看看是否可以冻结该银行卡内的资金。如果被骗钱财转入第三方平台，则与该平台联系，寻求帮助。一般网络骗子都是在某个正规平台发布虚假信息，等待别人上钩。如果你是通过该平台找到骗子发布的虚假信息的，那么该平台也是负有责任的。你可以通过法律途径，向该平台进行维权。

（4）被朋友骗钱，要取得联系、主动要钱。当我们发现朋友骗了我们的钱之后，首先我们需要做的就是和这位朋友取得联系，我们可以主动要求朋友还钱，不要觉得不好意思或者是顾及情面，如果是借的，自然应该另当别论，但如果是骗的，那么我们就要朋友主动将钱还回来。如果单独联系不到这位朋友，那么我们可以找两个人共同的朋友联系看看，如果还是联系不到的话，那么可以尽量和其家人取得联系。当然，如果朋友骗了钱之后就杳无音信，而我们也找不到人，如果金额巨大，可以报警，金额小，我们也可以当是买了一个教训，以后如果再次遇到类似的人，保持一定的距离就好了。

（5）及时告诉家长或辅导员。发现自己被骗后一定要及时告知学校辅导员、家长，通过他们来一起帮助你想办法。他们的参与会避免你二次被骗或者陷入危险境地，同时他们也可以帮助你更好地做好善后以及情绪的调整，以便最大限度地挽回损失。

问题8　如果当下遇到危险，怎么办?

　　大学生大多离家较远，有的甚至远隔千里。俗话说，儿行千里母担忧，出门在外，一定要保护好自己，尤其是女生。现在的社会治安还是很不错的，但是也没办法保证不会遇到危险，这些危险可能是自然灾害带来的，也可能是人为带来的，那如果当下遇到了危险，该怎么办呢? 老师有以下几点建议，希望能够帮助到你们。

　　(1)明白一个简单道理：现实生活中，人类遇到危险时都会依照下列顺序——冻结、逃跑、战斗来应对各种苦恼和威胁。冻结反应：移动会引起注意，一旦感到威胁，立即保持静止状态，这是人类边缘系统为人类提供的最有效的自救方法(所谓的边缘系统就是我们大脑皮层下的神经元)；减少曝光率也是冻结反应的一种，被称为"海龟效应"。逃跑反应：当冻结反应不足以消除危险时或者它不属于最有效的方案时(例如：威胁太近了)，边缘系统就会选择第二种反应，就是逃跑反应，这样的目的就是逃避威胁。战斗反应：当一个人遇到威胁而且冻结和逃跑反应都无效时，其唯一的选择就是战斗。人类在进化成人的同时也掌握了将恐惧转化成愤怒的本领，而这种本领能帮助我们击退威胁。所以，如果你遇到了危险，你可以试着根据这样的心理特征来有选择地进行应对。

　　(2)保持冷静非常重要。不管是什么样的危险，首先要让自己冷静下来，不慌张、不慌神、不慌乱，只有保持心理的冷静，才能正确地去判断，再用智慧去化解危险。怎样保持冷静呢? 用心理暗示技巧告诉自己：这时候需要冷静，不着急。然后，做几次深呼吸。另外，遇到危险无法马上逃离或者解除时，先停在当下，然后思考有什么办法可以应对。总之，这时候你的心态非常重要。

　　(3)日常多学习一些逃生技巧，遇事不慌张。我们一生都可能会遇到各种危险，都要应对危险处境，如果我们事先已经掌握了一些应对危险的技巧，那么在危险来临的时候我们就不会慌张。因此，我建议同学们有机会一定要主动学习一些应对危险的技巧，比如地震逃生、火灾逃生与自救、洪水逃生、诈骗应对等。

　　(4)及时寻求外界帮助。遇到危险时，无论在什么情况下，只要有可能，就要积极寻求外界帮助。

问题 9　被骗后很自责，一直走不出来，怎么办？

很多同学不是一开始就能准确识别各种诈骗信息的，大多数都是在经历过诈骗后，吃一堑长一智，从而提高了自己的防范意识。但是在第一次被骗之后，很多人都难免会存在着自责的心理，感觉自己太不小心，落入骗子的圈套中，结果被骗去钱财或贵重的东西。一方面是心理上的懊悔不甘，一方面是个人财产的损失，加在一起，你很容易陷入自责的情绪，无法走出来。老师想告诉你，被骗并不是你的错，只要以后保护好自己的个人财产、保护好自己就好了，要尽快从这种情绪中走出来。以下有几个方法，希望可以帮到你。

（1）调整心态，不要丧失对人的信任。要调整好自己的心态，出去散散心，学会与自己和解，一次被骗的经历并不能说明什么，不要因此影响自己的生活，也不要因此丧失了人与人之间的信任，世界上大部分人都是真诚的，只要不要丧失掉自己的警惕性就好。

（2）寻求亲朋好友开解。很多时候，大家都是因善而骗，因而过不了心理这关，这个时候建议大家主动寻找家人、朋友倾诉，你会发现说出来舒服很多。因为宣泄情绪，是可以释放心理压力的，这个倾诉的过程也是释放坏情绪的过程，坏情绪释放出来，心情就会好很多了。

（3）反思自己。每个人每一天都需要对今天说的话、做的事去做个反思。同样被骗后更是需要换一个角度看问题，不然下次可能还会被骗，我们也不会成长的。

（4）学会原谅自己。学会原谅自己，是非常重要的。大多数人被骗后更多的是责备自己，认为若不是自己的愚蠢和疏忽，又怎么会上当受骗。其实，一个人上当受骗，往往与智商的关系不大。诈骗者骗术层出不穷，善于利用当事人的心理弱点，被骗的也不止你一个，所以学着原谅自己尤为重要，不要因为一次不好的经历而自责，那只是你人生中的一堂课，你要做的是从中得到成长。我们既然拿得起，就要放得下，日子天天变，继续往前看才是硬道理。

（5）换一个角度看问题，从中获得成长。大多数人都经历过上当受骗，有些人的损失可能更惨重，而随着巨款的失去，自我价值感也可能轰然倒塌。当事情发生在自己身上时，确实让人很难过，但这是我们自我成长的过程，没有经历挫折，成长和成熟也是很慢的。有失必有得，应该多思考自己在这件事情中收获了什么。你获得的是对是非、善恶的辨别能力，能有效地避免以后更大的损失。当学会换一个角度看问题时，我们会感觉收获很多，自我价值感得以重建，心理也就平衡了。

问题10　怎么克服自己的"贪"心?

"捡了芝麻，丢了西瓜。"相信你对这句话背后的故事已经耳熟能详了，但有的时候，我们并不能将其中的道理运用到自己身上。在生活中，我们会遇到各种各样的抉择，选择一个的同时，就不可避免地需要放弃另外一个，那鱼与熊掌可不可以两者兼得呢? 答案是不可以，人的精力和时间都是有限的，太过贪心就会两个都做不好，什么都得不到。那在生活中，要怎么劝说自己克服"贪"心，老师有以下几个建议供你参考。

(1)加强自我反思。当碰到难以取舍的情况时，可以在规定时间内不经过思考，凭本能写下自己所喜欢的事物，然后冷静分析，看哪些是合理的，哪些是不合理的，要对超出能力范围的欲望，加以克制，去做自己力所能及的事情，不要好高骛远，多分析现下的实际情况，结合自身能力去抉择。

(2)培养正确的人生观、价值观。要将自己的追求升华到精神层面，不要为了眼前的利益而一时蒙蔽了双眼，做一个有理想、有道德、有情操的人，不要为物质所左右，利欲熏心，做事情多去想可以从里面获得什么知识或者技术，而不是将目光局限在物质上。

(3)踏踏实实做好眼前的事。大多数的"贪"心，都是心思摇摆不定、不够踏实造成的。大家都知道，凡事不可能一蹴而就，要有夯实的基础，找准方向、方式和方法，不能急于求成。静下心来，脚踏实地，一步一步慢慢来，每次着急想要成功的时候就告诉自己，现在不是时候，不要轻信天上会掉馅饼，掉馅饼也不一定砸你头上，任何事情都是要有努力的过程的，你付出了相应的努力才能有相应的回报。如果只是空想，没有任何实际行动，或者用错误的方式去达到成功的目的，最后的结果也不会让人满意的，最主要的是踏实，慢慢地规划，慢慢地实施，才能慢慢地成功。希望你能悟出来，静下心来认真地做事，总有一天你会成功的。

(4)加强和提高理性思维，理智地思考"贪"心带来的后果。有所为才能有所不为，努力使你的心情平静、安详、达观、超脱，坦然面对自己的一切，安心地接受自己努力获得的成果，没有努力获得的东西得到了也是不安心的。要用理性的思维和发展的目光看待问题，一时的"贪"心可能会让你获得当下想到的东西，但是这种"贪"心也会带来不好的后果，与其不安心地坐享其成，不如自己脚踏实地地努力获得想要的东西，在这个过程中，你也会获得更多。

（5）记住有舍才有得。或许我们在面对选择时会出现选择困难症，老师希望你记住，万事只有舍才有得，熊掌与鱼不可兼得，不可能所有的事情都是十全十美的，只有舍弃一些，我们才能获得更多的东西，不仅仅是物质上，精神上更是如此。在做出选择的同时，我们更是克服了自己的"贪"。

第二节 关于大学性事

流媒时代，社会对性与爱的认知度和包容度增加，两性话题成为文学、影视作品中的常客，处于发育阶段的大学生，也逐渐被唤起了对性的欲望。处于热恋期的情侣，耐不住对性的渴望，初尝禁果，伴随而来的或是幸福，或是羞于启齿的惶恐。因为性启蒙、性知识的缺失，出现了很多亟待解决的疑问：该不该发生性行为、能不能发生性行为、在什么时候谈性与爱合适？女生该如何保护好自己，获得两性之间最大的尊重？出现了性障碍该怎么办？我们不能因为保守便避开不谈，不能因为无知就选择自欺欺人，试着了解，试着接纳，才能保护自己的身心健康。

问题1 恋爱时间不长，对方要求发生性关系，要答应吗？

大学生恋爱可能会经历这样一件事，恋爱时间不长，男同学就提出发生性关系。这时候女同学要答应吗？该怎么做好呢？

（1）扪心自问几个问题。你可以先问问你自己：这个人你真的了解吗？这个人是你想要的恋爱对象吗？你们有没有面对面敞开心扉深入交流过？你们是否足够了解彼此的性格？你是否知道他的过去？你是否对他已经有了真爱？这些问题回答清楚后再做决定。

（2）认真思考后果。认真想想发生性关系后可能会出现的几种结果，比如说你们一旦发生关系后对方离开你，你是否能够接受，自己是否会后悔曾经的行为。作为一个大学生，你现在已经有权利支配自己的身体，同时也有义务为自己的行为买单。如果你有了最坏的打算，也可以接受自己这时候发生性行为，那也很正常。但是，如果你还有担心，还有些犹豫，请你慎重选择。

（3）明白几个道理。过早发生性行为，可能对男生来说没有什么影响，但是对女生来说影响比较长远，因此，女生一定要慎重考虑；发生性行为后心里会产生恐慌、焦虑情绪，如担心安全措施没做好、担心怀孕、担心传染疾病等；

221

另外，发生性行为后，女生在恋爱过程中可能就会出现更多心理负担。

（4）听从内心的想法。最终还是要看你自己，你究竟喜不喜欢他，如果喜欢又不想过早发生性行为，那你可以和他说不要急，然后慢慢发展。因为如果以后不能走到一起，你会很后悔的。记住：如果那个男孩真喜欢你，那他会愿意等到你同意的时候。

（5）坚持自己的选择。女生们不愿意，男方理应尊重。如果因为拒绝发生性行为而分手，那说明这段感情本来就不怎么牢靠，分手反而是一个正确的选择。倘若逆来顺受开了先例，那么一定会有第二次；他可以说服你一次，下一次，他依旧有办法说服你，那这样的恋爱关系就会变成一方一直在忍让，另一方一直在索取，这样不平衡的爱情是不健康的，它存在着致命的隐患，随时可能爆发。

（6）摆正自我态度。如果你是女生，自己都犹犹豫豫的，那男方可能会认为你是在欲拒还迎，从而得寸进尺。如果你一开始打定主意不想在婚前发生性行为，那你就一定要跟你的男朋友做好沟通，把你的真实想法告诉他。如果他足够爱你，他一定会理解你的想法。如果他不能理解，反而用分手来威胁你，那其实还算是幸事，你可以借此看清他的真实面目，这个时候分手未尝不是一个好时机。

问题 2　和男朋友发生性关系后总是很害怕自己怀孕，怎么办?

有这么一部分同学，和男朋友发生性关系后总是很害怕自己会怀孕，还把很多的注意力放在自己身体的微妙变化上，因此心理负担很重、很焦虑。那么，这个时候该怎么办呢?

（1）婚前性行为要慎重。老师非常不建议大学生们发生婚前性行为，尤其是没有安全措施的性行为。

（2）及时处理。如果发生了性行为，又没有采取安全措施，那一定要引起重视。如果你们发生性行为的时候没有做足安全措施，可以事后 48 小时内服用紧急避孕药，但避孕成功率只有百分之七八十。如果已经没法补救了，月经推迟了，就在发生性行为后的十二三天到医院进行相应的验血检查，也可以先用验孕棒检测一下，但结果有可能不够准确，等检查结果出来以后再做下一步的打算。

（3）分析具体情况，保持乐观心态。如果经期推迟了，请先不要盲目焦虑，不要在网上套症状，分析一下自己的具体情况，再寻找对策。保持一个良好的心态才是重点，毕竟焦虑解决不了问题。

（4）明白焦虑情绪是正常的心理反应。即使是做好了充足完善的防护措施，女孩子还是避免不了因为这种事焦虑，因为实在是太害怕意外怀孕了。有这种心情很正常，可以及时和男友沟通，排解压力，并在之后的性行为中做好安全措施。

（5）尝试缓解焦虑。太过于紧张和焦虑的话，可以在发生性行为前仔细地检查，避孕方面的安全措施是否全面，在性行为结束后出现害怕怀孕的心情时，可以安慰自己"安全措施这么周全，肯定不会怀孕的"，还可以通过冥想或者静坐的方式来舒缓自己紧张和焦虑的心情。

（6）丰富双方的性知识。可以上网查找或者阅读一些相关书籍来丰富一下自己和男友的性知识，充分了解在发生性行为时要注意的事情，以防意外怀孕。

（7）保护好自己的身体。老师想告诉你们的是，身体是我们自己的，不要因为一时冲动让自己后悔，一定要保护好自己。

问题3　男朋友总是强迫我发生性关系，怎么办？

恋爱过程中有这么一类男同学，总是希望尽快发生性关系，或者不分场合、不分时间地提出发生性关系的请求，甚至带有强迫性质。如果女同学不答应，就说对方不爱他，不珍惜两人之间的感情。甚至还会有各种非言语或语言的暗示。这时候女同学很难办，该怎么办呢？

（1）尝试静下心来与男朋友进行沟通。认真地告诉他你不想，希望他能够理解你，不要强迫你，因为性行为是两个人的共同行为，如果一方不配合的话，另一方的体验感也不会很好。在沟通无果后，明确地拒绝对方并告诉他你不愿意，如果对方还是一而再再而三地强迫你，此时你应该仔细审视你的男朋友是爱你这个人还是爱你的肉体，因为对于一个自己真心喜欢的人，是绝对不会违背对方的意愿，强迫她做自己不喜欢的事情。

（2）学会转移注意力。我们可以理解男生的行为，不用特别表示不满，身体上对你有想法，也是爱的一种表现。这个时候你可以和男朋友一起商量用其他的办法来缓解男生的性需求，比如：拥抱、亲吻，或者一起去运动、跑步，或者一起去学习、散步等，这些方法都可以起到缓冲作用。

（3）学会保护自己。如果对方坚持要发生性关系，并且不尊重你的意见，这时候你要学会保护自己。你可以明确告知对方，如果使用暴力、胁迫，或者其他手段，强行与女方发生性行为已经构成了强奸罪。我相信这时候的他不会做出逾矩的行为。

（4）勇敢说"不"。我想告诉你：爱情，是亲吻的时候希望一生年少，拥抱的时候希望瞬间变老，我们追求它的美好，但也一定要守住自己的底线，即使是对另一半，也要对不合理的要求学会说"不"。

（5）坚定自己的想法。应当明确告诉他，这事不能做。如果其一味地在这方面提出要求，并有过分的话语，那这个人不理智到极点。可以考虑与之断绝关系，不再交往。爱情的路上有许多困惑，但真正的爱情是彼此欣赏，彼此包容对方、体谅对方，同时两个人有着共同的理想和志向，只有这样，才能天长地久。

（6）保护好自己。如果拒绝后仍然强迫你发生性关系，你可以用法律的武器来保护自己。要懂得珍惜自己、看重自己，对方才会珍惜你，重视你。对于那些刚在一起没多久的情侣，男方很快就想要和女生发生关系，甚至摆出一副你不发生关系就分手的嘴脸，或者说出"如果你不愿意发生关系，那你就是不爱我"的话，老师认为这些人大部分都是冲着你的身体来的，应及时止损。

问题4　总是控制不住想自慰，怎么办？

这段时间老师经常会碰到一些同学询问自慰相关问题，有些同学因为自慰陷入深深的自责中，有些同学担心自慰会影响健康，但是又控制不了自慰的习惯，因此产生情绪困扰。面对这种问题，该怎么做呢？

（1）正确了解自慰。自慰是指与身体自我刺激相关的任何性活动，现在一些性学研究者和临床医学家也称它为自我愉悦。自慰行为在人类群体内是正常的一种现象，不要有负罪感，适当的自慰对身心有一定的好处，其释放的多巴胺可以满足身心调节需求，只要不过度，这是没有问题的。

（2）换个视角看问题。你可以换个态度去看待自慰，把它当成一个小小的习惯，就如同打游戏一样，你需要适度的放松消遣。有时候你理解了自己的这种行为，反而就能放下它。但你越去压抑这种需求，它反而就越容易被强化，越是控制不了。

（3）了解一些注意事项。首先，过度自慰需要引起注意，如果说你已经达到很高频次，甚至一天三四次，生殖器部位出现了异常敏感和疼痛的状态，就可能属于自慰上瘾了，这是一种成瘾行为。其次，注意事前事后清洁自己的手和性器官，这样也可以避免因为自慰导致的细菌滋生等问题。

（4）寻求帮助很重要。希望自慰过度的同学能够通过运动、与异性交流等方式转移注意力，让自慰频率减少。如果在这样的情况下，你还是无法调整，并且已经很严重的话，必要的时候，你可以去寻求心理疏导和心理咨询，它们能够更好地帮助你理解自己的成瘾行为，进而慢慢缓解。

（5）转移注意力。如果在卧床时想要自慰，就立即起床，你可以起来给自己搞点甜点，即使这时是在午夜，即使你不饿，即使你担心发胖。这样做的目的是让你转移注意力。可以这样说，你是可以控制你的意识的。

（6）要远离色情读物。不要读有关自慰的文章。不要去想自慰这件事。记住："一旦想了，就会去做。"必须改变你的思考方法，要让那种想法离开你的脑子。

（7）内衣内裤不要穿太紧身。因为紧身内衣内裤容易使人产生欲望。

（8）每天睡觉之前锻炼身体。因为体育锻炼能增进身体健康，使身体的疲劳得到积极的改善，体育锻炼也可以陶冶情操，使人保持健康的心态，充分发挥个体的积极性、创造性和主动性，从而提高自信心和价值观。这样会大大减少自慰的次数。

（9）让生活丰富多彩。把每天的工作和生活安排得满满的，做其他的事情来转移注意力。可以通过听音乐、画画或者打球的方式缓解性冲动。每天坚持做体育锻炼，比如长跑、打球等能缓解紧张感，能让身体以积极的方式来专注于某件事情。

问题5 有性幻想甚至想要发生性行为，但又觉得违背道德，怎么办？

绝大部分大学生已是成年人，身心发展达到成熟状态，有性幻想或者想要发生性行为是一种正常的生理、心理现象。同时，大学生们普遍对性存在好奇，想去尝试。但是，由于家庭教育、自我约束等各种原因，不少大学生觉得性幻想或者想要发生性行为违背道德，陷入矛盾之中。这时候该怎么办呢？

（1）正确理解性幻想。幻想是人类的一个基本功能，就跟吃喝拉撒一样。适度的幻想，是人对未来的一个美好的期待；适当的幻想，是人生的助推机，可以让人更有志向、更努力。幻想是有积极意义的。性幻想也是同样的道理，尤其对于那些还没结婚的青春期的男性，其性器官已经发育成熟了，性激素分泌处于较高水平，但是没有正常的排泄途径，这种情况下，其有一些性幻想，是很正常的。

（2）不以为耻。想要发生性行为的想法可以接受。在内分泌激素和性激素的推动下，有性想法和性需求是正常的，这是正常的生理、心理发展过程，不用觉得这违背了社会道德。

（3）合理进行宣泄和疏导。你可以通过学习、运动、看书等活动来分散注意力，缓解性幻想和想要发生性行为带来的焦虑和烦恼，而不是一味地压制自己，否则只会适得其反，希望你能放下对性的偏见，走出担心和焦虑。

（4）拒绝被道德绑架。也就是说影响你自己的更多的是内心自我的道德感，从事情本身来看，有性幻想和想要发生性行为并不是什么见不得人的事情，这只是人正常的生理、心理发展过程，跟道德感没什么关系。自己内心的道德感会排斥自己的生活，那么可以看出这种道德感并非来自于自己的意识，更多的是受到别人的思想观念的影响。因此，要学会自己正确认识事物的本质，用自己的道德标准来约束自己，而不是被道德绑架。

问题 6　网恋对象第一次见面要求发生性关系，要答应吗?

现在很多大学生都比较喜欢网恋，甚至沉迷于网恋。这与现在同学们每天使用手机有一定的关系。我们经常会碰到因为网恋被骗的案例，也碰到不少因为网恋发生性行为后陷入自责、自罪，甚至担心自己得了艾滋病而焦虑到无法自拔的同学。如果你和网恋对象第一次见面，对方要求发生性关系，你会同意吗? 该怎么办?

（1）想清楚几个问题。网恋存在很大的风险。可能那个对象根本不是你日常生活中接触的那个人，虚拟的世界存在很多虚假信息。如果你要答应发生性行为，请问自己几个问题: 你知道对方的真实身份吗? 你知道对方的学习情况或者工作单位吗? 你知道对方与你交往的真实意图吗? 你了解这个人吗? 你喜欢这个人吗? 这些问题你不能回答的话，请给自己一些时间。

（2）用一些时间面对面接触。经过几天接触或许你就会知道这个人的真实情况。如果对方一味地要求发生性关系，而且日常言语基本都和性分不开，你不答应，对方还会说你不爱他，甚至说要和你分手。这可以明显看出对方的目的是性，千万要谨慎处理，不要轻易答应。如果你们商量无果，只能说明你们的爱不是真爱。

（3）把交往时间拉长一些。即使你们可能已经在网络上了解了一段时间，但更需要考虑离开虚拟网络世界、回归现实生活的状态，多见面几次，多些线下的交流，在后续见面中慢慢地深入接触，培养一定的感情基础后再考虑。

（4）一定要学会保护好自己。俗话说，害人之心不可有，防人之心不可无，应当时刻保持安全防范意识，不要拿自己的情感和身体去冒险，不要等事情发生了才后悔，世上没有后悔药。即使你和他聊得很好，但是网络世界毕竟是比较虚幻的，你一定要保护好自己。那些被骗的人，在聊天的时候，肯定也觉得对方是真命天子，结果被骗的也不在少数。真的爱你的人会等你的，等你做好准备，等你真的确定他就是对的人。

（5）跟着自己的心走。不是说谈恋爱就要跟男朋友发生性关系，如果你的心里是有一点抗拒的，哪怕是有一点点不同意、不想要，那就不要。否则以后会有很大概率后悔的！

（6）多角度慎重思考。抛开当事人的身份，你想想网恋对象见面第一次就要发生性关系，那么从局外人的角度可以清晰地看出对方的目的性。虽然说有生理需求很正常，但这是建立在双方都愿意，并且双方都会负责的前提下的，不能因为喜欢，就强迫自己去迎合他，做一些可能会让你后悔的事情，你还有很好的未来呀，保护好自己，不管是心理，还是身体！

问题7　性行为后总是感觉自己得了艾滋病，怎么办？

咨询中我们会碰到个别大学生出于好奇与陌生人发生性行为，发生性行为后出现了一些身体不适症状，于是开始担心自己之前发生的性行为是否会感染艾滋病，开始上网搜索各种相关信息，不断心理暗示自己，甚至陷入死循环，无法自拔。这时候该怎么做呢？

（1）正确认识艾滋病的传播途径。你可以想一下自己是否发生的是高危性行为，就是说是否发生了无保护的性行为以及你的性伴侣是否是艾滋病患者。如果你做好了安全措施，也知道这个对象不是艾滋病患者，那你大可以放心。

（2）不必过分焦虑。如果你已经确认采取了安全措施，并且也确认对方没有艾滋病，希望你不要过于焦虑。如果焦虑比较明显，可以通过运动来缓解，比如快走、骑单车、慢跑等。这可以提升你的身体素质，陶冶情操，保持良好的心理状态。当然，如果你已经陷入了这种担心的境地无法自拔，出现了一系列的异常身心反应，请尽快寻求心理老师的帮助。

（3）判断是否为恐艾症。如果你经常会出现这种情绪，那么大概率是患上了恐艾症。恐艾症，是一种对艾滋病的强烈恐惧，并伴随焦虑、抑郁、强迫、疑病等多种心理症状和行为异常的心理障碍。患者怀疑自己感染了 HIV，或者非常害怕感染艾滋病并有洁癖等强迫症表现。如果你是恐艾症，我希望你尽快寻求专业的心理咨询帮助。

（4）丰富自己的性知识。通过阅读书籍或者上网查询关于性关系的知识丰富完善自己的性知识，以防因性知识不完备而得病。当然，我更愿意建议同学们在未确定对方是否健康时一定要提高警惕，洁身自好，避免不安全的性行为才是最安全的方法。

（5）学会紧急处理。如果你已经明确发生了高危性行为的话，请你及时到相关医院去寻求帮助，千万不要因为害怕或者担心被亲戚朋友知晓而错过最佳应对时间。

问题 8　长期沉迷于色情网络，怎么办？

我的专属解忧信箱收到了不少这样的问题，说自己长期沉迷于色情网络无法自拔，不知怎么办。确实大学生中有一些这样的个案，他们其实知道不应该这样，但是就是控制不了，这样该怎么办呢？

（1）理解宣泄性冲动这种行为的合理性。大学生一般年龄都在 19~23 岁，正处在青春期性成熟阶段。你们和正常人一样正处在性意识、性能量最旺盛时期，对于异性的一切充满好奇，有强烈的性冲动，性能量需要得到宣泄。但是由于学习的缘故，婚姻事实上比同龄人大大推迟，你们从性成熟到用合法婚姻来满足不断勃发的性冲动，必须要经历一个相当长的过程。这个时候会选择一些特殊方式来缓解性压抑，可以理解。

（2）明白沉迷于色情网络的危害。问题的关键是因宣泄性冲动而产生的自罪感。有些大学生不能正确认识这件事，因此产生自罪感，认为自己很肮脏、很邪恶，甚至会产生严重的焦虑、抑郁情绪，导致心理畸形。

（3）寻找正确的性教育途径，以科学的态度去面对性爱。可以去咨询学校的心理老师，心理老师一般对性教育都是有所了解的，通过与心理老师沟通去了解自己此时的心理状态。也可以通过看书获得相关知识，推荐你看一下《海蒂性学报告》（包括女人篇、男人篇和性爱篇），在这三册书中你能够看到很多关于性爱的知识，也报告了很多男人和女人在性爱过程中遇到的一些问题，你或许能够找到与你情况类似的，对你能够有所帮助。

（4）通过运动来缓解性冲动。性爱的需求是荷尔蒙分泌导致的，当你需求比较旺盛时，除了自慰，也可以通过运动的方式来发泄。运动可以消耗过多的荷尔蒙，也能缓解身心的疲惫，而且运动还能提高自身的体质。

（5）转移注意力。如果你是一个没什么自制力的人，很难控制自己的欲望，养成了长期沉迷色情网络的习惯确实比较难改，这时候你要对自己有信心，慢慢来，可以把自己的时间和注意力、精力转移到别的事情上去。比如通过看书学习来努力来提升自己，或者出去户外活动，换一个环境，转移注意力，或者多跟朋友、同学、家人联系聊天等。

（6）合理认知。在认知上你要认识到，性行为是一种人类的本能，不要认为它很邪恶，把它认为是一件很普通、正常的事。当然，如果你因此产生了比较严重的身体问题，建议你到医院去诊断治疗；如果因此产生了心理问题，自己已经无法排解，建议你及时寻求专业心理咨询师的帮助。

问题9　可以有无性婚姻吗？

咨询过程中我确实遇到过一些这样的同学，他们对性有自己的看法，认为不能接受性行为，询问有没有无性的婚姻。这个问题的确很难回答。看看下面的建议是否对你有帮助。

（1）了解什么是无性婚姻。无性婚姻指的是没有性生活的婚姻。无性婚姻也指男女双方在承诺不进行性生活的基础上结成夫妇关系。社会学家说，夫妻间如果没有生理疾病或意外，却长达一个月以上没有默契的性生活，就是无性婚姻。有无性婚姻想法的人可能有以下一些原因：因不可抗力造成性功能丧失，被动选择无性；因心灵受过重大创伤，无法接纳性行为；因对性不感兴趣或只是希望组成形式上的婚姻等。

（2）正确认识性行为。脏与耻是削弱人们性快乐最主要的两大心理因素，你需要重新建立一下自己对性的看法。事实上婚内性行为是用来表达爱意的手段，是传递爱的介质，通过性行为可以让感情迅速得到升温，就像亲吻、拥抱这些接触一样，在婚姻中性与爱应该是一个完美的组合体。我们应从广义上去理解性，而不是把性视为一种生理本能。性是美好的，是夫妻爱情的调味剂。

（3）建议你试着去适应和调整。爱情的含义是一对男女基于一定的社会基础和共同的生活理想，在各自内心形成的相互倾慕，并渴望对方成为自己终身伴侣的一种强烈、纯真、专一的感情。爱是一种高级的人类情感，是发展出来的，有性不一定有爱，有爱应该要有性。当然，不可否认有无性的爱情。我觉得你可以在情感沟通过程中从牵手开始，一步一步地进行肌肤接触，慢慢地你可能就会发现自己并没有那么抵触性行为了。

（4）寻求帮助。如果你想要改变这种现状，你自己找不到原因和方法，可以寻求别人的帮助，例如寻求心理老师帮助分析原因，找到问题的根源，从而找到解决的办法。

（5）接纳自己的想法。在排除了自身可能因为性心理问题导致希望无性婚姻的前提下，如果你还是坚持无性婚姻，只要你自己觉得可以接受，对方可以接受，不因此而产生困惑，这就不需要纠结和焦虑。

问题 10　遇到性变态，应该怎么应对？

在咨询过程中，有这样一些同学，在日常生活中遇到了性变态患者（比如露阴癖、偷窥癖患者），感到很羞耻和恐惧。如果你遇到这种性变态患者，该怎么应对呢？

（1）正确认识性变态。比如：性变态不过是一种性心理变态反应，性变态患者少有攻击性和暴力倾向，很多人事后都会很后悔懊丧，但当时却难以自控。所以，遇到性变态患者你根本不必惊慌。性变态患者希望你的反应是什么？他们希望你惊慌失措，反应强烈，甚至大声喊叫，羞辱难耐、耻笑辱骂，越是这样，性变态患者的兴奋程度就会越高，性满足就会越充分。这样，反过来就会又一次强化他的变态心理和行为，使他的性变态越来越严重。事实上你越不惊慌，他的反应程度越低，不少性变态患者会觉得无趣而结束露阴行为或快速离开。

（2）保持镇静。有许多科普文章尽管介绍了性变态行为本身，却很少提到如何面对性变态患者。其实，如果你能保持镇静，很平静地对着他说"你这是性变态，是一种心理疾病，应该找医生治治"，效果则会很好，不但有助于制止他的性变态行为，而且你的建议也许对他的康复有指导作用。

（3）学习一些基本知识。如果没有足够的心理知识和心理准备，尤其是女性，突然遇到性变态患者还是难免受惊的。这就提示我们，随着社会竞争的加剧，生活压力的加大，精神疾病和心理变态会越来越多。所以作为新时代的女性，不断丰富自己的知识储备，学会保护自己，让自己内心更加坚强地去面对一些突如其来的惊慌是非常有必要的。

(4)转移注意力，多做放松练习。如果你的心理已经受到一定影响，希望你先停在当下，不要强化羞耻感、恐惧感。学会转移注意力，锻炼身体，提高身体素质。如果为此你很焦虑，可以多做一做放松练习，比如有意识地进行深呼吸，转移人在压抑环境中的注意力，提高自我意识，保持镇定，缓解焦虑，减轻压力。确实难以自行解决问题，可以寻求专业心理咨询的帮助。

问题11 和前男友分手前发生过性关系，感觉之后会被嫌弃，怎么办？

大学生活中确实有一部分同学偷吃禁果。当然，担心也可能随之而来，有些女生分手前和前男友发生过性关系，感觉之后会被嫌弃。这种担心应该怎么消除呢？

(1)停下自责，关怀自己。记住在下一次爱情时谨慎选择。

(2)提升认知，成长自己。你现在正值青春年华，一路上遇到的人和事，都可以当成人生历练，是经历也是磨炼。女孩子由于青春的懵懂、对美好的向往以及认知能力还不够等会做出一些超出一定限制的事情。所以，你需要让自己成长，多阅读，培养一些兴趣爱好，当自身认知达到一定高度时，便能更理解自己。

(3)调整心态，拥抱美好。面对过去已无法改变的事，我们要学会释怀，学会放下，当以后遇到下一个时，如果对方因为你曾经的过去而离开你，那你不必在意，因为真正爱你的人爱的是你的整体，你要相信，你若盛开，蝴蝶自来。

(4)平和沟通，化解矛盾。除此之外，如果你还真心地爱着他，你可以和你的男朋友心平气和地沟通一下，了解你的男朋友是否真心喜欢你，而不是为了其他目的，如果你的男朋友是为了其他目的而来，那就不要挽留，这样的男生不值得你这样的付出，如果你的男朋友是真的爱你，那你可以和他深入地交谈一下，沟通彼此对婚前性行为的看法。

问题12 发生性行为后很担心得性病，怎么办？

日常生活中确实会有一些人有这样的顾虑，担心自己发生性行为后会得性病, 并且表现出了过度的敏感多疑, 这时候该怎么办呢?

(1) 分清性行为对象。如果发生性行为的对象是你知根知底的恋爱对象, 你的恋爱对象没有性病, 那么你不用太担心; 如果发生性行为的对象是你不熟悉的人, 而且没有做必要的防护措施, 这时候确实需要你注意。

(2) 确认是否做好安全措施。第一种情况是, 有安全措施但是仍然很担心, 这种情况可能是你太过敏感、太过担心, 或者本身的性格造成的。其实, 只要你确定对方没有疾病并做好了防护措施的话, 一般不会感染性病。如果实在担心的话, 可以去医院做常规的性病筛查来判断。第二种情况是, 没有做好安全措施, 你也无法判定对方是否有性病, 这时候出现身体不适, 那么, 建议你及时去医院就诊, 排除被感染的风险, 只有这样你才能相对放松。我想说, 无论是何时, 如果还不是夫妻关系, 都建议不要选择婚前性行为。

(3) 使用避孕套等屏障工具。发生性行为时, 不要放弃使用避孕套, 避孕套不仅可以避孕还可以预防多种性病。可以说, 避孕套是预防性病的最好的屏障之一, 并且由于避孕套等都含有润滑剂, 还可以降低性交过程中的摩擦损伤。

(4) 避免某种性行为。例如口交、肛交等, 这种性行为感染性病的概率更高。

(5) 性交后排尿、冲洗生殖器等。可以肯定的是, 这是治标不治本的方法, 如果真感染上性病, 怎么排尿都不一定有效, 当然也不是一点不能降低危险。有证据表明, 在性交半小时以内, 排尿或者冲洗生殖器, 是有可能降低感染淋病的危险的。

(6) 及时求助。如果你发现自己的身体有些特殊变化, 你开始担心了, 一定要及时就医, 通过医生的诊断来消除你的担心。如果你心理负担很重, 自己无法摆脱这种困境, 请你及时寻求心理老师的帮助。

问题 13　感觉男朋友在性行为过程中有变态行为, 怎么办?

在咨询过程中确实有发现一些这样的现象, 有女生说被男朋友的变态性行为给惊呆了, 来寻求帮助, 问是否还要和男朋友继续。这种现象毕竟是少数, 如果真的遇到了这种情况, 该怎么做呢?

(1) 适时沟通, 尊重彼此。其实不少人在性行为过程中都有一些特殊的小癖好, 但在两性关系中如果这给你带来了痛苦或者涉及对你造成伤害的话, 那就是偏离正常轨道了，此时你可以和对方进行沟通，去找到适合你们自己的模式。在充分表达并尊重双方意愿的基础上，确保安全的前提下，你可以根据自己的需求去做一些调整。

（2）明确拒绝，保护自己。如果你的男朋友在性行为过程对你造成了伤害，你应该明确地制止。如果是一方对另一方强行施虐，这就是施虐者与受害者的关系了，这是一种变态行为，也是违法行为。千万不要因为男友说"如果你爱我，你就会同意"而答应，爱你就可以不尊重你，不顾及你的感受？这不是理由。你要理直气壮地表达你的意见并保护好自己。实在无法忍受的情况下也可以选择分手。

（3）理解不同，共同成长。如果你的男朋友在性行为过程中喜欢做一些变态行为的话，你可以帮助他理解其中的危险性，慢慢地纠正引导他，让其重新树立一个健康的性态度。

（4）沟通无果，寻求帮助。如果发现你的男友变态性行为比较严重，且经过双方协商沟通也无法改变，可以尝试寻求心理老师的帮助。

（5）了解性变态相关知识。一般来说，反常的变态的性行为是不合理的社会强制和压抑所造成的性心理冲突的后果，所以它也是一种复杂的社会问题。成年后，当性欲受到现实生活环境的限制或个人人格的缺陷而无法正常宣泄时，即会退回到早年固结点，避开自我控制，直接以幼儿性欲的方式表现出来，形成性变态。

当然，老师还是建议大家尽量不要发生婚前性行为。

问题 14 对自己的性能力不自信，怎么办？

有些同学可能由于紧张或者其他因素，感觉自己的性能力很差，产生了自卑感。该怎么办呢？

（1）寻找造成性能力较差的因素。一般有四类因素：①疾病因素。一些疾病造成性能力下降，比如先天肾衰、生殖器病变等，如果是这类原因，需要就诊治疗。②生活习惯。饮食不当、长期抽烟酗酒、熬夜等，都会导致性能力下降。③精神因素。长期处于焦虑、紧张等负面情绪也会影响性能力。④适应情况。因为缺乏经验表现得很紧张，这不一定是性能力不行的表现。

（2）明确自己的原因后，对症下药。应对方法：如果是病理性的原因，就到正规的医院接受治疗。如果是生活习惯造成的身体素质欠佳，那么就要规律作息，少熬夜，保证日常休息充足，戒烟戒酒，多饮水，保持机体健康，并且适当地做些运动，运动不仅能有效增强体质，也能提高性能力。饮食调养对性能力的提高也有一定的好处，平常可以多吃富含蛋白质的食物，比如鱼类、蛋类、动物的内脏等，这些食物不仅对人体的肾脏功能有一定的调养功效，也含有很多的性激素，对提高性能力具有一定作用；如果是心理因素造成的，那就要做好心理调节。当一个人长期处于压抑的状态下，并不利于性能力的提高，应该以平常心面对，放松心态，可以多呼吸新鲜空气，调整心态，缓解压力。

问题 15　感觉自己的身材不好，担心男朋友嫌弃，怎么办？

日常生活中确实有一些人比较自卑，有容貌焦虑，尤其是在恋爱阶段表现得更加明显。有人甚至担心身材不好，男朋友不要自己。该怎么办？

（1）提升自信心。首先，我想说，身材并不代表你的全部。相比外在，性格与内在才是一个人的真正魅力所在，我相信你的男朋友更爱的是你这个人。你应该自信一点，每个人都是与众不同的，你有独属于你自己的美丽，王尔德说：爱自己是终身浪漫的开始。一个充满自信的人，身上会闪烁着光芒，男朋友也会因为拥有你而幸福，而一个缺乏自信的人，会让男朋友感受不到你的魅力，觉得你不具吸引力。你可以多给自己一些积极的暗示，早晨照镜子时对自己说一句"我真美！"，或在完成一件事后对自己说"我真棒！"。随着时间的不断累积，这些小小的能量肯定会汇聚成一股强大的力量，并最终成为你内心的自信。

（2）拒绝对比带来的伤害。人总是喜欢用对比的方式来衡量一些事物，如果你总是把自己和那些身材好的人比较，你就会觉得自己身材很差，并用别人的标准来参照自己，觉得自己腰不够细、腿不够长，一直在这样的环境下就会失去自信，变得自卑，并有可能给身体带来实质性的伤害。在这种情况下，你可以去想一想你自身的其他优点，比如说自己比她聪敏，比她情商高，会发现自己相比之下还是很好的。

（3）做些改变。与其担心男朋友会不会离开自己，不如先提升自己，你可以去跑步、跳绳、练瑜伽等，通过运动去改善身材焦虑，我相信只要坚持，就会取得成效，并且能让你的心态更放松。当你以一个更好的姿态站在男朋友面前时，他会觉得你是更具吸引力的。不过如果你的男朋友真的喜欢你应该会包容你的，如果你的男朋友真的嫌弃你的身材，那么他一定对你不是真心的，因为一个真正爱你的男朋友绝对不会嫌弃你这嫌弃你那的，他真正喜欢的是你的内在、你的心，而不是你的外在和身材。

(4)保持乐观积极的态度。你可以这样想一想，世界上有那么多人，总会遇到一个不嫌弃你、真正爱你的男朋友，不要为了不爱你的人而做出改变，即使改变了，他也不会真心对待你。拥有乐观的心态非常重要，乐观才能让你看到自己的闪光点，看到其他闪光点你才不会一直困在身材不好这件事上。

直面困扰，穿越黑洞

当今社会物欲横流，大众对心理相关的认知仍未健全，对心理健康、心理咨询等相关心理知识仍存在着严重的认知偏差，对心理疾病则是闭口不谈、敬而远之。处于发展阶段的大学生心智正在向成熟阶段过渡，受社会整体认知趋势影响，也陷入心理误区之中，归根到底是不了解心理、不知道心理，为自己的心理状态贴上错误的标签，认为自己无须关注心理健康；用未知的眼光看待心理咨询，认为它一无是处，毫无作用。当我们的灵魂持续发出警报，就应主动寻求专业人士的帮助，解决自身困惑，以维持身心平衡，提升幸福感。如果你也正处在入门阶段，对心理相关知识一知半解，以下这些常见的心理知识，你需要知道。

第一节 关于心理误区

你是否尝试过为自己的心理状态贴上标签，认为自己无须关注心理健康？你是否用未知的眼光看待过心理咨询，认为它一无是处，仅仅是收钱聊天？你是否也不自觉地有心理疾病的人归结为精神失常患者，并敬而远之？你是否曾陷入过心理失衡，还浑然不觉？心理疾病和生理疾病一样，是每个人都有可能发生的，只要我们学会去接纳、正视它，并积极寻求帮助，大部分心理问题都是可以完全治愈的，对于少部分重症患者，通过药物治疗配合心理咨询，其症状也能得到缓解。

问题1 有心理问题真的很丢人吗？

在工作中我们经常会发现有这样一类同学，他们认为有心理问题是一件非常丢人的事情，担心自己会被异样对待，于是不敢告知身边的人，也不敢积极寻求帮助。当前，大学生中存在一定心理问题的比例为20%~30%，其中存在较为严重的心理疾病的比例也有4%~7%。但是能够正视自己问题的人比较少，甚至不少同学认为有心理问题是一件很丢人的事情。那么，有心理问题真的很丢人吗？我们又该怎样对待心理问题呢？

（1）拒绝病耻感。我能理解有些同学的想法，认为有心理问题很丢人，这是一种病耻感的表现。社会上有些人给有心理问题的人打上了一个不正常的标签，患者自己似乎也接受了这种设定，认为自己得了病很丢人，从内心觉得自己会被歧视，甚至自己都看不起自己。这种病耻感往往会使患者想要逃避生活，逃避人群，从而加重现有的心理问题。

（2）消除病耻感。人们对于心理问题的恐惧和排斥很多是出于对疾病的不了解，因此我们应该正确认识心理问题。要知道，心理疾病和生理疾病一样，是每个人都有可能发生的，并没有羞耻之处，只要我们学会接纳、正视它，并积极寻求帮助，大部分心理问题都是可以完全治愈的，对于少部分重症患者，通过药物治疗配合心理咨询，其症状也能得到缓解。

（3）敞开心扉，拥抱世界。大学生正处于人生中迷茫、探索的阶段，所以有很多同学存在大大小小的心理问题。但是由于病耻感存在，患病大学生只关注到自己的异常，对周围同学的关心帮助选择性忽视。他们只想着"不要被同学发现自己有心理问题"，而忽视了"怎么帮自己"；只想着尽力压抑难过，伪装正常，而这样的封闭和伪装忽视了周围同学的真诚关心，也加剧了心理疾病的症状。因此，敞开心扉，允许身边的人进入你真实的内心世界，试着和家人、朋友及周围信任的人倾诉。学着和自己的内心和解，认真生活，试着与朋友一起积极参与活动，在集体活动中找回自己，让良好的人际关系成为你战胜心理问题最强有力的社会支持。

（4）主动倾诉，积极治疗。一是可以和身边亲近的人，父母、舍友、朋友、老师等进行沟通倾诉。心理问题不该是一个人承担的，和亲近的人倾诉可以有效地缓解心理压力。二是寻求专业人士的帮助。心理咨询师的介入往往可以带来新的出口，心理咨询师可以根据你的状况与你一起逐步分析问题出现的源头并寻找对策。三是药物治疗。假如心理问题已经泛化，出现躯体化等症状，自己已经无法处理，这时候可以积极寻求心理医生的帮助，在心理医生的指导下规范用药，药物也是治疗疾病有效的方法之一。

当同学们学会接纳和正视自己的心理问题后，你就开始走向康复的道路。有心理问题并不是丢人的事情，有心理问题的人也有非常多的优点，心理问题不会遮挡我们自身的闪光点，就让它成为我们生命中的一道裂缝吧，那样光才能照进来。

问题 2　我心理很健康，没必要学习心理健康知识，不对吗?

生活中总碰到这样的现象，我们想让同学们多了解和学习一些心理健康知识，同学中总有一部分人会说自己心理很健康，没必要学习心理健康知识。这是一种很普遍的现象。当然，这折射出了我们大学生对心理健康还有诸多误解。可能这些同学认为，没有心理疾病就是心理健康。学习心理健康知识难道就是为了预防心理疾病吗？没有心理疾病就不需要学习心理健康知识了吗？

（1）了解心理健康的双因素理论。该理论认为，心理健康状况可以分为这四种类型：第一种是心理健康者。没有生活压力，没有心理疾病的症状，或者心理疾病症状很低，主观幸福感强。第二种是心理问题易感者。没有生活压力，没有心理疾病的症状，或者心理疾病症状很低，主观幸福感弱。第三种是心理问题倾向者。有生活压力，有心理疾病的症状，或者心理疾病症状比较典型，但是主观幸福感强。第四种是心理问题患者。有生活压力，有心理疾病的症状，或者心理疾病症状比较典型，而且主观幸福感弱。这个理论为我们揭示了一个重要的道理，心理健康与主观幸福感非常重要。（主观幸福感包括生活满意度、心理素质、应对困难挫折的能力、积极心态、社会支持体系）因此，我们要主动学习更多的心理健康知识，提高自己的生活满意度，增强自己的心理素质，增强应对困难和挫折的能力，拥有积极的心态，建立良好的社会支持体系。

（2）正确理解心理健康的重要意义。每个人在成长过程中都会遇到各种各样的挫折和烦恼，总会有伤心、难过的时候。当负面情绪的狂风骤雨突如其来，强大的心理素质就是你抵抗暴风雨坚不可摧的铠甲。因此，我们每一个人都要提高对心理健康的认识，掌握扎实的心理健康知识，具备一定的心理健康素养，拥有更积极的心态，以便今后能够更好地应对可能会遭受的困难和挫折，为个人成长成才、家庭美满幸福、社会和谐稳定、国家长治久安奠定基础。

（3）认真学习学校安排的"大学生心理健康教育"课程。大部分学校都已将心理健康教育课程纳入教学计划，为新生开设心理健康教育公共必修课，并且大力倡导面向全体学生开设心理健康教育选修和辅修课程，实现大学生心理健康教育全覆盖。我们应该认真学习，并扎实掌握对我们的大学生活乃至今后的发展道路都有益的心理知识。

（4）积极参加心理相关活动。学校会定期开展名师的心理讲座、有趣有益的心理活动等。通过同学们喜闻乐见的形式开展的心理活动，不仅高效推进了心理健康知识的普及，还丰富了同学们的大学课外生活，认识了更多新朋友，潜移默化地提升了自己的主观幸福感。

（5）主动地通过网络、书刊等其他形式，获取心理健康知识。如今我们有很多获取信息的途径，比如门户网站、微信、微博、小红书、B站、抖音等各大网络平台，实用有趣的心理健康知识科普的小视频、漫画、小剧场等文化产品不胜枚举，让我们兴致盎然地在愉快轻松的氛围中获取更多心理健康知识，摆正对心理健康的看法，主动学习心理健康知识，提升心理健康素养，做好新时代的接班人。

（6）将学到的心理健康知识在身边践行。在很多时候，心理健康知识会在日常生活中指引我们行动的方向，给予我们解决困难的方法，让我们在遇到心理难题时不再彷徨迷茫。同时，学习心理健康知识也可以帮助身边遇到心理困扰的其他人，给予他们一定的帮助，共同营造良好的心理健康氛围。

问题 3　想要寻求心理帮助，我就是个弱者吗?

　　有这样一部分同学，知道自己有心理问题，内心也很想寻求帮助，但是碍于面子，总是担心别人会说三道四，认为自己一点小事都处理不好，有点小困难就寻求帮助，是不是说明自己十分无能，心里很煎熬，那么，寻求心理帮助，就是个弱者吗? 应该怎么办呢?

　　积极求助，是负责任、有智慧的表现。国家卫健委《心理健康素养十条》第三条说：出现心理问题积极求助，是负责任、有智慧的表现。要知道出现心理问题却不愿寻求专业帮助反而是有害健康的表现。其实求助于专业人员既不等于有病，也不等于病情严重。相反，往往是心理比较健康的人更能够积极求助，他们更勇于面对问题、主动做出改变、对未来有更乐观的态度。积极求助本身就是一种能力，也是负责任、关爱自己、有智慧的表现。出现心理问题可求助于医院的相关科室、专业的心理咨询机构和社工机构等。求助的内容包括：寻求专业评估和诊断、获得心理健康知识教育、接受心理咨询、心理治疗与药物治疗等。

　　(1)了解不愿求助的原因。不愿求助的原因可能包括：认为去见精神科医生或心理咨询师就代表自己有精神心理疾病；认为病情严重才有必要就诊；认为寻求他人帮助就意味着自己没有能力解决自己的问题；担心周围的人对自己的看法等。他们错误地认为积极寻求帮助是弱者的表现，寻求专业帮助会被视为能力低下的表现，会降低自尊，产生羞耻感，这比当下的痛苦更难以接受。

　　(2)为自己主动求助点赞。在需要帮助的时候，及时求助，不仅仅不是弱者，反而是最勇敢的强者。虽然有靠自身的调整走出心理疾病的阴霾的例子，但这毕竟是少数，更多的人是需要得到外界的助力的，理解和关怀能帮助他们更快从困难中走出来。因此不讳疾忌医，主动寻求帮助，在艰难的时候站起来的，才是有力量的表现，强者是勇于面对自己的脆弱的。真正的勇士，敢于直面软肋，更擅长于将软肋淬炼为铠甲。

　　(3)积极寻求专业的心理帮助。不仅要寻求身边人的帮助，也要根据自己的情况积极寻求专业帮助。一是专业的心理咨询师的帮助。要知道心理咨询不是简单聊聊天和安慰，心理咨询师会用专业知识和技能更好地帮助你走出困境。二是寻求精神科医生的帮助。如果问题比较严重，要积极面对并寻求精神科医生帮助，他们可以从病例角度更好地给你评估、诊断和治疗。

（4）积极参与人际交往活动。不要认为自己是弱者而封闭自己，更不要因为寻求心理援助，而担心别人看不起自己就远离人群。相反，我希望同学们积极地参与人际交往活动，消除自己是个弱者这种想法。

（5）学会接纳自己的负面情绪。如果感觉自己被人瞧不起，感觉很沮丧，这个时候更应该积极去求助，让自己尽快好起来，每个人在面对困难时都会产生负面情绪，这是正常现象，我们不需要太过于在意他人的想法，学会与自己的情绪和解，尽快从这片阴霾中走出来。

问题4　做了心理咨询，我的心理状态就会好起来吗？

部分同学抱有这样一个困惑：我有心理问题，我愿意去找心理咨询师帮助，难道做了心理咨询我就能好起来吗？我理解同学们对心理咨询有将信将疑的顾虑，这篇文章，就是来解答大家这个问题的。认真看看，也许对你消除顾虑有些帮助。

（1）要明白一个道理，自救者天救。心理咨询产生效果的根本动力在于自身的改变及行动，心理咨询师只是协助解决问题，关键还是要靠自身的努力。如果心理咨询师的想法和建议你不认同，更不愿意采取行动，那心理咨询往往达不到理想的效果。

（2）消除误区，切勿盲目夸大心理咨询的作用。心理咨询的本意就是帮助人们解决心理困惑，调整情绪状态。心理咨询可以为因为心理问题而陷入麻烦的人提供新的思路，纠正错误观念，逐步改正思维情感反应方式等。心理咨询可以让人们向内发现内部矛盾，向外发展人际交往的能力，但它并不是万能的，通过咨询就可以治愈所有心理问题完全是无稽之谈。心理咨询可能像是黑夜里的一座灯塔，可以让你找到方向，但无法替你行船。

（3）术业有专攻，清楚心理咨询和心理治疗存在本质区别。心理咨询面对的是正常心理的不健康表现，心理治疗是面对异常心理的疾病状态。对于很多发展性的问题及一般心理问题，心理咨询效果好。但是，对于精神病性心理问题，心理治疗是首选，心理咨询是辅助。因此，你要根据自己的情况选择心理咨询还是心理治疗。

（4）理性听取心理咨询师的建议，积极行动。心理咨询可以为你的一些想法或行为提供纠正的方法，对你的生活态度有逐步引导的作用。但是实行情况决定了问题改善的程度，而这个决定权把握在你自己的手中。尽信书不如无书，心理咨询也是同样的道理，我们要听取心理咨询师提出的适合自己的意见和建议，积极配合做出相应的努力，同时积极地与心理咨询师商讨咨询方案，不适合自己的方法，要及时与心理咨询师沟通交流，理性地对待建议和想法。

（5）不要因为心理咨询，忽视药物的作用。心理咨询对心理问题的治疗有一定的疏导作用，但是心理咨询的存在也是有"不良反应"的。它的不良反应就是会让有些人忽视药物治疗的重要性。对于一些已经被诊断为精神类疾病的求助者，比如：对于各种抑郁症而言，新型抗抑郁药物往往能取得令人满意的效果。而如果仅仅只固执地进行心理咨询来疏导，在一定程度上会耽误病情。

（6）积极行动，认真生活。心理咨询有时的确能够有效地缓解心中的疑虑与压力，但重要的还是自己对疾病治疗的信心和对生活的态度。不要让心理问题成为你生活的中心，在做咨询的过程中积极行动起来，愉快生活是缓解疾病症状最有效的方法之一。

问题5　得了抑郁症是因为矫情、不坚强吗？

很多得了抑郁症的人之所以过得很痛苦，一方面是因为疾病本身带来的痛苦，另一方面是因为不被理解带来的痛苦。可能父母会说这不是病，这是心情不好，是矫情；可能朋友会说这点小事算什么啊，这么大惊小怪。他们都叫你坚强一点，难道你真的是矫情，不够坚强吗？

抑郁症患者其实很坚强。抑郁症患者可能在白天的时候对世界的各种事物都提不起兴趣，对什么都没有感觉，夜晚又极其痛苦。不仅如此，其还要经常被误解为不坚强。抑郁症的病况已经超出了你所控制的范围，让你无法控制脾气、思维等。其实我知道你比我们更渴望拥有生活的美好。你也不愿自己每天这么郁郁寡欢地生活，你也不愿意自己每天通过折磨自己来获得安慰，你也不愿意让亲人担心，你也在坚强地让自己过得更好，你比谁都坚强。

（1）正确认识抑郁症。抑郁症是一种精神疾病。患者表现出来的疾病症状的确很严重，甚至是难以控制的一种情绪体验，身边人大多难以理解。在中国，社会大众对于抑郁症的误解很深，甚至还有许多人根本不了解它，还会有人将抑郁症理解成做作、矫情、无病呻吟，但抑郁症的确是一种病，又叫抑郁障碍，常见症状有心情低落、思维迟缓、意志活动减退、认知功能损害、躯体症状等。它很难自愈，需要医学手段的干预治疗。人们之所以不理解抑郁症患者，这是社会大众对抑郁症的了解不够造成的。人不知而不愠，这时候的你不用太在意其他人的想法，因为他们不能与你共情相通。中国人心理健康的观念比较淡薄，对健康的认识基本上还停留在生理健康的层次，随着社会发展，这种状况应该被逐渐改变，相信接下来会有越来越多人了解抑郁症，你也不再会被认为是矫情，而是会得到更多的理解，能够在外界获得更多帮助。

（2）获取支持。和父母一起探讨关于抑郁症的相关知识，得到他们的理解和支持，这点非常重要。抑郁症不是所谓的矫情与不坚强，而是一种心理障碍，是一种典型的精神类疾病。你要和父母探讨抑郁症的相关知识，让自己和父母都能正确认识这个疾病。父母的关爱是疾病康复非常重要的一种社会支持。

（3）敞开心扉。向你爱的和爱你的人敞开心扉，搭建支持系统能够有效地帮助你对抗抑郁。不要将抑郁症状默默藏起，独自承受，抑郁并不是一种难以启齿的事情，你不用因为怕给别人带来负担而只依靠自己。虽然中国人从小被教育：自己的事自己做，自己的问题自己解决。但抑郁症需要强有力的社会支持。爱人、亲人的陪伴可以有效抑制抑郁带来的强烈的孤独感和空虚感，他们的爱与温暖会给你强有力的心理支持。

（4）包容自己。抑郁的人被称为最善良的人，因为他们往往独自承担抑郁的巨大痛苦，并将这一切归责于自己，但我想告诉你，抑郁并不是你的错，它可能发生在每一个人身上。人的基因、体内的激素失调、成长过程、生活环境都有可能导致它的发生，这不是你的错。

（5）偶尔脆弱也可以。不要故作坚强，允许自己有情绪低落的时候，也允许自己哭泣。这没什么，更不丢人。不要故作坚强，这样不利于你情绪宣泄，也不利于你疾病的康复。允许自己偶尔脆弱，给自己多一点包容与爱，相信自己一定可以走出抑郁，拥抱多彩生活。

问题6　心理疾病是不是不能治愈？很害怕，怎么办？

当医生告诉你，你有心理疾病，而且是精神类疾病，此时你是不是很崩溃，是不是很担心？是的，面对这样的诊断结果，每个人都会担心：担心自己不能治愈；担心自己要终身服药；担心自己无法正常学习生活；担心以后的就业发展；担心自己的家庭等。这时候，你该怎么办呢？别紧张，老师来帮你消除担心。

（1）接受现实，接纳自己。被诊断为心理疾病初期，你肯定会有些难以接受，甚至会后悔自责，也可能会有抱怨及仇恨。有的人认为自己不够好，向内攻击；有的人认为是某个人伤害了自己，向外攻击。这个时候不管你有何种情绪，你都要学会接纳现实。允许自己有几天的负面情绪和担心，也允许自己有几天抱怨，更允许自己有几天"摆烂"，这是很正常的心理表现，骤然确诊，大家都会有所担心，但是一段时间后你的心理会慢慢接受心理疾病的现实，并会采取一定的方法来应对。

（2）正确认识，消除误区。心理疾病与生理疾病相同，都是可以治愈的，只是心理疾病常常给患者带来更多情绪、心理上的折磨，甚至也影响生理方面的健康，打击治疗的信心。另外，心理疾病的治疗需要较长时间，甚至中间可能会反复，这需要你有耐心。人们对于心理问题或疾病的恐惧和排斥很多是出于对疾病的不了解，因此我们应该正确认识心理疾病，心理疾病和生理疾病一样，是每个人都有可能发生的，并没有羞耻之处，并且心理疾病在得到有效治疗后，是可以缓解乃至康复的。

（3）遵从医嘱，规范用药。在医生的指导下，规范用药，坚持服药，这是很重要的一点。假如被医生确诊为精神病性心理疾病，并被告知要服药治疗时，一定要遵从医嘱：药量、禁忌、种类等切勿擅自更改，也不能因为病情好转或感觉药效慢就擅自停药减药。因为，抑郁症的形成本身就是一个长期的过程，而且抑郁症治疗之后很容易复发，即便症状缓解，还是需要用药维持一段时间，所以一定要在医生的指导下规范用药。

（4）咨询辅助，事半功倍。在配合用药的同时，辅助心理咨询可以改变患者对心理疾病无法治愈的错误看法，使之对治疗更有信心，配合用药能得到事半功倍的治疗效果。

（5）调整心态，积极生活。对于心理疾病的恐惧，外界的辅助还远远不够，更需要主观上调整自己的心态，对治愈抱有信心。信心的来源就是积极生活，所以不要消极避世，请勇敢地走出去，培养健康的生活习惯，坚持运动，在阳光下，尽情挥洒你的璀璨青春吧。

问题 7　听说精神类的药物千万不能吃，是真的吗？

日常生活中有很大一部分人确诊了精神病性心理疾病，医生给开了精神类药物，但是担心这些药会对身体产生很大的伤害，甚至上瘾、发胖、伤及内脏等。再加上父母及身边的人也说这种药不良反应很大，千万不能吃。那么，能吃吗？要吃吗？

（1）正确认识精神类药物，消除认知误区。精神类的药物在医生指导下服用是安全的，对人体的伤害比较小。当然，很多精神类的药物有比较明显的不良反应，比如引起头昏、恶心、腹泻、口干、手抖、心慌、变胖等症状。患者在服用药物之后会产生疲劳感、无力感、嗜睡等不良反应。但是大部分的反应都会在服药一段时间之后得到改善或者消失。一般认为精神类的药物需要持续服用，服用持续时间为1~3年，严重的需要终生服药。即使终生服药，也不用太过担心，高血压、糖尿病等疾病都是终生服药，这些患者的学习、生活照样能正常进行。

（2）遵从医嘱，规范用药。这也是最重要的一点，假如被医生确诊为精神病性心理疾病，一定要遵医嘱，药量、禁忌、种类等切勿擅自更改，也不能因为病情好转或感觉药效慢就擅自停药、减药，减药也一定要按照医嘱进行，用逐渐减少的方式进行。抑郁症的形成本身就是一个长期的过程，而且抑郁症很容易复发，即便症状缓解，还是需要用药维持一段时间，所以一定要在医生的指导下规范用药。

（3）记住药物治疗的利大于弊。药物的作用是治疗疾病，而不是为了损害身体。药物治疗是针对很多心理疾病有效又常用的治疗方法，药物的确有一定的不良反应，每个人的表现程度可能都不同，但是可以和医生沟通，及时去解决或缓解不良反应。这些不良反应或许会影响人的生活，但药物的主要作用肯定还是治疗你的疾病，而不是损伤你的身体，切勿"因小失大"。和产生的不良反应比起来，药物的正性作用更大。

（4）如果疾病症状比较明显，住院规范治疗。住院治疗可以有更多治疗方式和方法，也便于医生随时关注你的疾病变化，并进行治疗方案调整。住院治疗还会让你拥有一个相对安宁的环境，有利于你的疾病更快更好康复。

（5）调整心态，积极应对。在药物治疗的同时，更重要的是患者调整自己的心态，积极面对生活。药物治疗是重要的一环，但是仅仅靠药物是远远不够的，更重要的是你面对生活的态度。积极的心态有助于增强抗病的信心，由内而外战胜心理疾病。

（6）及时沟通，合力解决。精神类药物有很强的适应证，服药过程中要及时与医生沟通情况，以便医生及时调整药物。药物的不良反应在一段时间后都可以改善或者消除，因此发现不良反应后，不要害怕，要及时和自己的主治医生沟通，共同寻找解决的办法。

所有打不败你的，都将使你更加强大！正视问题，积极应对，一路上的考验阻拦不了你邂逅属于你的花开不败。

问题 8　网上看病，总是忍不住"对号入座"，怎么办?

在咨询过程中，不少同学一坐下就说：老师，我得了抑郁症，你要帮我。当我问，你是如何得知的时候，同学说网络上查的。确实，很多人有心理症状后，都会去网络上查询相关信息。结果是越查，越觉得症状严重，还不断被网络文章所提及的症状暗示。面对这样的情况，同学们怎么办呢?

（1）认真学习心理健康知识，接受心理知识科普。评估是否有心理问题是要通过专业人员综合判断，它是一个复杂的过程，不能简单通过某些信息就认定自己有心理问题。心理健康是人在成长和发展过程中，认知合理、情绪稳定、行为适当、人际和谐、适应变化的一种完好状态，是健康的重要组成部分。拥有对心理健康及心理疾病的正确认识，患有心理疾病后有良好的社会支持、有温暖的家庭氛围、有互相理解的同伴群体是患者康复的重要因素。

（2）不轻信网络信息，不盲目对号入座。网络上经常有很多所谓的"心理测试"和"疾病标准"，同学们往往有其中一两个症状就觉得自己可能有心理问题，这其实是不理智的，那些大多只是带有娱乐性质的心理小测试或者叫小游戏。心理疾病需要专业人员进行综合评估。网络上的很多所谓的专家或者信息会夸大症状，误导大家，最关键的是会形成强烈的心理暗示，你会误以为真的有这种心理疾病，当你带着这种暗示去生活的时候，你原有的情绪就会放大，于是你的症状会表现得更加严重。另外，网络中很多关于疾病的解释带有广告意味，一定要注意甄别，以免被误导。

（3）及时咨询，科学诊断。发现自己心理状态失衡，且自己通过一段时间的努力无法改善后，建议同学先预约学校心理中心的老师做咨询，让老师帮助你评估问题的严重程度，老师也会根据你的情况做下一步的引导，比如：继续咨询、到精神卫生机构就诊等。当然，也可以直接到医院的精神卫生科去做评估诊断。总之，一定要到正规的机构寻求正规的评估诊断，千万不要盲目相信网络上的信息。

（4）拒绝情绪无端放大，积极消除心理暗示。多从积极正面的角度来看待问题，努力调整心态和情绪，不要将情绪无端放大，给自己压力。有时对自身的心理状态过分地关注，会带来更强烈的消极暗示。这些暗示会让你无端地放大自己的情绪，吹毛求疵地寻找自己的异常，甚至过度怀疑自己的心理出现了问题，在这种情况下，除了接受心理老师的引导，自己同样要做出努力，积极调整心态。

亲爱的同学们，下次遇到问题可别再上网"病急乱投医"，根据模棱两可的描述对号入座了喔。察觉问题后，及时咨询、科学评估诊断才是我们面对心理问题的应时之举，这能帮助我们早预防、早发现、早治疗，最大程度降低心理问题带来的负面影响，拥抱健康生活。

问题9　心理咨询是不是根本没用，只会讲那些大道理？

不少同学认为学校心理中心老师的咨询就是普通老师说教的过程，并不能设身处地地理解他们的困扰和疑惑，反而可能还会泄密。再说了，那些大道理谁都懂，没有必要去心理咨询。因此，很多同学不愿意主动求助。难道真的是这样吗？

心理咨询虽不是万能的，但是专业的心理咨询老师可以很好地倾听和共情你的感受，并帮助你分析问题的成因，引导你通过一定的方式走出心理困境。另外，心理咨询老师本身的阅历及人生经验也会帮助你更好理解和接纳自身的问题。当然，有些时候心理咨询没办法帮助你解决实际困难，"谋事在人"，心理困惑的解决也需要依靠你自身努力，心理咨询只能起协助作用。以下几点有助于你了解心理咨询。

（1）心理咨询可以帮助你认识内部冲突，纠正错误观念。有一句话是这样说的："你看到的世界其实就是你内心世界的映射。"其实说的就是：你对待世界和你与生活的矛盾实际上源于内心的矛盾。心理咨询可以让我们清晰地认识到内部的冲突，从而改善我们与生活的矛盾冲突。心理咨询可以促进我们对自己错误的认知观念进行认真思考，摆脱纯感性思维，代之以更准确的理性观念，认知观念的改变是心理康复的关键。

（2）心理咨询可以教会你如何面对现实，帮助你做出新的有效行动。咨询者常常由于现今的种种不如意或压力焦虑等其他问题，表现出对过去的经历不断追忆，或者逃避现实。心理咨询可以协助你直面和正视问题，提出改善问题的建议，帮助你做出有效的行动。

（3）心理咨询可以帮助你重新建立人际关系。咨询过程本身就是一个建立良好人际关系的过程，心理咨询可以让你体会到被关心、温暖、理解和支持，这样的关系可以引导你在日常生活中适应人际关系，体会社会支持体系带来的温暖。

（4）心理咨询是否有效取决于很多因素。如：你对心理咨询师的信任度、你对心理咨询的认可度、你在咨询过程中的参与度、你做出改变的行动力以及心理咨询师的技术和水平。另外，"冰冻三尺非一日之寒"，基于心理问题的复杂程度，心理咨询的效果呈现也需要一定的时间。常规来说，心理咨询一般每周一次，每次 45 分钟到 1 个小时。一两次咨询或许短期内收效甚微，多次持续咨询方能得到显著改善。

（5）心理咨询只是协助你解决问题。心理咨询能否有效的关键是你是否能够行动起来，如果你没有行动意愿，没有自我改变的想法，心理咨询并不能产生效果。同样的道理，如果你还是认为心理咨询只是讲讲道理，根本没什么用，那么你即使选择去心理咨询，也难以产生效果。因此，老师要说的是，心理咨询是一个专业的助人过程，它有自己的一套理论和方法，它能够有效帮助那些信任咨询专业的人。

问题 10　心理问题就是心情不好，不需要专业帮助吗？

是不是有不少同学都觉得心理问题就是单纯的心情不好，完全可以靠自己来调整，好好睡一觉，去外面玩一玩，吃吃东西，心情自然而然就好了，没必要寻求专业帮助。难道真的是这样吗？

（1）具体问题具体分析。这里要分两种情况来说。很多时候我们都会因为经历一些挫折而出现一些情绪困扰，这很正常。如果它没有对你的身心造成较大的影响，时间也不长，你自己也能调整，这完全可以认为不是心理问题。而如果你的情绪困扰是因为经受较为强烈的刺激导致的，不仅是心情不好，还出现了一系列异常的生理、心理、行为症状，且持续时间长，你自己也无法摆脱，这时候你可能遇到心理问题了，你需要及时去寻求专业帮助。

（2）自知者明，出现心理困扰的时候需要先进行自我评估。如果导致你目前症状的原因还不那么强烈，并且维持时间不久，小于两个月，仅仅是精力不足，效率低下，那么你可以尝试自己调整。如果你面临的困难较大，你的不良情绪已经严重影响到学习、生活，问题也不断泛化，时间长达两个月以上，自己无法摆脱，那么这代表它已经不仅仅是简单的心情不好，而是需要得到专业帮助的心理问题了。

（3）尝试自己解决。当你遇到心理困惑时，你可以试着自己去解决，比如：

通过运动、倾诉、阅读、放松或者其他方法去改善情绪。如果你的问题能够得到有效缓解，那非常赞，这也是自我调节能力的一种体现，老师非常支持。

（4）积极寻求有效帮助。"没有人是一座孤岛"，出现心理问题不要自己躲起来黯然神伤，生生硬扛。你并不只是一个人，你要学会积极寻求社会支持体系。比如：你可以选择与父母交流，得到他们的支持，父母的支持对我们心理康复是最有力的；你可以选择你信赖的朋友协助你走出困境；你可以寻求学校学生朋辈心理辅导员的帮助；你可以寻求学校心理中心专业老师的帮助；你还可以在父母的帮助下寻求专业心理咨询机构的帮助。当然，如果你的情况已经到了难以自控或者躯体症状不断呈现且持续时间达到半年之久，那么要寻求的就不只是心理咨询这样的帮助，而应该尽快前往正规的精神专科进行诊断治疗。必要情况下，物理治疗与药物治疗也极为重要。

（5）在寻求专业帮助的同时，自己要行动起来。咨询或者治疗期间，你需要和周边的人保持正常沟通，不要将自己封闭起来，保持与同学、朋友的联系与交流。专业人士的帮助固然重要，但你仍然不应该脱离正常的生活。积极参与人际交往，积极参与社会活动。除此之外，尽力去做一些力所能及的事，你可以从中找到价值感和成就感，积极的心理暗示有助于心理疾病的治愈，这些都有助于你尽快走出困境，回归正常的学习生活。

问题 11　怕父母担心，有心理问题也不能让父母知道吗？

很多同学明明知道自己可能有心理问题，甚至心理问题还比较严重，就是报喜不报忧，不愿意将病情告知父母，不愿意与父母沟通，怕父母误解和担心。那么，当我们有心理问题时，要不要让父母知道呢？

我可以理解同学们的担心。因为父母对心理问题并不了解，他们可能不能理解你的处境，甚至还会误解。你们也担心父母知道后有心理负担，甚至影响父母的身体健康，因此不敢让父母知晓，既担心父母觉得自己得病了过分操心，又害怕父母的不理解会让自己的处境更加艰难，心理压力增加。我能理解你们的上述想法，但这不一定是好的做法。以下几点建议或许对你有所帮助。

（1）寻求专业的心理咨询师的帮助。建议你先寻求专业心理咨询师帮助你评估问题的严重程度。如果问题较轻，你自己可以妥善处理，你可以选择不告诉父母。但如果问题较为严重，我希望你尽快告知父母。一方面，父母作为你的监护人，他们有权知道你的情况；另一方面，这个时候你特别需要父母的理解和支持，这是你战胜心理问题的最重要的精神支柱。"可怜天下父母心"，先不要考虑会给家里造成这样那样的负担，要明白无论你健康与否，他们都是爱你的，只有你好了，父母才能安心。

（2）消除对心理疾病的病耻感。假如你发烧感冒或者受伤，就算不会主动告诉父母，但也不会选择刻意隐瞒，所以归根到底是自己内心中对心理疾病存在着因为外界对其"污名化"而产生的病耻感，觉得这是一个见不得人的疾病，所以不希望父母知晓。因此，你自己首先要通过学校宣传或其他科学途径来正确地了解心理问题，它就像一场心灵感冒，可能发生在每个人的身上，和生理疾病一样正常，所以，不要也没有必要觉得自己是羞耻的。

（3）获得家人支持。家人的支持很重要。你要与父母一起了解心理健康知识，消除误解，得到他们的理解和帮助。在实际案例中，很多人对心理问题的恐惧会导致对自己的治疗效果产生非常消极的影响——自己都不相信自己能够恢复，因而会给自己带来很大的心理压力，形成恶性循环。而如果你对心理问题足够了解，就知道心理问题是可以治愈的。要保持好心态，你的心态好了，父母也会更有信心，父母担心少了，你的负担也小了，由此形成正性循环。

（4）若家人实在无法理解，不要让其成为你的负担。父母可能因为知识欠缺或外界的影响等，一时半会无法理解你的处境，但是请不要让这件事成为你的新负担，如果暂时无法得到父母的支持，也要积极向上，对自己的生活有希望。

（5）记住无论你多大，你永远是父母的孩子。平常和父母争执都是小事，当面对心理问题的时候，你孤立无援、无力抵挡之际，请相信家是你返航的避风港。向父母敞开心扉，和父母站在一起，共同认识并应对心理问题，能极大程度上给你强有力的心理支持，增强你战胜病情的动力。

问题12　有心理问题不敢让学校老师、同学知道，害怕被区别对待，该怎么办？

你在知道自己有心理问题后，每天戴着面具生活，甚至伪装成没事人的样子。你不敢让身边的同学知道，更不愿告知老师。担心自己会被异样看待，甚至担心学校会让休学或者退学。你很害怕，很担心，该怎么做呢？

首先，我非常理解同学们的这个想法。的确在心理健康知识还没有得到科学且广泛普及的情况下，很多人对心理问题会有很多误解，大学生们对心理疾病患者存有自动化的负面评价和情感反应。大家普遍担心自己的心理问题被周围的朋友、同学、家人、老师，甚至陌生人所知晓，害怕会引起别人的偏见、怜悯和嘲弄，沦为大家茶余饭后的谈资。担心身边的同学们知道自己有心理问题后，不敢接近自己，不愿意与自己交往；更担心自己有心理问题被学校老师知道后，会被区别对待。我希望同学们能更加正确理智地去认识这件事。

（1）不要回避心理问题，接纳比伪装更有益。我们大学生多是集体生活，私密生活十分有限，几乎时时刻刻都处于可能被关注的环境中。如果你隐藏真实的自己，掩盖病情，比如否认病情，假装康复，减少人际交往，尽量让自己不起眼、不冒头，这样反而会让自己积压越来越多的不良情绪，增加情绪内耗。相反，告诉身边的人自己内心真实的想法，让身边的人有帮助你的机会，同时你也会在倾诉的过程中减轻心中的压力。此外，伪装和隐藏自己本身就会使自己生活在战战兢兢、如履薄冰的高压中，值此之际更应该相信身边的人能够支持和理解你，甚至给你提供必要的帮助。

（2）告知老师。如果你有心理问题，告诉老师是明智的选择。第一，不用担心告诉老师后会被休学、退学，没有哪个文件有这样的规定。老师会根据你的实际情况与你商量处理办法。第二，老师知道你有心理问题后会更加关心和照顾你，你也可以与老师建立信任关系，获得心理支持。第三，要相信学校的心理健康教育队伍，他们能够用专业心理知识来帮助你更好地战胜心理问题。即使学校老师帮不了你，他们也会给你相关的建议。也请相信专业的咨询是有严格的保密制度的，不用担心咨询或治疗过程中自己的隐私信息被泄露，这是心理咨询师的基本职业素养。

（3）接纳自己。我们常说心理问题康复从接纳自己有问题开始，接纳自己有问题并愿意告知身边人，寻求身边人帮助，你已经好了三分之一，如果你还能寻求专业帮助，那你已经好了一半。这样的话不无道理，接纳后你的生活放松了，压力小了，希望也就来了。

问题 13　去心理中心的同学都是有心理疾病的人吗？

很多同学都有一种误解，认为去心理中心找心理老师咨询的人一定是有心理疾病，甚至是有严重的精神疾病的人。于是，当你有些成长发展困惑的时候，你不敢去心理中心找老师，担心自己被误认为有心理疾病。遇到这样的困惑该怎么办呢？

（1）了解心理中心的职能。学校心理中心比你想象的更"硬核"。其实，心理中心的功能不仅是帮助有心理问题的同学解除心理困扰，更多的是提供诸如人际关系协调、学业发展、就业考研、恋爱指导、生活适应、家庭关系协调等发展性的咨询服务工作。另外，心理中心还承担同学们的心理健康教育、心理健康知识普及和心理健康活动的开展工作，主要是帮助同学们提升心理健康素养，让同学们能更好地应对困难和挫折。因此，不要误解了心理中心的职能，更不要有被误会的顾虑，当你需要帮助时，不用犹豫，大大方方及时前往心理中心求助。

（2）了解心理中心的主要工作内容和组织性质。课余之时，同学们可以找机会来了解心理中心的工作。你可以通过与心理中心老师、朋辈心理咨询员、班级心理委员、宿舍心理咨询员等相关人员的交流，来了解心理中心的主要工作内容，消除对心理中心的误解偏见，树立对心理中心的正确认识。同时，心理中心是一个减压天地。不管你是否需要专业的心理帮助，你都可以来到心理中心，这里会有温暖的氛围，有认真的倾听者，有发泄情绪的场所和空间。你完全可以来心理中心体验自助性的心理健康服务，抑或是心情不好的时候来这里静静地待一会，看看心理学的相关书籍，滋养一下自己的心灵。在这里充充心理能量，然后又是元气满满的一天。心理中心还是一个由学生朋辈及专业的心理老师共同组成的组织。朋辈们可以和你像朋友一样聊天，为你排忧解难，给你提供陪伴和心理支持；老师们可以提供更为专业的成长发展咨询及心理困扰咨询。总而言之，这是一个非常温暖有爱的大家庭，期待各位同学的到来。

（3）亲自去心理中心走走，或许可以消除你的疑虑。对一件事的误解往往源自对它的不了解，如果你对心理中心有排斥和疑惑，不妨亲自来心理中心参观参观，感受一下心理中心的氛围。或者约上你的朋友同学，一起来心理中心，这里有音乐治疗室、沙盘室、宣泄室可以供同学们体验，还有很多心理相关的书籍可供阅读。你不仅可以切身了解心理中心，还可以度过一段放松愉快的时光。

（4）参与心理中心举办的活动。学校的心理中心经常会举办各种提升大家心理健康素养的活动，同学们可以通过参加活动来更好地了解心理中心的工作，消除先入为主的误解和偏见。

百闻不如一见，心动不如行动吧！我们在心理中心欢迎同学们的到来！

问题 14　我就是身体不舒服，难道心理也有问题吗?

同学们应该都有这样的经验，当我们情绪不好的时候，身体也会有相应的症状表现，比如失眠、头晕、心慌、胸闷、消化不良等。这时候很多同学会误以为是身体出了问题，还会去医院看。结果检查都是正常的，这是为什么呢？显然这是情绪问题导致的躯体症状。由此可见，心理健康和身体健康是密切相关的，身心互相影响。中医学上的情志病，说的就是这个道理。

（1）清楚心理健康会影响身体健康。身心互动，身心共轭。健康包括心理健康与身体健康，两者互相影响，相辅相成，联系紧密，以复杂的方式存在于人体。当我们的心理因为一些外界因素受到损害时，我们的身体常常也会出现一些不适，躯体出现相应症状，这被称为"躯体化"。随着社会发展，我国医疗水平也得到了进一步的提高，生物医学模式的进步，许多疾病已被现代医学所攻克。然而，社会快速发展的同时，快节奏的生活、日益恶化的气候环境、不断攀升的生存成本、长期的学习就业压力导致疾病的种类不断增加，特别是与心理、社会因素有关的疾病日新月异，层出不穷。情绪问题会通过躯体症状表现出来，很多心理疾病会导致严重的生理症状，所以一定要重视心理健康问题给身体健康带来的影响，也要学会判断自己的躯体症状是生理疾病导致的还是心理疾病导致的，这样你才能知道如何应对，对症下药，方能药到病除。

（2）科学学习，正确识别心理问题导致的躯体症状。一般情况下，心理问题会导致如下一些症状：睡眠障碍，表现为入睡困难（1 小时以上）、早醒、醒后睡不着；消化功能异常，经常没有胃口或者暴饮暴食，经常感觉自己的胃或者肚子不舒服，检查无异常；经常觉得自己头晕、心慌、心悸、胸闷气短、呼吸困难、头部不适，甚至感觉自己有心脏病或者脑肿瘤；全身尤其是两腿乏力、颈腰椎无名痛、个别内脏功能轻度或者中度障碍；女性还会表现为月经紊乱、内分泌失调等，男性会有性功能异常等。如果有以上这些躯体症状，到医院检查也没有异常的话，一定要重视是否出现了心理问题。

（3）识别过后，如果你有比较明显的躯体症状，应该怎么做呢？第一，到医院进行一次详细的体检，如果检查并无异常，或者只是一点根本不足以支撑你现在的躯体症状的小问题，那么一定要考虑是否是心理问题；第二，通过调节情绪和调整心态来观察躯体症状的变化，如果变化明显，进一步说明这是心理问题导致的，那么就应该积极配合心理咨询或者心理治疗，而不是反复纠结于生理健康。

（4）找对方向、调整心态很重要。对于这类患者来说，有很多难以解释的躯体症状，一方面医生的检查结果没有问题，另一方面，躯体症状确实存在，有些甚至表现非常明显，医生难以对症下药，患者得不到治疗而更加担心和纠结，形成恶性循环：患者四处求医，各科室轮着看，不仅得不到很好的治疗的同时，还导致医疗资源的大量浪费。这时候你就该转变观念，要相信自己的躯体症状是心理因素所致，不会导致躯体健康恶化，更不会有生命危险，积极调整心态才是治愈的关键。

第二节 关于心理咨询

心理咨询是什么？需要寻求心理帮助吗？怎么进行心理咨询？心理咨询有用吗？现代社会，信息的娱乐化与舆论性为心理咨询蒙上了一层神秘的面纱，很多大学生受此影响，对心理咨询的相关知识知之甚少，甚至对其避而远之。其实，了解心理咨询、接受心理咨询并不是一件羞耻的事情，当我们的灵魂持续发出警报，就应主动寻求专业人士的帮助，解决自身困惑，以维持身心平衡，提升幸福感。这不是一场人际交流的博弈，也不是交换秘密的游戏，而是提出问题、解决问题的过程。如果你也正对心理咨询有所疑问，不妨贴近它，用知识攻破自己的认知关卡，走近心理咨询。

问题1 心理咨询真的有效吗？是不是只是聊聊天、讲讲大道理？

有不少同学对心理咨询不是很了解，甚至产生很多误解，认为心理咨询仅仅就是聊聊天、讲讲大道理、提提建议。因此觉得心理咨询并不能产生效果，也根本帮不了自己，然而事实真的是这样吗？

(1)先来了解下什么是心理咨询。心理咨询(counseling)是指：心理咨询师运用心理学的原理和方法，帮助求助者发现自身的问题和根源，从而挖掘求助者本身潜在的能力，来改变原有的认知结构和行为模式，以提高对生活的适应性和融入周围环境的能力。心理咨询是心理咨询师协助求助者解决心理问题的过程。需要解决问题并前来寻求帮助者称为来访者，提供帮助的咨询专家称为咨询者。来访者就自身存在的心理不适或心理障碍，通过语言文字等交流媒介，向咨询者进行述说、询问与商讨，并在咨询者的支持和帮助下，通过共同的商讨找出引起心理问题的原因，分析问题的症结，进而寻求摆脱困境、解决问题的条件和对策，以便提高对环境的适应能力、恢复心理平衡、增进身心健康。

(2)心理咨询不是简单地提供建议、解决问题，也不是一味地给你灌鸡汤，将固执的思维掰正，而是双方建立良好的沟通关系后，心理咨询师通过专业的心理咨询技术让你的情绪得到宣泄、支持和理解，是彼此心与心的对话过程。心理咨询是一门专门的技术，并不是简单的聊天、给建议。

（3）心理咨询真的有效果吗？心理咨询是一段持续建立关系的过程，或短期，或长期，有的咨询只需要一两次便可达到效果，而有的需要长期介入，咨询效果是由双方共同促成的。我们必须清楚地认识到：心理问题并不是一两天就能形成的，自然无法在短时间内解决。欲速则不达，凡事都存在一个过程。心理咨询的最终目的是促进个体心灵的成长和人格的完善，这是一个极其缓慢的过程，不可能一蹴而就。心理咨询本质上是一个自愈的过程，要产生效果也离不开来访者本人的心理咨询意愿和努力。如果来访者不信任心理咨询的有效性、不愿意与心理咨询师建立联系、不愿意在咨询中付出行动，是很难达到咨询效果的。心理咨询以语言沟通为基础，这种沟通建立在来访者对心理咨询师的信任和自愿的基础上。如果来访者不是主动性求助，而是被迫参与，不愿意披露真实的自我，咨询效果会受到影响。

（4）心理咨询产生效果的前提条件：一是来访者正确认识心理咨询的作用，并且信任心理咨询师，能够与心理咨询师建立良好的咨询关系，能够充分表达和反思自己经历，与心理咨询师坦诚交流。二是来访者要有自助意识，要认识到心理咨询师只是协助来访者解决困扰，关键因素还在于来访者，如果来访者没有改变的意愿和实际行动，心理咨询也很难产生效果。

问题 2　心理咨询是怎么帮到我的？如何产生效果？

有些同学可能有这样的体验，做了一次心理咨询，发现并没有效果，有时候甚至感觉更严重了。这是为什么呢？心理咨询到底是怎样帮助别人的？如何产生效果？

（1）心理咨询要产生效果有几个前提条件：一是来访者本人要有心理咨询的意愿，相信心理咨询是有效的并且信任心理咨询师，愿意做出改变。心理咨询是以语言沟通为基础，这种沟通是建立在来访者对心理咨询师的信任和自愿的基础上。若来访者没有沟通的愿望，只是被亲朋好友带领至此，是不会自愿地谈及真实自我的，咨询效果就会受到影响。二是来访者要相信心理咨询是有效的，并且信任心理咨询师，能够与心理咨询师建立良好的咨询关系，能够充分表达和反思自己的经历，与心理咨询师坦诚交流。三是来访者要有自助意识，要认识到心理咨询师只是协助来访者解决困扰，关键因素还在于来访者，如果来访者没有改变的意愿和实际行动，心理咨询是很难产生效果的。因此，如果你选择心理咨询，就要信任心理咨询师的能力，积极主动配合，并完成心理咨询师布置的家庭作业，这样才会产生良好的咨询效果。

（2）心理咨询是一个良好的对话过程，心理咨询师与来访者通过交流建立良好的咨询关系。心理咨询师会运用一定的沟通技巧与共情能力，去贴近你的心灵，去聆听你的思维与想法，去理解你的行为举止；心理咨询师可以帮助你更好地了解自己、更好地适应环境、更好地运行思维与控制情绪、学会合理地换位思考、适当宣泄情绪、纠正不合理的行为。此外，很多心理问题往往不是短期形成的，其中还可能牵扯到原生家庭、童年经历，或者其他多种因素，复杂难解，这种情况下要让咨询产生效果，需要你有耐心。因此，你可以让自己慢下来，先不要着急追求咨询的效果，很多长期的疗程跨度以年为计，欲速则不达。比如出现性心理障碍的来访者，我们往往需要追根溯源，多方面挖掘来访者出现障碍的原因，或原生家庭，或成长环境，或情感变故，抓住来访者的心结，并给予心理支持与方案，逐步改善来访者的行为模式。很多心理障碍的来访者由于问题的复杂性、严重性，需要一段长期而持续的心理疗愈过程。短短几次咨询不足以彻底解决问题，有的咨询对象在疗愈过程中还需要身边亲友的参与、支持。心理咨询师不是神，很多时候需要双方共同维持好咨询关系，才能达成良好的咨询效果。

（3）一般来说，做完多次咨询后，可以不同程度地达到以下目标：症状缓解、更好地认识自己、找到问题原因、开始行动、逐步改善。这个时候你一定要对自己有信心，并按照心理咨询师的建议行动起来，即使中途症状会有些反复，也不用担心，这是正常现象，只要你坚持并信任心理咨询师，慢慢地就会产生良好的咨询效果。

问题3 心理咨询的流程是怎么样的?

有些同学希望获得心理咨询帮助，也愿意找心理咨询师咨询。但是，很多同学仍然对心理咨询的预约流程、服务流程等存在一定的盲区，心理咨询要提前预约吗？预约的时候要注意什么？如何预约学校的心理咨询服务？这里给大家简单介绍一下。

（1）心理咨询需要提前预约。一是通过预约确认自己的咨询意愿，并对即将要到来的心理咨询面谈做足心理准备；二是通过预约，明确双方的咨询时间、地点及咨询形式，这样才能较好地保障咨询双方的权利、义务及责任；三是因为现在心理咨询师的数量还比较少，能够提供咨询服务的时间也不够充分，寻求帮助的人越来越多，心理咨询变成了一种稀缺资源。

（2）心理咨询的主要流程：第一，初诊接待。心理咨询师会与你建立良好的咨访关系，通过观察、谈话、测试等方式收集资料，对你形成初步印象。第二，初步评估。心理咨询师会通过收集的资料、心理测试结果、症状表现等对你进行初步评估，判断你的问题是否是心理咨询的范畴，如果是，则会进入咨询环节，如果不是，心理咨询师将会根据来访者的意愿进行转介。第三，进行咨询方案商讨。如果确定你的问题属于心理咨询范畴，心理咨询师就会和你一起商定接下来的咨询方案。第四，心理咨询师会根据商定的咨询方案进行深入心理咨询。这其中可能会根据实际情况进行咨询方案调整。第五，结束咨询。结束咨询也有一定的要求，这个环节也非常重要。

（3）一般情况下，心理咨询一次持续 45～50 分钟，一周一次，亦可以一周几次。短程的咨询一般会持续 1～10 次，长程的咨询时间会更长，跨度以月、年计。具体时间需要根据实际情况进行调整处理。

（4）学校心理中心的心理咨询服务预约的方式一般包括线下预约、网络预约、电话预约、公众号小程序预约等形式，也可以通过学生朋辈心理咨询员、辅导员来预约。预约前建议同学们先通过一定的方式了解每个咨询老师的专长，并根据你的情况寻找比较匹配的心理老师。当然，如果你的问题不严重，只是需要倾诉或者陪伴，也可以预约学校心理中心的专业学生朋辈。另外，需要特别说明的是，在学校心理中心进行心理咨询也是需要提前预约的，每位老师有固定的值班时间。总而言之，提前预约帮助你拥有明确的咨询计划，不至于出现临时预约不到影响情绪的情况。

（5）如果需要取消预约，一般要提前一天或几天告知负责预约的工作人员或心理咨询师本人，以便心理咨询师调整咨询安排。这是预约者应该具备的一种意识。

问题 4　如何判断自己是否需要心理咨询帮助？

有很多人都对心理咨询有误解，认为心理问题就是想不通，自己调整下，过几天就好了，或者自己找朋友聊聊天就好了，没必要寻求心理咨询帮助。那么，什么样的情况是需要找专业的心理咨询师帮助的呢？

（1）学会基本的自我评估。当你出现一些心理问题时，你可以先自我评估一下问题的严重程度。第一种情况：如果导致你目前症状的原因不那么强烈，你现在的处境还可以，你的症状还不到 2 个月，你还能正常地学习生活，只是效率有所下降，你的症状没有泛化，还是停留在当初的事件上，那么你可以先求助自己，这种情况你自己一般是可以搞定的。第二种情况：如果导致你目前症状的原因很强烈，遇到了重大的生活挫折，你现在的处境面临一定的困难，你的症状持续时间已有 2 个月以上、半年以下，你的学习、生活受到较大的影响，甚至回避正常的社会交往，你的症状已经泛化，烦恼的事情不仅是当初的那个事情了，很多相关或者不相关的事情都会引起你的烦恼，你的情绪好像已经无法自己控制，那么你应该寻求专业心理咨询师的帮助。第三种情况：一类是神经症性质的。你的症状已经比较严重，时间长达半年以上，症状极大地影响了你的正常学习生活，你甚至无法完成基本的学习生活任务。这些症状或者行为你自己可以意识到，也可以表述清楚，甚至经常寻求帮助，到处诉说自己困扰，而且你自己明明知道不要这样，但是你就是控制不了自己这样做，你还出现了不少躯体的症状，如胸闷、头晕、头痛、脖子不舒服、胃不舒服、出汗、两腿无力等。二类是精神病性质的。你出现了幻觉、妄想等症状，自己对自身的问题已很难自知，各种躯体症状不断呈现，这种情况你应该立即到精神专科医院寻求心理医生的评估诊断，并根据诊断情况及时用药或者配合心理咨询。

（2）任何时候都可以寻求心理咨询师的帮助。就像一个身体看上去很健康的人，也最好每年做一次全面的身体检查一样，每一个正常人都可以去找心理咨询师聊聊，每个正常人都可以寻求心理咨询师的帮助。找心理咨询师不仅仅是为了解决自己的心理困扰，更是为了自己的心态更加健康，有更积极的动力去面对当下的学习生活，从而提高自己的学习效率，提升自己的生活质量。在西方发达国家，上到国家元首，下至平民百姓，均把看心理咨询师视为一种正常的精神消费。

（3）是否需要心理咨询还有一个非常重要的前提：如果你自己能够接纳、面对及处理自己的问题，或者自己通过寻求朋友、亲人的帮助，情况能得到缓解，你可以先试着自己努力。如果努力调整后未有明显改善，这时你可以再寻求心理咨询师的帮助。

问题 5 开始心理咨询之前，我需要做哪些准备？

第一次心理咨询，不太清楚它的具体流程，开始做心理咨询之前，我该做哪些准备比较好呢？需不需要提前梳理一遍我的问题，或者做点其他什么准备？或许以下建议会对你有些帮助。

(1)再次确认预约信息。明确咨询时间、地点、心理咨询师、咨询形式等信息。然后给自己安排一段相对稳定、没有人打扰的时间，提早到心理咨询中心等候，提前做好登记工作，并有一定的时间充分了解咨询的相关规定和要求，以及责任、权利、义务等知情同意。提早到还可以先适应咨询环境，缓解自己的紧张和担忧情绪，也可以通过这段时间对心理咨询及心理咨询师有更全面的了解，增加咨询信心。

(2)成功预约后，你可以在充裕的时间里梳理自己的心理困惑：你想让心理咨询师帮助你些什么？你想解决什么样的问题？你的困扰是什么时候发生的？发展经过是怎样的？有没有一些特殊成长经历？有没有一些特殊的生活事件？之前自己做过哪些努力？你可以在脑海里简单地过一遍，无须任务性地形成纸面材料，如果在咨询过程中对照纸面材料讲述，咨询效果会大打折扣。如果实在没有头绪，脑海乱成一团，或者根本没时间思考，也没有关系，顺其自然地走下去。不要让咨询前的准备成为你新的压力与负担。

(3)到达咨询地点后，一般需要填写知情同意书，形成书面性的咨访关系。确定来咨询的时候，希望你是从心底接纳心理咨询，并相信心理咨询的效果。无须过多地关注疗效，你只要按照心理咨询师的提示，尽情地表露，尽情地倾诉，尽情地表达感受，顺其自然，为所当为是最佳方式。除此之外，你不需要带着沉重的包袱与心理咨询师对话，只管将心态放平。心理咨询师都是经过专业学习和训练的，他们都掌握了一定的沟通技巧和咨询技能，会以适合你的方式与你对话、和你建立良好的咨访关系。

(4)充分相信心理咨询师。如果你在咨询前对咨询持怀疑态度或者不相信心理咨询师，那咨询效果是显而易见的。因此在咨询时一定要相信你的心理咨询师，有什么想法或者问题最好直接表达，有时候害羞、遮掩只会影响咨询的效果。心理咨询师会保持价值中立，会对你的咨询内容保密，因此可以放心倾诉。最重要的是，相信心理咨询师的专业能力，如果对心理咨询师的咨询方法和方案不放心的话，还是应该与心理咨询师进一步沟通。半信半疑，不仅是对心理咨询师的否定，也是对自己的不负责任。当然，咨询也有匹配性，甚至说讲求缘分，你可以事先对心理咨询师进行一定的了解，有选择地找到匹配的心理咨询师，这也有助于增加你对心理咨询师的信任度，从而产生良好的咨询效果。

问题6　如何看待网络上的心理测试?

有这么一部分人，心理不舒服的时候，就到网站上随便找些心理测试量表进行测试，测试结果往往提示有问题，然后就很紧张，甚至有些同学被暗示，感觉自己真的有严重的心理问题。那么，我们应该如何正确看待网络上的心理测试结果呢?

(1)了解什么是心理测试。心理测试是目前心理学领域较为先进的一种测试方式。它是指通过一系列手段，将人的某些心理特征数量化，来衡量个体心理因素水平和个体心理差异的一种科学测量方法。然而，在目前的研究领域，心理测验作为研究方法和测量工具，仍需要进一步开发和完善。因此，现行的心理测试随着时间的推移需要及时进行更新和修正。如果出现以下情况，测试结果一般是不准确的，比如：测试者测试目的不明、依据不足；未明效度、信度及常模时限即临床使用；不按程序和操作规程实施；超出心理测试功能，对数据和结果进行随意解释等。

(2)明确心理测试量表的基本内涵和运用方式。实际上，心理测试的结果往往不能直接作为诊断结果，只能作为评估辅助依据，需要配合收集的资料、当前的症状、实际的表现、应对的方式等进行多维度判断。测试结果要有意义还依赖于来访者的高度配合和信任，不隐瞒、不夸大、不乱做，按照规范和要求进行。

(3)网络上的心理测试结果切勿轻易相信。一方面网络上很多心理测试项目带有娱乐性，没有经过权威的信效度检验，也没有经过专业的评估认证，不具有参考意义。另一方面很多网络上的心理测试只是某些"医疗机构"或者"心理咨询机构"的广告引流方式。他们通过这种心理测试来引导你到该机构去进行咨询或者治疗，因而往往会夸大心理测试结果，让你产生担心焦虑的心理。因此，如果非要在网络上进行测试，一定要选择正规有资质的相关网站及经过权威认证过的心理测试量表。

(4)及时寻求专业心理咨询师的帮助。心理测试是评估心理状态的辅助工具之一，作为一项基本指标，可以在一定程度上反映测试者的相关问题，但这并不说明测试结果完全可靠，具体问题评估及诊断还需要心理咨询师在彼此沟通中确定。你可以直接求助学校的心理咨询机构，拨打固定电话或者通过学校线上系统，预约一位擅长心理测试评估的老师，跟老师聊聊最近的状态与烦恼，请他帮助你分析量表、评估心理状态，或者拨打专业的24小时心理热线，向他们进行求助。

最后提醒大家，如果想做心理测试，最好通过专业机构或者专业人员进行，切莫相信网络上的一些来历不明、未经信效度检验的心理测试，更不能相信网络上的非专业解释，以免耽误病情或者被骗。

问题7 感觉心理出了问题，有哪些渠道可以获得心理帮助?

我们做过相关调查，结果表明：现在很多大学生遇到心理困惑首先是去寻求身边同学或者朋友帮助，不太愿意去寻求专业帮助，这可能和同学们对心理咨询存在误解或者不了解心理咨询的相关信息有关，面对此类现象，心理健康知识普及与宣传是关键。如果你感觉心理出了问题，有哪些渠道可以获得心理帮助呢？

(1)求助自己。先停下当下让你烦恼的事情，走出目前让你焦虑、抑郁的环境，静静地体验当下的情绪，不要着急解决问题，因为任何情绪都是生命的重要组成部分。这时候我更愿意你走进大自然，去散步、去运动、去听一首舒缓的歌或是跳一段欢快的舞蹈。如果情绪一直积压着，可以找一个地方宣泄出来，可以去操场跑步，将焦虑化为跑步的动力；可以大哭一场，将坏情绪释放出来；还可以换位思考，将自己作为第三方看待，跳出思维的桎梏。如果实在无从下手，可以阅读一些温暖心灵的书籍或文章，从中寻找心灵的慰藉。

(2)求助身边人。如果你觉得光靠自己无法走出困境，可以向家人及好朋友、宿舍心理信息员、班级心理委员、朋辈心理咨询员、辅导员等身边信任的人寻求帮助，让他们从身边人的角度理解你的情绪和困扰，并适当为你提供一定的心理支持。他们的理解和支持会让你更有动力去面对当下的情绪困扰，也可以帮助你一起寻找解决实际问题的办法。

(3)求助学校专业人士。如果不方便与身边人倾诉，或者倾诉的效果不佳，可以寻求更专业的帮助，每个学校都设有心理咨询中心，那里有专业的老师可以提供帮助。学校心理中心的服务方式也有很多，可以面对面咨询、电话咨询、网络咨询、信箱咨询。你可以根据自己的需要选择合适自己的服务方式。学校咨询不需要费用，也比较安全可靠。

（4）求助社会专业机构。如果你不愿意让学校知道，可以寻求社会上可靠的心理咨询热线的帮助，或者到校外专业的咨询机构求助。现在有很多公益心理咨询热线或者 24 小时心理危机干预热线，很多值得信赖。对于社会机构的心理咨询服务，费用比较高，服务能力参差不齐，大家要选择口碑比较好的机构。

（5）求助心理医生。如果你的问题已经比较严重，出现了很多躯体症状，心理咨询可能也很难产生效果，请务必到精神专科医院去寻求帮助，这是明智的选择。有些心理问题发展到心理疾病，这个时候单靠个人、身边人、心理咨询已经无法有效解决，需要通过专业的精神科医生进行评估诊断，并进行有针对性的药物、器械等治疗。

问题 8　心理咨询有什么特殊的工作原则?

有不少咨询者很想知道：心理咨询师能不能保守秘密？能不能与心理咨询师成为朋友？能不能随时与心理咨询师对话？心理咨询师到底什么可以做，什么不能做呢？心理咨询的特殊工作原则有哪些？

（1）保密性原则。心理咨询师将会对来访者的任何资料、基本信息、测试结果、咨询过程、记录等进行严格保密。当然，保密也有例外。如果来访者同意信息透露；司法机关要求心理咨询师提供保密内容的相关信息；出现针对心理咨询师的伦理或法律诉讼；心理咨询中出现法律规定的保密问题限制，如虐待老人、儿童等；来访者有可能会对自己或他人造成人身伤害时；来访者患有危及生命的传染病等情况出现时是可突破保密原则的。但是，即使这样，心理咨询师也会尽量做到最大限度的保密。

（2）限制性原则。①时间限制原则，心理咨询必须遵守一定的时间限制。咨询时间一般规定为每次 50 分钟左右(初次受理时，咨询可以适当延长)，原则上不能随意延长咨询时间或间隔。②来访者主动求助原则，心理咨询师不可以违背来访者意愿，建议或者强制来访者进行心理咨询。③感情限定原则，咨询者和来访者心理沟通和接近，并建立积极信任关系，但这也是有限度的，来访者的劝诱和要求，即便是好意的，在终止咨询之前也是应该予以拒绝的，接触过密的话，不仅容易使来访者过于了解咨询者内心世界和私生活，阻碍来访者的自我表现，也容易使咨询者该说的一些话变得不方便说，从而失去客观公正的判断能力。④关系限定原则，来访者与心理咨询师的关系仅限于咨询关系，不能超出任何咨询以外的关系，这是对双方的保护，也是咨询效果能否巩固的关键。⑤熟人不做咨询的原则，这是心理咨询比较重视的一个问题，因为熟悉会导致情感的卷入和关系的不清，也会担心隐私问题，限制表达。⑥咨询目标限制原则，心理咨询目标的确定，必须根据心理问题或心理障碍的性质、咨询的复杂程度、心理咨询师个人实际能力来决定，它不是任意的。心理咨询目标只能锁定求助者的心理问题。

（3）理解、支持、保持中立立场的原则。心理咨询师对来访者的语言、行动和情绪等要充分理解，不得以道德的眼光审判对方，保持中立的立场去理解和帮助来访者分析原因并寻找问题及其解决办法。

（4）重大决定延期的原则。心理咨询期间，由于来访者情绪过于不稳和动摇，原则上应规劝其不要轻易做出诸如退学、分手等重大决定。在咨询结束后，来访者的情绪得以安定、心境得以整理之后再做决定，往往不容易后悔或反悔的概率较小。这是对来访者负责任的表现。

（5）来访者自我成长原则。咨询活动是心理咨询师协助来访者解决问题，心理咨询师会充分相信来访者的自我发展能力，协助来访者获得积极心态，树立自信心，并通过个人的努力找到解决问题的办法，最终获得自我成长和发展。

问题 9　心理咨询的分类有哪些?

有些同学一直认为心理咨询就是给有心理疾病的人治病，但其实心理咨询还有很多功能。如果你自己也不清楚自己的咨询方式要选择哪种，是要做长程咨询还是短程咨询? 那么，在了解了以下的分类后，或许你会有答案。

（1）按照咨询性质分类，有发展性心理咨询和健康心理咨询。一类是发展性心理咨询。在个人成长的各个阶段上，都有可能产生心理困惑。为适应新的生存环境、为更好处理人际关系、为更好选择合适的伴侣、为更高效学习、为选择适合的职业、为个人事业的发展、为生活更幸福等，针对以上问题进行的咨询就是发展性咨询。一类是健康心理咨询。当一个精神正常的人，因各种刺激引起的焦虑、紧张、恐惧、抑郁等情绪问题，或者因各种挫折引起的异常行为问题，也就是说，发现自己的心理健康遭到破坏时，这时进行的心理咨询就是健康心理咨询。

（2）按照咨询的规模分类，有个体咨询和团体咨询。个体咨询是心理咨询师与求助者建立一对一的咨询关系。咨询活动与求助者所处的社会、集体及家庭无直接关系。在内容上，它着重帮助求助者解决个人的心理问题。团体咨询是在团体情境中，向求助者们提供心理帮助和指导。它是通过团体内人际交互作用，促进个体在交往中观察、体验、认识自我、探讨自我、接纳自我、调整和改善与他人的交往、学习新的态度与行为模式，致力于促进个人良好发展、适应生活的助人过程。

（3）按照咨询时程分类，有短程咨询、中程咨询和长程咨询。短程咨询是在相对短的时间内（1~3周以内）完成咨询。资料收集和分析集中在心理问题的关键点上，就事论事地解决求助者的一般心理问题。它追求近期疗效，对中、远期疗效不作严格规定。做好这类咨询，要求心理咨询师的思维敏捷、果断，语言准确、明快，有较长期的临床经验。中程咨询是在1~3个月内完成咨询，其中可能涉及严重的心理问题，要求有完整的咨询计划，关注咨询预后，追求中期以上疗效。长期心理咨询是在遇到严重心理问题或者神经症性的心理问题时，所采用的心理咨询方法，一般用时在3个月以上，整体要求很高。

（4）按照咨询形式分类，可将心理咨询分为面对面心理咨询、电话心理咨询、互联网心理咨询等。随着社会发展，互联网心理咨询逐渐兴起，但其他方式仍占有一席之地。不同形式的咨询方式各有优缺点，来访者可以根据自己的实际情况做出选择。

问题10　可以换心理咨询师吗？可以和心理咨询师成为朋友吗？

这个问题确实经常会被问及，如果咨询关系不匹配，咨询难以进行下去，这时是否可以换心理咨询师呢？怎么换？发现心理咨询师很对自己的胃口，想和心理咨询师成为朋友，甚至发展成为恋人，可以吗？

（1）咨询关系匹配很重要，如果不合适可以换心理咨询师。咨询关系匹配是心理咨询师的职业活动，心理咨询应该体现出让双方满意的咨询效果。为更好地体现咨询效果，咨询关系的匹配是非常重要的，良好的咨询关系有利于促进咨询效果。当咨询关系不匹配时，需要对咨询关系做出调整，或者是转介给其他的心理咨询师。并非所有的求助者都适合咨询，也不是适合咨询的求助者都适合于每一位心理咨询师，求助者的某些个人因素可能直接影响咨询效果，心理咨询师与求助者之间也存在互相选择的问题，这些都属于咨询关系匹配的问题。心理咨询师要知道什么样的求助者适合咨询，什么样的求助者、什么样的心理问题适合自己，否则就可能事倍功半或者无效，甚至还可能带来不良反应。一般来说，适宜的求助者应具备以下几个方面的条件：动机正确、人格正常、信任度高、配合度好、匹配性好、智力正常、年龄适宜。在你强烈地觉得这位心理咨询师不适合给你做咨询，或者心理咨询师自己认为不适合给你继续做咨询时，你可以考虑另找一位心理咨询师。但是你应该与心理咨询师直接讨论这个问题，而不是不辞而别。此外，这位心理咨询师有义务给你推荐一位他认为适合你的心理咨询师。至于你是否会去找推荐的心理咨询师，则完全由你自己决定。

（2）不能建立咨询以外的关系。心理咨询师首先是一个自然人、社会人、普通人，跟普通人一样，要工作学习，面对社会环境和现实，拥有普通人的所有情感，跟普通人一样也有很多困惑和烦恼。心理咨询师是一种职业角色，他们感情丰富、细腻，对人的心理的变化观察敏锐，经常能够感受到自己和他人心理上的复杂情绪，而且愿意用学到的心理理论和技术去帮助有心理困扰的人，心理咨询师总是给人温暖。因此，心理咨询师很受人喜欢，那么作为来访者，你能在咨询以外的时间跟心理咨询师联系吗？可以成为朋友吗？答案是最好不要。你和你的心理咨询师是咨询关系，最好只在咨询时间接触，要尽可能避免发展咨询以外的任何关系，如朋友关系等。但是，在经过讨论之后，心理咨询师也可能会根据情况给出他的联系方式，在咨询时间之外，如果你有非常严重的问题需要立即跟心理咨询师谈一谈，当然可以跟他联系。若不是非常重要的事，那最好是在咨询时间谈。你也最好将你恰当的联系方式告诉心理咨询师，以便他在非常特殊的情形下能尽快跟你联系，如他因故不能上班，预约必须推迟等。在咨询尚未结束前，一定不要建立咨询以外的关系，咨询结束后，是否可以成为朋友，看情况而定。这里所有的决定取决于是否对你的成长发展有利。

问题 11　心理咨询需要遵守的相关伦理有哪些?

为更好促进心理咨询关系的建立，促进心理咨询效果，保障咨访双方的权利、义务，心理咨询有一些相关伦理规定。这里给同学们列几条，以便于你在寻求心理咨询帮助时能够更好地理解和配合心理咨询师工作。

（1）在咨询关系结束之前，心理咨询师应当与来访者建立良好的人际关系，与来访者之间不得产生和建立咨询以外的任何关系，尽量避免双重关系。不得利用来访者对心理咨询师的信任谋取私利，更不得对异性有非礼的言行或举止。

（2）心理咨询师的工作目的是使来访者从其提供的专业服务中获益，心理咨询师不得因为来访者的性别、民族、国籍、宗教信仰、价值观、性取向等任何因素歧视来访者。

（3）心理咨询师应清楚地认识自己在咨访关系中的职业角色对来访者构成的潜在影响，不得利用来访者对自己的信任或依赖谋取私利。

（4）当心理咨询师认为自己不适合对某个来访者进行工作时，应对来访者明确说明，并且应本着对来访者负责的态度将其介绍给另一位合适的专业人员。

（5）心理咨询师应尊重来访者的个人隐私权，无论是在个体治疗或是在集体治疗中都有责任采取适当的措施为来访者保守秘密。与此同时，心理咨询师应清楚地了解保密原则的应用有其限制。下列情况为保密原则的例外：心理咨询师发现来访者有伤害自身或伤害他人的严重危险时；来访者有致命的传染性疾病且可能危及他人时；未成年人在受到性侵犯或虐待时；法律规定需要披露时。

（6）在心理咨询工作中，一旦发现来访者有危害自身和他人的情况，必须启动危机干预方案，防止意外事件发生。如与其他心理咨询师进行磋商，但应将有关保密信息的暴露程度限制在最低范围之内。

（7）心理咨询师在进行心理咨询工作中不得随意中断工作。在心理咨询师出差、休假或临时离开工作地点外出时，要对已经开始的心理咨询工作进行适当的安排。

（8）心理咨询师应正确理解心理测量与评估手段在临床服务工作中的意义和作用，并恰当使用。心理测量与评估的目的在于使来访者受益，心理咨询师不得滥用测量或评估手段以牟利；心理咨询师应尊重来访者对测量与评估结果进行了解和获得解释的权利，在实施测量或评估之后，应对测量或评估结果给予准确、客观、可以被对方理解的解释，尽量避免来访者对测量或评估结果的误解。

（9）心理咨询师应遵守国家的法律法规，遵守专业伦理规范。心理咨询师所从事的专业工作应基于科学的研究和发现，应在自己专业能力范围内，根据自己所接受的教育、培训和督导的经历和工作经验，为不同人群提供适宜而有效的专业服务。

问题 12　什么是朋辈心理辅导?

近年来,有很多高校都推出了"朋辈心理辅导"业务,也确实受到了不少同学的欢迎。当然,也有不少同学质疑朋辈心理辅导的专业性,认为找朋辈做心理辅导不靠谱。那么应该怎样正确认识"朋辈心理辅导"呢？这里为大家介绍一下,希望能帮助你更好地认识"朋辈心理辅导"。

(1)朋辈心理辅导的概念。朋辈心理辅导又称"准心理咨询""朋辈心理咨询"等,是指非专业化心理工作者或具有一定心理学知识和技能的学生,经过选拔、培训和督导,并在专业心理工作者的指导下,向年龄、地位相当的求助者进行心理教育,提供心理陪伴、心理帮扶、心理疏导的助人过程。这里的"朋辈"含有"朋友""伙伴""同辈"的意思,而"同辈"是指年龄相近者。"朋辈"具有人生观、价值观相似,生活阅历、受教育程度相当,兴趣爱好相同等特点。那些从特定群体中经过严格选拔,接受正规培训,对本群体中其他个体提供心理帮助的人,被称为朋辈心理辅导员。

(2)朋辈心理辅导的价值。国内外相关研究发现,多数学生遇到心理困扰,首先会向朋友倾诉和寻找帮助,但并不是每个人都具备良好的心理辅导能力。因此,指导学生开展规范、有效的朋辈心理辅导显得尤为重要。朋辈心理辅导是学校心理辅导的重要组成部分,已成为高校心理辅导的重要途径之一。朋辈心理辅导的开展可以弥补心理辅导力量的不足,满足大学生多层次心理援助的需要,有利于实现大学生"自助互助"的心理健康教育模式。高校朋辈心理辅导是一个系统工程,包括人员的招聘、培训、选拔、跟踪、管理、督导等环节,其中培训是关键环节。科学有效的朋辈心理辅导培训为后续心理咨询活动的开展奠定了基础。

(3)朋辈心理辅导的特点。一是互动程度高。朋辈心理辅导可能更多的是相互熟悉的同学之间的互帮互助,由于双方交往频繁、情感联系紧密,互动程度较高。二是助人氛围浓厚。在朋辈心理辅导的过程中,求助同学不仅可以得到所提出问题的答案,并且可以通过模仿朋辈心理辅导员亲身实践。三是问题类型具体。专业心理咨询比较适合处理求助者深度的情绪困扰和心理问题,而朋辈心理辅导在处理人际关系、学习、发展等问题时更有效果。四是技术水平良好。朋辈心理辅导员经历过选拔、培训到上岗的一整套流程,他们具备一定的心理学相关知识和心理咨询技术,对于发展性心理咨询有较好的咨询效果。

（4）朋辈心理辅导的匹配性。朋辈心理辅导和心理咨询一样需要注重匹配性。每名朋辈心理辅导员都有自己的个性特点、擅长的领域，来访者可以根据自己的实际情况选择合适的朋辈心理辅导员进行咨询。

第三节　关于心理疾病

心理疾病，是精神情志出现障碍的表现，是机体行为认知无法自我调节、情绪感知出现偏差的现象。由于大众缺乏对心理疾病的相关认知，其至今仍处于被污名化的地位。事实上，心理生病了并不可怕，这是提醒我们，自己在某一方面已经偏航了，需要及时调整，把自己拉回正轨。大学生涉世经验尚未完善，出现心理困扰属于正常现象，如果发展成较为严重的心理障碍，也无须慌乱，正确的做法是寻求专业人士的帮助，确认自己是否出现了心理疾病。如果确诊了焦虑症、抑郁症、双相情感障碍等疾病，又该如何获得帮助，治愈自己？看到身边人陷入心灵的痛苦之中，你是否也在犹豫？不用担心，一些专业的建议等待你来挖掘。

问题 1　如何判断自己是否有心理疾病？

很多人对心理疾病这个词存在一定的误解，把与心理健康相关的心理问题均称之为心理疾病，这是不科学的。心理疾病范围比较宽泛，没有准确的定义，广义上一切变态行为都可看作存在心理疾病，但是这很不客观。我们认为的心理疾病是一种具有器质性病变的精神心理障碍，这是心理问题中最为严重的疾病的统称。那么，如何来判断自己是否有心理疾病呢？一般情况下我们通过以下三个方面来判断是否有心理疾病。

（1）主观世界与客观世界统一性原则。简单说，就是你现在所看到、听到、感受到的是客观存在的，其他人同样能够看到、听到、感受到，这是主观世界与客观世界的统一。相反，如果你现在所看到、听到、感受到的是非客观存在的，其他人不能够看到、听到、感受到，这则是主观世界与客观世界的不统一。比如：产生幻觉，对面明明没有人，却声称自己看到有个人走过来，并且坚信看到了，这是幻视。类似的还有幻听、幻嗅等。再比如：产生妄想，认为有人要害自己，有人总是跟踪自己、监视自己，并深信不疑，这是被害妄想。类似的还有夸大妄想、自罪妄想等。这些都是明显的主客观不一致，其中，幻觉、妄想是精神病的代表特征。

（2）精神活动内在一致性原则。心理活动主要包括认知、情感和意志行为。而三者之间的不协调，尤其是认知和情感、意志行为和情感之间的不协调，是精神病的主要区别性特征。比如，连续很长时间不睡觉，不仅不会感到不舒服，反而亢奋多话，这是精神病患者躁狂症状的表现。再比如，吃脏的、令人作呕的东西，甚至是垃圾、粪便，这是意向倒错，是很明显的精神病。举两个更简单的例子：某人看到别人摆喜宴，他一个人在那儿放肆地大哭；家人出车祸了，他还能若无其事，甚至还能笑得出来。这是明显的精神内在活动协调不一致。

（3）人格的相对稳定性。人格是指18岁以后基本形成的稳定而持久的态度和性格特征。所以，如果发现一个人18岁以后性情大变，通过和他以前纵向比较简直判若两人，那么就说明这个人违反了人格的相对稳定性原则。比如：这个人原来非常善于社会交往，非常爱表达，突然之间开始回避社交，同时变得寡言少语、郁郁寡欢，甚至都不愿意出门了，这个时候可以说他的个性变了。再比如：一个平日非常抠门的人，突然变得非常大方，把自己的钱拿出来买很多东西分给大家。

除了以上三条以外，还有一个非常重要的判断标准是自知力。意思是他对自己当前的情绪和行为变化是否能够正确判断和认知，如果自知力缺失就说明这个人可能出现了器质性的精神性病变。

最后需要强调的是，以上陈述只能作为辅助。对于心理疾病的诊断一定要到正规的医疗机构，请专业的精神科医生进行综合评估。

问题2　什么是焦虑症？如何判断自己是否有焦虑症？

我们都有过这样的经历，遇到一些重要事情的时候常常会焦虑，甚至会因为焦虑出现一些躯体症状，症状会持续一段时间并且没有好转的迹象。这时，很多人就会误以为自己得了焦虑症，开始担心起来。那么什么是焦虑症呢？如何来判断自己是否有焦虑症？

（1）什么是焦虑症？焦虑性神经症（简称焦虑症），是以焦虑为主要特征的神经症，表现为对没有事实根据，也无明确客观对象和具体观念内容的提心吊胆和恐惧不安，还可能伴随有自主神经症状、肌肉紧张以及运动性不安等症状。焦虑症主要分为惊恐障碍和广泛性焦虑两种形式。

(2)什么是惊恐障碍？症状标准是什么？惊恐障碍是一种以反复的惊恐发作为主要原发症状的神经症。这种发作并不局限于任何特定的情境，具有不可预测性。主要表现为惊恐样发作，在夜间睡梦中多发生，有濒死的感觉，患者心脏剧烈地跳动，胸口憋闷，喉头有堵塞感和呼吸困难，由惊恐引起的过度呼吸造成呼吸性碱中毒（二氧化碳呼出过多导致血液偏碱性），又会诱发四肢麻木、口周发麻、面色苍白、腹部坠胀等，进一步加重患者的恐惧，使患者精神崩溃。这类患者就诊时往往情绪激动、紧张不安，常给医生一种心血管疾病发作的假象，一般急性焦虑发作持续几分钟或数小时，当发作以后或适当治疗后，症状可以缓解或消失。症状标准如下：在符合神经症的诊断标准的同时，符合以下 4 项。①发作无明显诱因、无相关的特定情境，发作不可预测；②在发作间歇期，除害怕再发作外，无明显症状；③发作时表现强烈的恐惧、焦虑以及明显的自主神经症状，并常伴有人格解体、现实解体、濒死恐惧或失控感等痛苦体验；④发作突然开始，迅速达到高峰，发作时意识清晰，事后能回忆。患者因难以忍受又无法解脱，而感到痛苦。除了症状之外，病程也是一个重要指标。病程标准可以主要概括为以下内容：在 1 个月内至少有 3 次惊恐发作，或在首次发作后继发害怕再发作的焦虑持续 1 个月。

(3)什么是广泛性焦虑？症状标准是什么？广泛性焦虑的主要特征是经常性或持续的无明确对象或固定内容的紧张不安，或对现实生活中某些问题过分担心或烦恼。这种紧张不安、担心或烦恼与现实很不相称，常伴有自主神经功能亢进、运动性紧张和过分警惕。广泛性焦虑的典型表现有五大症状，即心慌、疲惫、神经质、气急和胸痛。此外还会伴随紧张、出冷汗、晕厥、嗳气、恶心、腹胀、便秘、阳痿、尿频急等体征，患者因难以忍受又无法解脱而感到痛苦。根据定义与特征，我们把广泛性焦虑的症状标准凝练为以下几点：在符合神经症的诊断标准的同时，符合下列 2 项。①经常或持续的无明确对象和固定内容的恐惧或提心吊胆。②伴自主神经症状或运动性不安。更为严重的可能会造成患者社会功能受损，因难以忍受又无法解脱而感到痛苦。当然，患者必须符合症状标准至少 6 个月，这样才能说确实患病。

焦虑症有时很难与其他专科疾病相区分，故需要精神科医生对病情有全面细致的了解，以免误诊。有时候一些必要的辅助检查有助于排除器质性疾病，像心电图、X 线胸片、消化道造影、胃镜等可以帮助医生查出疾病。

问题3　焦虑症患者如何自救呢?

焦虑症是一种常见的心理疾病，很多同学面对焦虑症显得很无助，不知道应该如何面对，更不知道如何自救。这里有一些方法，希望对你有用。

(1)处理焦虑的四步法。第一步：面对。很多人患上焦虑症之后，难以面对现实，一直想与之对抗，总是在抱怨"我为什么会这样""为什么世界对我这么不公""为什么我那么没用"等，越是抱怨，焦虑症状就会越严重。如果我们能换一种思维去面对它，不与之对抗，可能更容易走出来。第二步：接受。接受焦虑症的存在，接受症状与自己共存。焦虑症不过是变得敏感的交感神经分泌的肾上腺素过多，导致人体时刻处于恐惧紧张状态并不断恶化。知道了原理，明白了这种状态对身体并无实质性伤害，那么接受就会变得容易了。对于如何接受，主要的办法就是换个角度看问题。第三步：飘然。就是任由恐惧焦虑席卷你的全身，任由焦虑躯体症状的存在，但你却不为所动。该做什么还做什么，或者索性让自己安静下来，仔细体会焦虑的感觉，让它飘然而过。第四步：等待。焦虑并非一日之寒，在自救的路上，它会反复出现，反复折腾。与其焦虑自己的选择是否正确，不如等待正常情感的自然回归，允许它反复出现，并相信自己慢慢地会变成自己身体的主人。

(2)应该做的几件重要事情。一是通过运动缓解焦虑。每天坚持40分钟到1个小时的有氧运动，这是改善焦虑最有效的方法之一，通过运动来宣泄情绪，调节情绪，缓解焦虑。二是通过倾诉缓解焦虑。有焦虑情绪时，不要积压在自己的心里，可以向专业的心理咨询师或家人和朋友倾诉自己的焦虑情绪；多和朋友们接触和交流，建立良好的社交关系，焦虑烦恼时一定要有可以让你放声大哭、放开倾诉的对象；也可以通过写日记来倾诉，缓解自己的焦虑。三是通过正念静心来缓解焦虑。通过静心把越来越多的注意力放在当前状态，给予自己一些同情，给自己一段空闲的时间，不要去想那些只能让自己更痛苦的负面的事情。有目的、有意识地关注、觉察当下的一切，而对当下的一切又都不作任何判断、任何分析、任何反应，只是单纯地觉察它、注意它。既不苛求顺意的事情，也不排斥反感的事情，而是接纳、开放地让各种经验在自己的关注下流淌。

(3)运用好日常生活小技巧来缓解焦虑。做你喜欢做的事情，看看窗外的花花草草和绿树，听听窗外的鸟叫声；多听舒缓的音乐，比如冥想乐、古典音乐、轻音乐等；闻你觉得好闻的味道，美国俄亥俄州立大学的有关研究证实，柠檬香味具有去忧、安神和止痛的作用，闻柠檬香味可使血液中的"正肾上腺素"浓度增加。不要总待在封闭空间里，多出去走走，用心感悟细小的愉悦，走出去，行动起来是自救的最佳方案。

（4）及时寻求专业的心理治疗。假如你自己经过努力也无法好转，建议你尽快去医院的心理科或者心理专科医院进行规范化的心理治疗。如果需要配合药物治疗，一定要按照医嘱服用，切不可擅自减药、停药。在吃药过程中也可以配合心理咨询，特别是疑似神经症和神经症类的疾病。同时，你的信心是非常重要的。

问题 4　什么是抑郁症？如何判断自己是否有抑郁症？

很多同学对抑郁症有很多误解，有人把日常生活中的抑郁情绪当成抑郁症，有人把抑郁症看成是不治之症，有人不断放大自己的抑郁症状，形成强烈的心理暗示，导致疾病加重，这是对抑郁症了解不够造成的。那么，什么是抑郁症呢？如何判断自己是否得了抑郁症？

（1）什么是抑郁症？抑郁症是一种常见的精神疾病，主要表现为情绪低落、兴趣减低、悲观、思维迟缓、缺乏主动性、自责自罪、饮食和睡眠差，同时会担心自己患有各种疾病，感到全身多处不适，严重者甚至会出现自杀念头和行为。按照《CCMD-3 中国精神障碍分类与诊断标准（第三版）》，根据对社会功能损害的程度，抑郁症可分为轻性抑郁症或者重症抑郁症；根据有无幻觉、妄想，或紧张综合征等精神病性症状，抑郁症又分为无精神病性症状的抑郁症和有精神病性症状的抑郁症；根据之前（间隔至少 2 个月）是否有过 1 次抑郁发作，抑郁症又分为首发抑郁症和复发性抑郁症。

（2）抑郁症的主要症状。抑郁症以情绪低落为基本症状，可能会表现为下列症状：①对日常生活的兴趣下降或缺乏；②精力明显减退，无明显原因的持续的疲乏感；③精神运动型迟滞或激越；④自我评价过低，或自责，或有内疚感，甚至出现罪恶妄想；⑤思维困难，或自主思考能力显著下降；⑥反复出现死亡的念头，或有自杀行为；⑦失眠，或早醒，或睡眠过多；⑧食欲不振，或体重明显减轻；⑨性欲明显减退。在上述症状的基础上，若还有下列症状，则代表你的抑郁症已达到严重程度：社会功能严重受损；给本人造成痛苦或不良后果。病程标准：症状至少持续 2 周。在确认是否为抑郁症之前，你应当首先排除由脑器质性疾病、躯体疾病和精神活性物质所导致的抑郁，排除由精神分裂症引起的幻觉、妄想等症状。

（3）症状自评法。抑郁症主要表现为：心境低落，情绪消沉，显著而持久的情绪低落，抑郁悲观。轻度抑郁症患者表现为忧心忡忡、坐立不安、兴趣减退。重度抑郁症患者则会绝望无助、度日如年、生不如死，常伴有自责自罪，严重者出现罪恶妄想和疑病妄想，部分患者会出现幻觉。从抑郁症患者的心境方面看，典型患者的抑郁心境有晨重夜轻的节律变化、思维迟缓，主要表现为：思考能力下降，语速明显减慢，交流应答困难，各方面能力下降，心态开始扭曲，自我评价降低，常感到内疚，总觉得自己做了错事，对自己事事不满，产生无用感、无望感、无助感和无价值感，认知功能损害。从抑郁症患者的认知方面看，研究认为抑郁症患者存在认知功能损害，其主要表现为：记忆力下降，注意力障碍，反应时间延长，警觉性增高，抽象思维能力差，学习困难，语言流畅性差，空间知觉、眼手协调及思维灵活性等能力减退。从抑郁症患者的行为症状方面看，抑郁症在行为症状上表现为：精神活动减退，精神活动明显受到抑制，行动缓慢，生活被动、懒散，不想做事，不愿和周围人接触交往，常独坐一旁，或整日卧床，闭门独居、疏远亲友、回避社交。患者会莫名地懒惰，严重时连吃、喝等生理需要和个人卫生都不顾，甚至发展为不语、不动、不食，称为"抑郁性木僵"。仿佛有人在家的大门上安了锁，没有能力与勇气去打开那扇门，去拥抱外面的世界。我们知道很多严重的抑郁患者，几年甚至十几年都未走出自己的家门，一切起居全靠家人照顾。从抑郁症患者的躯体症状方面看，患了抑郁症后，可能会出现以下症状：头痛，背痛，常常莫名地到处疼痛，那种剧烈的或者不剧烈的痛时常存在。脸色开始苍白，走几步路都觉得好累。大多数人临床表现比较明显的是头痛，还有头脑的反应迟钝，仿佛想任何事都比别人要困难。记忆力变得很差，经常性遗忘，丢三落四，被别人嘲笑是不是老年痴呆。还有睡眠障碍、乏力、食欲减退、体重下降或者体重暴增、便秘、身体任何部位的疼痛、性欲减退、阳痿、闭经等症状。躯体不适的主诉可涉及各脏器，如恶心、呕吐、心慌、胸闷、出汗等。自主神经功能失调的症状也较常见，病前躯体疾病的主诉通常加重。睡眠障碍主要表现为早醒，一般比平时早醒2~3小时，醒后不能再入睡，这是抑郁发作的一个特征性表现。有的表现为入睡困难，睡眠不深，少数患者表现为睡眠过多。另外，抑郁症的评估还跟时间有关系，抑郁情绪时间越长，患抑郁症的可能性越大。

当然，这里一定要强调一点，不是有抑郁症状就认为是抑郁症。日常生活中的抑郁情绪是正常的心理状态，而抑郁症则是一种疾病状态，如果感觉自己有抑郁症，一定要到正规的医疗机构进行评估诊断。

问题5 如果我有抑郁症，应该如何自救呢?

抑郁症是一种常见的心理疾病，也被社会大众广泛熟知，但是很多同学并不一定了解抑郁症，认为一旦得了抑郁症就再也没办法好起来了，甚至会走上自杀的道路。那么，如果你患有抑郁症，应该如何来自救呢? 以下一些方法也许对你有用。

(1)正确认识抑郁症，不必太过担心。首先，我们要明白一点，抑郁症是一种常见的心理疾病，大部分的抑郁症都可以治愈，没有你想象的那么可怕。抑郁症和平常的感冒发烧，没有任何区别，它只是一种普通的心理疾病。其次，我们要学会接纳抑郁症的事实，接纳它的存在，接纳自己这段时间的抑郁，不逃避，不对抗，想办法去面对和解决，主动告知家人、朋友，以及和你一起学习、生活的小伙伴，获得他们的关心和支持。最后，消除误区。抑郁症不是不治之症，不是一定要终身服药，更不是一定会自杀，积极治疗并行动起来可以慢慢走出抑郁症的困境。

(2)进行规范化诊断和治疗，这是关键。对于已经诊断为抑郁症的患者，一定要遵医嘱，按照专科医院专业心理医生的要求治疗，并且按照疗程治疗。不要担心害怕药物的不良反应，服药伊始身体会出现不同程度的药物反应，这是正常的表现。坚持两周左右药物反应就会逐渐减退，症状则会得到一定的缓解。在药物治疗的过程中，一定不能私自停药或者减药，以免症状加重，吃药期间随时与医生保持沟通和联系，也许过程中因为某些事情的刺激需要医生适当地调整药物或者药量。如果几个月后症状减轻了，一定不可随意停药，抑郁症的治疗需要比较长的时间，一般认为需要2~3年，如果随意停药可能达不到治疗的最佳效果。如果症状非常严重，建议住院规范化治疗。

(3)治疗期间要做的一些事情。第一，治疗期间，尽量维持规律的作息。尽量不要一天到晚躺在床上，只要能动就尽量动起来，这是非常重要的。适量、适度运动，加强体质锻炼，这是被证明非常有效的辅助抑郁治疗的一种方法，甚至有些人通过运动治愈抑郁症。第二，学会放弃，给自己做减法。从你意识到你患了这种疾病开始，就要学会做减法，放弃一些东西，适当的放弃可以帮你松口气，帮助你逐渐找回积极、快乐的自己。第三，学会转移注意力，多和别人交往，多多表达自己的真实感受，寻找温暖支持。第四，对于确诊的抑郁症患者，不要总是隐瞒自己的问题，大胆地去接纳自己的现状，去取得亲人、朋友和老师，抑或是周围人的支持，这对于疾病的康复有很大的帮助。第五，抑郁的你，应当慢慢地学会放下自我，好好爱自己，好好关心自己，当你努力爱自己的时候，你会发现，你很强大也很幸福。

问题6　什么是双相情感障碍？如何识别双相情感障碍？

　　咨询工作中会遇到这样一类求助学生，他们的症状表现很奇特，一会很阳光开朗，特别积极乐观，精力特别好，一会又表现为很消极，情绪很低落。他们自己大多搞不懂为什么会这样。这很有可能是双相情感障碍，那么如何来识别双相情感障碍呢？

　　(1)什么是双相情感障碍？双相情感障碍是情感性精神病的一种，病发时会有躁狂和抑郁两种情绪状态交替出现，在发病全程中有时以躁狂型为主，有时以抑郁型为主。躁狂型的特征是兴奋、激动、乐观、情感高涨；抑郁型恰恰是另一极端，其特点是忧郁、悲观、沉静、情感低落。此病可能危害到患者社会功能及日常生活。由于双相情感障碍可遗传获得，因此有双相情感障碍家族史的人要比正常人群患病率高10%。

　　(2)双相情感障碍的典型症状。一种典型症状是躁狂发作。以情绪高涨、思维奔逸和意志行为增强的"三高"症状为特征。情绪高涨：患者会觉得轻松愉悦，热情激动，但也可能很容易生气，且容易冲动。思维奔逸：患者的大脑转得飞快，说得多也说得快，说得口干舌燥，说话漫无边际，甚至出现妄想，发作严重时，可能出现短暂的幻觉。意志行为增强：患者有许多的计划，整日忙碌，爱交际，爱管闲事，易冲动，行为鲁莽，做事有始无终，不计后果，好像没了刹车的列车，怎么也停不下来。第二种典型症状是抑郁发作。以情绪低落、思维迟缓和悲观、意志行为减退的"三低"症状为特征。情绪低落：低落的严重程度从闷闷不乐，到严重的悲观、绝望。你陷入显著而持久的情感低落，什么都不想做，对什么事情都没兴趣，回避社交。思维迟缓和悲观：患者感觉脑子像生了锈的机器，不喜欢说话，严重时甚至无法和他人正常交流。患者的情绪低落，觉得自己是无用的，没有价值的，且自责。还可能出现幻觉，甚至在情绪低落和悲观的状态下感觉整个世界是灰暗的。意志行为减退：患者没什么动力，不想活动，不想做事情，变得懒散，常在沙发上一坐就是一整天，在床上从早躺到晚，日常起居都需要别人帮助。另外，还有一系列的伴随症状。患者躁狂发作时感觉精力充沛，睡眠时间减少，没有疲倦感。患者的活动增多，体力过度消耗,变得越来越瘦,甚至虚脱、衰竭,但是患者缺乏自知力,无法自我感知。患者抑郁发作时可能伴有焦虑症状,表现出过度的担忧,也会表现出一些躯体症状,如睡眠差、乏力、体重下降、便秘、自主神经功能失调(如恶心、出汗、心慌)等。同时有可能记忆力会变差,注意力不集中,学习困难。

(3)如果你有以上的一些症状怎么办呢?首先请你到学校的心理中心找专业的老师给你做详细评估,根据心理中心老师的评估再做下一步打算。如果有疑似双相情感障碍的表现,老师会建议你到精神专科医院去进行诊断治疗。

问题 7 如何处理双相情感障碍?

有些学生知道自己患有双相情感障碍的时候,很担心,认为这个疾病是很难治疗的,也不知道该怎么办,吃药是否可行。这些疑问我来帮你解答。

(1)临床上双相情感障碍需要药物治疗和心理治疗联合运用,药物治疗需要通过专业医生评估诊断后实施,并随着病情变化进行适当调整。心理治疗以及辅助运动治疗对该疾病的康复均有一定帮助,通过心理治疗,也称为谈话治疗,双相情感障碍患者可以更多地了解如何管理病情,了解其症状和触发因素,并更好地控制自己的情绪。治疗师也可以是重要的情感支持者。心理治疗还可减少患者疾病的复发率、提高患者的依从性、改善患者生活质量。临床上建议患者和家属共同参与全程治疗。

(2)了解常见的心理治疗方法。①认知行为治疗(CBT)。这种一对一疗法重点在于识别和改变消极或有害的行为和思维模式,并创造积极健康的模式。它还可以帮助你识别双相情感障碍的触发因素,获得正确的治疗和最佳支持,制定有效的应对策略来渡过难关,并学会如何应对双相情感障碍的压力。②家庭疗法。因为与双相情感障碍患者相处是艰难的,家庭疗法是另一种帮助你的亲人了解病情并让他们参与治疗的方式。它还可以帮助你和你的家人更好地沟通,制定解决问题的策略,应对双相情感障碍引起的情绪波动和其他困难情况。③小组治疗。加入双相情感障碍患者小组也可以帮助你更好地观察自身情况。小组可以提供应对双相情感障碍的挑战、使用新药物和改善关系方面的建议。小组治疗可以成为额外的积极的支持来源。

(3)积极回归社会,参与人际互动。通过回归社会,建立规律生活方式并始终坚持,恢复正常的作息时间,参与社会活动,能够帮助你稳定情绪,转移注意力,并获得一定的社会支持,体现自身的社会价值。

(4)减轻压力。压力可以引起情绪的巨大波动，对于双相情感障碍患者来说，减压至关重要。减轻压力的一些好方法包括定期锻炼、冥想、做瑜伽、打太极等放松方式。

(5)监测症状，积极配合医生的药物治疗。跟踪症状和感受可以帮助你识别触发因素，并确定何时出现双相情感障碍。定期与医生沟通，定期到医院复查，严格遵守医嘱用药。

(6)寻求支持。双相情感障碍可能会使人际关系变得紧张。因此，拥有强大的支持网络对于保持健康的情感生活至关重要。除了建立家庭和朋友的支援网络外，双相情感障碍患者还应与治疗师、心理咨询师或支持小组合作，并与自己的亲人保持有效健康的关系。在学校要经常与学校心理中心老师沟通，获得专业心理帮助。要与舍友及同学保持好关系，他们的关心和帮助会让你更心安。

问题8　什么是疑病症？如何判断自己是否有疑病症？

咨询中会遇到这样一类来访者，他们总是觉得自己的身体不舒服，坚信自己得了某种疾病，并反复就医，仍然不见好转。这可能是疑病症的表现。如何判断是否有疑病症呢？

(1)什么是疑病症？疑病症是一种心理疾病，患者对自己身体健康状况过分关注、担心，或者是深信自己患了一种或者是多种躯体疾病，经常诉说自己的不适，反复就医，医学检查显示阴性以及医生给予没有相应疾病的医学解释也不能打消患者的顾虑。患者可能出现紧张、焦虑，甚至惶恐不安等症状，反复要求医生进行检查或者治疗，除了比较严重的疑病症状以外，其他的认知还是比较好的，主动求医，没有精神衰退，体检和实验室检查也没有发现异常，疑病症在临床上比较容易诊断。

(2)疑病症的主要症状有哪些？疑病症最初往往表现为过分关心自身健康和身体任何轻微变化，做出与实际健康状况不相符的疑病性解释，伴有相应的疑病性不适，逐渐出现日趋系统化的疑病症状。疑病症状可为全身不适、某一部位的疼痛或功能障碍，甚至是具体的疾病。一是疑病的心理障碍。感觉身体某部位出现状况或对某部位的敏感增加，进而疑病，或过分关注。有些患者的描述较含糊不清，部位不恒定。但有些患者的描述形象逼真，生动具体，认为患有某种疾病，患者本人自己也确信实际上并不存在，但仍要求各种检查，尽管检查正常，医生的解释与保证也不足以消除其疑病信念，仍认为检查可能有误。于是患者担心忧虑、惶惶不安、焦虑、苦恼。此为一种疑病观念，系一类超价观念，带强烈的情感色彩。二是疼痛感觉。约有 2/3 的患者有疾病症状，常见部位为头部、下腰部或右髂窝。这种疼痛描述不清，有时甚至诉全身疼痛，但查无实据，患者常四处求医辗转于内外各科，毫无结果，最后才到精神科。三是躯体症状。表现多样而广泛，涉及身体许多不同区域。有些患者表现为恶心、吞咽困难、反酸、胀气、腹痛、心悸、左侧胸痛、呼吸困难，担心患有高血压或心脏病。有些患者疑有五官不正，特别是鼻子、耳朵以及乳房形状异样，还有诉体臭或出汗等。四是生活受到较大影响。由于患者的注意力大部分或全部都集中于健康问题，以至于日常生活也受到了影响。在工作和学习时也一直想着自己是否得了什么病，效率低下。患者还可能把自己的问题与日常生活中的各种生活状态联系起来，例如，患者不断地吃维生素和其他补品，总是觉得营养不够。患者因整日担心而吃饭不香、睡眠质量差，把精力都花在了担心和怀疑自己得了什么病上，以至于精神内耗，导致精力下降。

如果你出现了以上的一些症状，建议你尽快寻求专业帮助。可以先到学校心理中心做一次咨询，请心理咨询师帮助你评估，如果心理咨询师评估为疑似疑病症，建议你到精神专科医院进行诊断治疗。

问题 9　如何处理疑病症？

疑病症能治疗吗？很多学生都会问这样的问题。疑病症可以治疗，一般要通过心理治疗和药物治疗联合运用才会取得比较好的治疗效果。如果你患上了疑病症，该怎么做呢？

（1）了解一些注意事项。确诊为疑病症的患者，一定要注意以下几点，这对心理治疗能否产生疗效至关重要：一是不要过度关注网络上或者书籍中的有关医学卫生知识，这是疑病症心理治疗的重要原则。二是改变反复就医、自证预言的习惯，除非确实有某种疾病，才接受必要的医学诊治。三是杜绝经常自我注意、自我检查、自我暗示的不良生活习惯。无根据的担心疑虑，本身就是一种不良的心理因素，是诱发多种身心疾病的导火线。四是只要不是器质性疾病，对自己身体上一切功能性症状和不适要抱着"顺其自然"的态度，不要过度强化和担心。

（2）解决疑病症的根源要从纠正自己内心的错误认知开始。你会怀疑自己得了某种不治之症，可能是这段时间压力过大，导致躯体不适，可能是你刚刚看到或者听到身边亲人患有重病而去世，抑或是你对自己的生活缺乏信心，感到自己孤立无援，担心自己会在学习和工作中败下阵来，所以"拿病说事"，以原谅自己的失败，得到别人的谅解，得到他人的关心与陪伴。也许你会觉得，自己已经做过那么多检查了，还没查出来，如果就这么不检查了，那自己不就像个天大的笑话了吗，你就这样"沉迷"于此。正确的认知是你要认可自己的确存在一些身体不适，但绝没有那么严重，你要以科学的眼光和态度看待自己的身体不适，对自己的不适进行科学合理的解释，避免纠缠于讨论症状本身，你要明白其实自己并没有生什么病，只是疑病症影响了你的认知。

(3)强身健体，保养身体。既然你如此担心害怕自己生病，与其把大量时间花在怀疑自己生了什么病上，不如把这些时间用在健康管理上。平时多出门晒太阳，每天保持规律的运动，保持良好的饮食习惯，建立良好的作息习惯，如果你有一副健康强壮的体魄，那么疾病自然不会找上你。

(4)放松减压，创造舒适生活环境。患有疑病症的你通常伴随着一些焦虑及压力，请及时寻求可以放松自己的方式，比如听听音乐、阅读、品品茶、旅游、看一场电影等，让自己的注意力转移到其他方面，而不是一味思考自己得了什么病。并且让自己生活的环境保持干净整洁，使自己感到舒适和安心，这样有助于让你放松下来。

(5)带着症状做事。疑病症的人往往把注意力都集中在身体的感受上，要学会带着症状去做事，规划好自己的作息时间、每天要完成的任务，尽量让自己忙起来，就可以比较好地转移注意力。

(6)寻求专业帮助。如果你的疑病症状十分严重，觉得自己已无法控制，请及时向专业心理咨询师或医院心理科寻求帮助。疑病症需要药物治疗，通过药物治疗可以消除身心不适症状，增强患者的自信心，加速康复时间。不少患者在心理治疗和药物配合下得以康复。

问题10　什么是强迫症？如何判断自己是否有强迫症？

有这么一类来访者，说自己总是喜欢反复思考某件事，或者喜欢重复某种行为，而且只有思考或者重复某种行为让自己满意了、安心了才能停下。自己想控制就是控制不了。这很有可能是强迫症的表现。那么什么是强迫症呢？

(1)什么是强迫症？强迫症(OCD)属于焦虑障碍的一种类型，是一种以强迫思维和强迫行为为主要临床表现的神经精神疾病，其特点为有意识的强迫和反强迫并存，一些毫无意义甚至违背自己意愿的想法或冲动反反复复侵入患者的日常生活。患者虽体验到这些想法或冲动是来源于自身，极力抵抗，但始终无法控制，二者强烈的冲突使其感到巨大的焦虑和痛苦，影响学习工作、人际交往甚至生活起居。

（2）强迫症的典型症状有哪些呢？一是强迫观念。指反复闯入患者意识领域的持续存在的思想、观念、表象、情绪、冲动或意向，对患者来说没有现实意义，非己所欲，违反了个人意愿。患者明知没有必要，试图忽略、压抑或用其他思想、动作来对抗它，但无法摆脱，因而苦恼和焦虑。有的患者抵制不明显或随病程进展，抵抗逐渐减弱。二是强迫行为。是指强迫症患者通过反复的行为或动作，以阻止或降低强迫观念所致焦虑和痛苦的一种行为或仪式化动作，常继发于强迫观念。这种行为通常被认为是无意义的或无效的，且企图加以抵抗会导致明显的焦虑，造成更多心理问题。虽然强迫行为并不是为了获得快感，但是可以使焦虑或痛苦暂时缓解。对于病程漫长的患者，抵制可能十分微弱。强迫行为有的为外显性的，为能看得见的一些仪式或行为；有的则较为隐匿，如默默计数或祷告；有的为了消除强迫思维而用另外一种思维来抵抗或消除。从根本上讲，这些行为既不能给人以愉快，也无助于任务的完成。强迫行为与患者所担心、害怕的事情之间的联系常常不合逻辑，如将物品排列整齐是为了防止心爱的人受到伤害等。还有一些明显超过了正常界限，如每天花几小时的时间洗澡来防止生病。

（3）强迫症有哪些类型？强迫症主要有以下一些类型。强迫思维，包括：①强迫怀疑，如对完成的事总是不放心，需反复检查后才放心；②强迫性回忆，如对过往的经历反复回忆，无法摆脱，感到厌烦至极；③强迫联想，如控制不住地见到别人抽烟就想到火灾；④强迫性穷思竭虑，如反复思考地球为什么是圆的；⑤强迫意向，如想把自己怀抱的婴儿从楼上扔下去；⑥强迫情绪，如总担心自己伤害别人，担心自己受到微生物的感染；⑦强迫对立思维，如说到"好人"这个词，立即想到"坏蛋"这个词。强迫行为，包括：①强迫洗涤，常见的有强迫洗手和洗衣等；②强迫检查，如反复检查门窗是否关好，阅读时反复核对每一个字；③强迫仪式动作，如不断重复一些具有象征福祸吉凶的固定动作；④强迫计数，如无法控制地数电线杆、台阶、汽车。强迫症患者常常是先有强迫思维，随后为减轻焦虑，而产生了强迫行为。强迫症的特征概括起来就是六个字：奇特、固着、反复。

当然，如果你想要明确诊断，一定要到精神专科医院寻求专业医生的帮助。

问题 11　如何处理强迫症?

强迫症如何治疗? 如果你患有强迫症，那么可以学习最先进的治疗模式，那就是自我治疗四步法，这种方法对于治疗强迫症有着极大的功效。希望本篇文章能够让你成为自己的治疗导师，让自己慢慢恢复健康。接下来我们一起来详细地看一看。特别说明的是，本方法借鉴于网络的《强迫症的自我治疗四步法》，用于学生心理健康教育。

(1) 再确认。第一步就是学习"认清"强迫症的想法与行动。可能你一点都不想去做这个步骤，但是你必须努力地、全心地觉察，以便了解此刻的困扰是来自强迫性想法或行为。虽然在自我治疗的过程中会非常痛苦，但是你必须要努力与坚持，及时应对强迫症的发生，而不是强行地去控制。

(2) 再归因。自己对自己说："这不是我，这是强迫症在作祟!"强迫性想法是无意义的，那是脑部错误的讯息。你要深切地去了解"为何急着检查我的手会脏"，以致让人无法承受。假如你知道这些想法是没有道理的，那么为何你对它要反应呢? 了解为何强迫思考是如此强烈、为何无法摆脱它，是增强你的意志力和强化你去抵抗强迫行为的关键。这个阶段的目标是学习"再归因"，强迫想法的源头是来自脑部生化的不平衡。

(3) 转移注意力。进入此步骤是真正要干活了，开始的心理建设是：没有痛苦，就没有收获。在此步骤你要做的是：必须自己换挡，转移注意力是要将注意力从强迫症状上转移，即使是几分钟也行。可以选择某些特定的行为来取代强迫性行为。任何有趣的、建设性的行动都可以。最好是从事自己喜好的活动，例如散步、运动、听音乐、读书、玩计算机、玩篮球等。

(4) 再评价。前三个步骤是利用既有强迫症的知识，来帮助自己厘清强迫症是一个身体的疾病，也就是脑部生化的不平衡，而不去接受强迫思考的驱迫，同时转移注意力在有建设性的行为上。"再确认"与"再归因"是连在一块儿的，接着而来的就是"转移注意力"。这三个步骤的总体力量，大过个别步骤力量的总和。"再确认"与"再归因"的过程可强化"转移注意力"。在行为治疗之前，你开始"再评价"那些强迫性想法与冲动。等到前三个步骤经过适当的训练之后，就可以及时地将强迫性想法与冲动的价值降低。

面对强迫症，请积极寻求专业的心理咨询与心理治疗。接受专业心理咨询师的建议，尝试一些疗法，如试着暴露在引起强烈焦虑的环境或思维过程中，这样特意的、重复的、不受干扰的暴露会使人适应这种焦虑,这样焦虑感不可避免地自然降低了,接着适当给予一些外界刺激,如弹橡皮筋等,通过刺激来分散注意力并达到阻断强迫思维的目的。同时,尝试对你的强迫症状采取顺其自然的态度。面对你的症状,先不强求改变,一方面接受你的症状,另一方面带着症状逐渐适应工作和学习。

如果症状比较严重,请你不要害怕,你可以到精神专科医院接受药物的治疗,一定要遵医嘱服药,不要擅自停药或者减药,相信医生,也相信自己。

问题 12 如何识别与处理精神分裂症?

精神分裂症是一种须高度重视的精神疾病,目前的医学手段尚未发现患者神经系统与常人有何异样,但其言语、行为、思维、情绪等各方面的表现与常人不一样。如何来识别精神分裂症呢?识别后应该怎么处理呢?

(1)什么是精神分裂症?精神分裂症是以基本个性改变,思维、情感、行为的分裂,精神活动与环境的不协调为主要特征的一类最常见的精神病。

(2)精神分裂症的主要症状有哪些?患病时患者通常意识清晰,症状主要有妄想、幻觉、思维(言语)紊乱、动作与行为紊乱异常、情感淡漠与动力缺乏、缺乏自知力。你可以通过以下情况进行评估:出现了幻觉、妄想(看到别人看不到的东西,听到别人听不到的东西,想根本不存在的事情,认为有人要害你、针对你)等症状,自己对自己的问题已很难自知,各种躯体症状不断呈现,甚至出现语无伦次,行动诡异等症状。当然,当你自己正处于发作期时,你可能并不能有效地判断,这个时候需要身边的人来协助你评估。

(3)精神分裂症该如何处理呢?首先,立即到精神专科医院进行规范化治疗。药物治疗往往是精神分裂症治疗的首选,应遵医嘱,切记不能自行胡乱用药、停药或减药,必要时住院治疗。其次,进行支持性心理治疗。它适用于精神分裂症的各个时期,主要是通过支持性心理治疗使患者获得充足的支持、解释、理解、关注以及热情的对待。内心的支持与力量对于精神分裂症患者来说是非常重要的,关心与温暖能够带来充足的安全感。最后,适当的情况下接受认知行为治疗。主要是帮助患者纠正错误的认知,使个体正常化,通过反复训练和实践,改善认知策略,减少因为精神分裂症的症状而产生的对自己带来损害的行为,使患者了解到自身的精神病性症状,减少相关的痛苦和功能的影响。这对于治疗精神分裂症所产生的妄想有较好疗效。

（4）进行家庭治疗。对于精神分裂症患者，家庭内部的情感表达是非常关键的，家是我们每个人的温暖港湾，家意味着安全和放松。家是一个不可分割的整体，家庭治疗不着重于家庭成员个人的问题分析，而将焦点放在家庭成员的互动与关系上。从家庭整体来调整个人的问题，有助于改善精神分裂症患者与共同居住的、关系亲密的家庭成员之间的关系，有利于疾病的康复。

（5）保持信心，不放弃。多数情况下，精神分裂症患者需要长期治疗，甚至需要终身服药，即使症状已经消退也要预防复发，继续坚持治疗。所以请你保持坚强的意志力和充足的信心与勇气，坚信自己一定可以战胜它！

（6）适度参与社会生活。如果症状得到控制，建议重新开始正常的学习生活，这样更有助于你康复和回归社会，也能进一步巩固治疗效果。

问题 13　如何支持和陪伴有心理疾病的患者？

很多同学都会问这样一个问题："如果身边有心理疾病患者，我应该如何给予支持和陪伴呢？"的确，这个问题很重要，也非常有意义，心理疾病患者非常需要周围人的理解、支持和陪伴，如果懂得一些陪伴技巧，对患者来说是一件幸事。那么，有哪些技巧呢？一起来学习下。

（1）要知道心理疾病患者有自己独特的认知模式。他们大多数人有不幸的童年或者遭遇了人生的重大挫折，他们需要的不是各种打气，不是"你不要这样做""你为什么会有这样的想法""你怎么这么没志气，这点打击都受不了""你这点事算什么""没关系啦，很快就会过去的"等大道理，而是真诚的理解与陪伴。

（2）要理解心理疾病患者的"矫情"。可能你会发现有心理疾病的那个人也没有发生什么悲惨的事情，甚至不如你遭遇得多，可能还会觉得他家庭条件那么好，父母那么爱他，怎么可能会有心理问题。所以，你会觉得他们矫情，甚至根本无法理解他们，特别是亲近的人更会有这样的表现。我们一定要对他们多些理解和支持，正因为他过得挺好还生病，这才是值得关注的。

（3）多些倾听、关爱和陪伴，少些建议和意见。其实，心理疾病患者最需要的是支持和陪伴。我们要尽可能鼓励他们表达自己的真实感受，对他说我理解你，我感受到了你的难过。这时候，亲近的人尤其要有耐心和忍耐力，对于心理疾病患者来说，亲人和朋友是他们的精神支柱，所以你一定要给予足够的关爱。请多给他们一些陪伴、鼓励和关心。不要和他们讲大道理，更不要给予各种建议和意见，他们需要的是你在就好，你能理解即可。

（4）带着他一起行动起来。不要试图和他分析什么生活的意义，来激起他对生活的热情。不要说什么父母为你付出了那么多，你这样一蹶不振对得起他们吗。当你这么说，起到的是火上浇油的作用，而不是雪中送炭，你要做的是让他提高个人价值感，试着让他做一些他平时擅长的、喜欢的、简单的事情。平时可以带他散散步、做做运动、多晒太阳，或者带他一起参加某项活动、参加人际交往等。当然，如果他排斥、不愿意做，那就不要强迫他。

（5）注意识别危机事件。有些心理疾病可能会有自杀风险，比如重度抑郁症患者。那么，我们和抑郁症患者交往过程中，必须认真对待所有涉及自杀的谈话，要有敏锐度。对他流露出的轻生的言语和文字，一定要重视，要及时反馈给学校的老师，寻求学校老师帮助。如果发生了你不能面对的事情，比如抑郁症患者自杀，请立刻拨打急救电话120，无论是什么情况造成的自杀，都要记住：生命比隐私重要。

请你告诉心理疾病患者：生病不是你的错，无论发生任何事情，我都愿意陪你一起面对。

图书在版编目（CIP）数据

解忧树洞：大学生成长发展 220 问／丁闽江著.
—长沙：中南大学出版社，2023.3
ISBN 978-7-5487-5274-5

Ⅰ．①解… Ⅱ．①丁… Ⅲ．①大学生－心理健康－健
康教育－问题解答 Ⅳ．①G444-4

中国国家版本馆 CIP 数据核字（2023）第 014088 号

解忧树洞——大学生成长发展 220 问
JIEYOU SHUDONG——DAXUESHENG CHENGZHANG FAZHAN 220 WEN

丁闽江　著

□出 版 人	吴湘华	
□责任编辑	谢金伶	
□责任印制	唐　曦	
□出版发行	中南大学出版社	
	社址：长沙市麓山南路	邮编：410083
	发行科电话：0731-88876770	传真：0731-88710482
□印　　装	长沙市宏发印刷有限公司	

□开　　本	710 mm×1000 mm 1/16	□印张 19	□字数 359 千字
□版　　次	2023 年 3 月第 1 版	□印次 2023 年 3 月第 1 次印刷
□书　　号	ISBN 978-7-5487-5274-5	
□定　　价	58.00 元	